W0347256

GRENZWERTIG

Aus dem Leben eines **Doping**dealers

STEFAN MATSCHINER
aufgezeichnet von Manfred Behr

riva

SPORTVERLAG

Alle Rechte, insbesondere das Recht der Vervielfältigung und Verbreitung sowie der Übersetzung, vorbehalten. Kein Teil des Werkes darf in irgendeiner Form (durch Fotokopie, Mikrofilm oder ein anderes Verfahren) ohne schriftliche Genehmigung des Verlages reproduziert oder unter Verwendung elektronischer Systeme gespeichert, verarbeitet, vervielfältigt oder verbreitet werden.

© 2011 by Sportverlag GmbH & Co KG
1. Auflage Jänner 2011
Alle Rechte vorbehalten
www.sportverlag.at

Umschlag, Gestaltung, Satz: José Coll / Studio B.A.C.K.
Coverfoto / Fotos: Johannes Kernmayer
Produktion: Christoph Loidl, Philipp Foltin
Korrektur: Thomas Lederer

Verlag: Sportverlag GmbH & Co KG, Geiselbergstraße 15, A-1110 Wien
Vertrieb: Mohr Morawa BuchvertriebGmbH, Sulzengasse 2, A-1230 Wien
Druck: Neografia AG, Škultétyho 1, 03655 Martin, SLOWAKEI

ISBN: 978-3-95029-820-8

Presse und Vertrieb in Deutschland und der Schweiz

riva Verlag, ein Imprint der FinanzBuch Verlag GmbH
Nymphenburger Straße 86
D-80636 München
Tel.: 089 651285-0
Fax: 089 652096

www.rivaverlag.de

ISBN: 978-3-86883-132-0

Inhalt

Vorwort
Stefan Matschiner

Warum dieses Buch? Berechtigte Frage. Der Drang, ein entscheidendes Kapitel meines Leben aufzuarbeiten, Ballast abzuwerfen, endlich abzuschließen? Das Bemühen, der Öffentlichkeit die Augen zu öffnen, wie weit sich der Spitzensport von seinen Idealen entfernt hat? Ein Versuch, aus der eigenen, nach Ansicht des Gerichtes kriminellen Vergangenheit Kapital zu schlagen? Die Antwort liegt auf der Hand: Es ist eine Mixtur all dieser Motive. Und ich schäme mich für keines.

Klar sollte sich der eine oder andere Euro auf mein Konto verirren. Die österreichische Justiz hat schließlich alles dafür getan, dass ich eine Zahl ohne negatives Vorzeichen auf meinem Kontoauszug gar nicht mehr zu deuten wüsste. In der Konvention zum Schutz der Menschenrechte und Grundfreiheiten wird jedem ein zügiges und faires Verfahren garantiert. »Zügig« hieß in meinem Fall, dass zwischen dem Ende der Untersuchungshaft und dem ersten Verhandlungstermin fast 16 Monate vergingen. Obwohl nach allerspätestens drei oder vier Monaten alle Fakten auf dem Tisch gelegen waren. Die schleppende juristische Abwicklung zeitigte eher unangenehme Effekte bei meinen Versuchen, mir eine neue Existenzgrundlage zu schaffen. Egal, ob ich mich in die Hände einer Personalvermittlungsagentur begab, selbst nach einer unselbstständigen Erwerbstätigkeit Ausschau hielt oder wegen einer Starthilfe für mein Unternehmen bei der Bank vorstellig wurde – die Antwort war immer: »Sie sind unser Mann – sobald Ihr Verfahren abgeschlossen ist.«

Dabei war es gerade dieses »Nachgehen einer geregelten Tätigkeit«, das bei meiner Entlassung aus der U-Haft mit Nachdruck von mir gefordert wurde. Ich konnte auf ein intaktes soziales Netz zurückgreifen, auf die Familie, auf Freunde, die mich nicht hängen ließen. Viele andere haben diesen Background nicht, werden fast notgedrungen wieder straffällig. Und wer es bis dahin nicht war, hat gute Chancen, es unter diesen Umständen zu werden.

Die Aufarbeitung meiner eigenen Vergangenheit entpuppte sich als wichtiger, wenngleich zum Teil schmerzlicher Prozess. Er beinhaltete das Eingestehen meines eigenen sportlichen Scheiterns und die Erkenntnis, an einer Menge Weggabelungen zielsicher die falsche Abzweigung genommen zu haben. Reue empfinde ich dennoch keine. Bedauern, dass ich über all die Jahre meine Familie sträflich vernachlässigt habe – ja. Aber Reue? Sicher nicht. Genau das hat die Richterin bei der Festsetzung des Strafmaßes als strafverschärfend gewertet. Was zu erwarten war – ich aber sah keinerlei Grund, ihr etwas vorzugaukeln. Ich hatte mit erwachsenen Menschen zu tun, mit mündigen Bürgern. Ich habe mich niemandem angebiedert, meine Kunden kamen auf mich zu, manche wollte ich mangels sportlicher Perspektive gar nicht betreuen, ließ mich dann aber nach dem x-ten Gespräch doch überreden. Oft auch deshalb, weil ich hoffte, über diesen und jenen Sportler auf Managementebene Kontakte zu anderen, auch sauberen AthletInnen zu bekommen. Denn, man mag es mir glauben oder nicht, das Beschaffen und Weitergeben von Dopingmitteln war nicht das Kerngeschäft der International Sports Agency, die ich Anfang 2004 ein zweites Mal gegründet hatte. Meine Vergangenheit als sportmedizinisch-pharmakologischer Betreuer erfüllt mich nicht mit Stolz, ich weine diesem Teil des Sportmanagementjobs keine Träne nach. Mein Tun hatte andererseits aber nichts, wofür ich mich zu irgendeinem Zeitpunkt geschämt hätte. Demzufolge wird man in meiner Biografie keinen Versuch der Reinwaschung finden, nichts Beschönigendes oder gar Verklärendes. Zu wichtig war mir, mich zu befreien, mir alles von der Seele zu schreiben.

Dazu gehört, all jenen, die an der Wahrheit interessiert sind, die Augen zu öffnen, hinzuweisen auf die unüberbrückbare Kluft zwischen Sein und Schein im Hochleistungssport. Auf die Verlogenheit der Funktionärskaste, die in flammenden Ansprachen die hehren Ideale des Sport beschwört, aber, sobald die TV-Kameras abgeschaltet sind, tatenlos zusieht, wie diese achtlos mit Füßen getreten werden. Auf die allgegenwärtige Lüge, dass Fairplay eine relevante Kategorie in der Spitze der sportlichen

Leistungspyramide darstellt. Auf die Parallelwelt Spitzensport, in der den Akteuren früher oder später alle Grenzen verschwimmen, jedes Unrechtsbewusstsein verloren geht, in der Dinge normal werden, die es mit Sicherheit nicht sind.

Begonnen habe ich mit der Erstellung des Manuskripts bereits während meiner Untersuchungshaft im »Grauen Haus«, der Justizanstalt Wien-Josefstadt. Die Idee ist sogar noch älteren Ursprungs. »Irgendwann«, so dachte ich einige Male insgeheim, »irgendwann spreche ich diesen ganzen Wahnsinn auf einer langen Autofahrt in ein Diktiergerät und gebe es Manfred Behr. Der hat sich das mit seiner Hartnäckigkeit verdient.« Gut, dass ich es nicht getan habe, die gemeinsamen Marathonsitzungen in den Wochen und Monaten nach meiner Enthaftung waren ungleich unterhaltsamer, das Frage-Antwort-Spiel eröffnete neue Blickwinkel, ich kramte viele Erinnerungen hervor, die längst verblasst waren, die mit Sicherheit der Vergessenheit anheimgefallen wären.

Bei aller (wohl zu spät entdeckten) Liebe zur Wahrheit: Dieses Buch befriedigt voyeuristische Triebe nur sehr bedingt. AthletInnen, die nicht zu ihrer Doping-Vergangenheit stehen (mussten), wurden mit Pseudonymen (im Text mit einem * gekennzeichnet) unkenntlich gemacht, manche bekamen gleich deren zwei verpasst, wenn die Verkettung zweier oder mehrerer Sachverhalte allzu verräterisch schien. Ich sehe es nun mal nicht als meine Aufgabe an, Existenzen zu gefährden, im schlimmsten Fall zu vernichten. Welchen Sinn hätte es, einzelne Sportler an den Pranger zu stellen und zum Abschuss freizugeben? Die selbst ernannten Wächter des Sports würden doch nur wieder etwas von »schwarzen Schafen« stammeln und den Rest der Sportwelt für weitgehend sauber erklären. Diese Realitätsverweigerer erinnern mich ein ums andere Mal an den Witz mit dem PKW-Lenker, der die falsche Autobahnauffahrt benützt und völlig verdutzt zu seinem Beifahrer sagt: »Schau mal, lauter Geisterfahrer!« Der Sport ist eine Weide voller schwarzer Schafe. Anstatt sie alle zu brandmarken, wäre es zielführender, sich der Realität zu stellen, zu verstehen, warum sich so viele ihrer weißen Weste entledigen, woran es in diesem System krankt und wie man Anreize schaffen könnte, den Sport ein bisschen weniger unsauber zu machen. Letzteres wird schwer genug.

Zu guter Letzt möchte ich mich bei all jenen entschuldigen, die ich durch mein Handeln menschlich enttäuscht habe. Freunde, vor allem Familienmitglieder. Wenn ich den einen oder anderen nicht ins Vertrauen gezogen habe, bitte ich, mir das nachzusehen, es steckte keine Strategie dahinter, vermutlich hat sich einfach nicht die passende Situation ergeben.

Beruflicherseits möchte ich zwei Namen hervorheben. Erstens den Veranstalter des Peuerbacher Silvesterlaufes, Hubert Lang. Wir hatten ein sehr gutes, freundschaftliches Verhältnis, das 2008 einer schweren Prüfung unterzogen wurde, als Athleten auf ihn Druck machten, keine Kenianer mehr aus meiner Agentur zu engagieren. Ich habe Hubert versichert, dass an all den Gerüchten rund um meine Person nichts dran ist. Wir vereinbarten schließlich, dass er Athleten von mir verpflichtet, ich als Manager aber offiziell nicht aufscheine. Danke für deine Courage, entschuldige, dass ich dir ins Gesicht gelogen habe!

Zweitens muss ich bei den Vertretern meines Leichtathletikvereines LCAV doubrava Abbitte leisten. 2008 wurde mir zum ersten Mal die Ehre zuteil, das Elite-Feld für die Attnanger Meile zusammenstellen zu dürfen. So wie 2009, zum 25-jährigen Jubiläum. Leider wurde meine Arbeit am 1. April, einen Monat vor dem Rennen, durch meine Verhaftung abrupt beendet. Ich hoffe, die Veranstaltung nicht geschädigt zu haben, und möchte ausdrücklich darauf hinweisen, dass Doping in einem der besten österreichischen Nachwuchsvereine der vergangenen drei Jahrzehnte zu keinem Zeitpunkt Thema war.

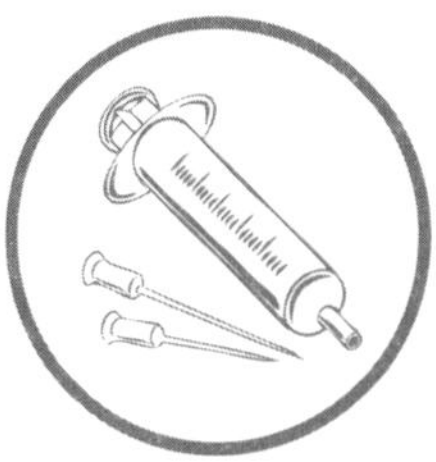

»Kriminalpolizei! Aufmachen!«

Benson! Sitz! Uuund ... bleib! Unser Großer Schweizer Sennenhund neigt zu Temperamentausbrüchen. Katzen, Spaziergänger, Briefträger oder nur das Läuten an der Eingangstüre – ihn vermag beinahe alles aus der Contenance zu bringen. Dass unser Haustier in den Morgenstunden des 31. März 2009 keine ruhige Minute hatte, kann ich aber auch heute noch gut nachempfinden. Ein Blick aus dem kleinen Toilettenfenster im oberen Stock unseres Laakirchner Wohnhauses genügte, um zu erkennen, dass da etwas so gar nicht seinen gewohnten Gang nahm. Neun Männer vor dem Eingangstor, die ich erst nach und nach wahrnahm, weil sie sich hinter den Mistkübeln beziehungsweise hinter dem Hauseck versteckt hatten. An einem Dienstag, um 7.30 früh, in unserer Sackgasse, in die sich nur alle heiligen Zeiten das Auto eines Fremden verirrt. Das hatte was von Ausnahmezustand.

Es bedurfte nicht allzu viel detektivischer Kombinationsgabe, um mir den tieferen Sinn dieser Menschenansammlung zu erschließen. Diese neun Herren, das war mir sofort klar, gehörten zur Sonderkommission Doping des Innenministeriums, die im Januar 2009 gegründet worden war, um die Distributionskanäle der Dopinghändler im Breitensport, in den Kraftkammern und Fitnessstudios zu zerschlagen. Und um im Spitzensport aufzuräumen. Auftrag Nummer zwei dürfte die Beamten wohl zu mir geführt haben. Sie waren gekommen, um mir, der Spinne im Netz, wie mich die Frankfurter Allgemeine Zeitung bezeichnet hatte, das Handwerk zu legen. Die Begrüßung beseitigte die letzten Zweifel: »Herr Matschiner! Kriminalpolizei! Aufmachen!«

Unvorbereitet traf mich all das natürlich nicht. Einen Monat davor war, vermeintlich unbemerkt, ein Peilsender an der Bodenplatte meines Ford Kuga angebracht worden – wie auch am Ford Focus meiner Frau Sonia. Seither spielte mein Mobiltelefon verrückt, es krachte, grammelte und in unschöner Regelmäßigkeit rissen die Gespräche – meist nach exakt vier Sekunden – überhaupt ab. Untrügliche Zeichen für den einen oder anderen ungebetenen Zuhörer. Zudem befand sich der frühere Sportdirektor für Langlauf und Biathlon im Österreichischen Skiverband (ÖSV), Walter Mayer, seit 22. März in Justizgewahrsam. Der Konnex zwischen ihm und mir war niemandem verborgen geblieben. Wir hatten auch nie auf Geheimhaltung Wert gelegt. Hinzu kam die Aussage von Lisa Hütthaler. Die im März 2008 positiv auf Dynepo getestete Triathletin hatte mich gegenüber den Ermittlungsbehörden nach rund siebenmonatiger Nachdenkpause als ihren Dopinglieferanten geoutet. Und schließlich war da noch Bernhard Kohl, mein ehemaliger Schützling, der gefallene Radheld. Mir war klar, dass ich mich auf ihn wohl nicht mehr verlassen können werde, über den Grad seiner Kollaboration mit der Sonderkommission konnte ich zum damaligen Zeitpunkt aber nur mutmaßen.

Ich musste also auf jeden Fall mit einem Besuch der Behörden, aller Voraussicht nach sogar mit einer Festnahme rechnen. Diesen Moment wähnte ich bereits am 29. März gekommen, als ich nach meiner Rückkehr von einer Florida-Dienstreise im Zug von München nach Salzburg von deutschen Beamten in Zivil kontrolliert wurde. »Mein Gott, jetzt schaffe ich es nicht einmal mehr nach Hause«, schoss es mir ein. Ein Ausdruck meiner damaligen Verunsicherung, denn die Kontrolle stellte sich kurz darauf lediglich als Teil der erhöhten Sicherheitsvorkehrungen im Zuge des NATO-Gipfels in Strasbourg heraus.

Meine Nervosität hatte sich auch auf dem Flug von Tampa über Düsseldorf nach München bemerkbar gemacht. Üblicherweise hält es mich bei Transatlantikflügen kaum auf meinem Sitz, diesmal zog ich mir die Baseballmütze tief ins Gesicht und die Decke bis ans Kinn. Ich hatte schon beim Einsteigen ein riesiges Foto von mir in einer großformatigen deutschen Zeitung entdeckt ...

Zwei Tage nach diesen Schrecksekunden wurden meine Befürchtungen dann doch Realität. Noch am Vorabend hatte ich zu meiner Frau im Schlafzimmer gesagt: »Gut möglich, dass sie mich morgen in der Früh holen kommen. Ich glaube, wir sollten vielleicht noch ...« Ich war mit dem morgendlichen Babydienst dran, war um sechs Uhr aufgestanden und hatte gerade unseren damals neun Monate alten Sohn Simon auf dem Arm, als die SOKO-Männer Einlass begehrten. »Was ist los?«, erwiderte ich ihre unmissverständliche Aufforderung, die Tür zu öffnen. Dabei blieb ohnehin wenig Spielraum für Interpretationen, zumal der Einsatzleiter mit dem Hausdurchsuchungsbefehl in der einen und dem Haftbefehl in der anderen Hand wedelte. »Schau, dass du das Kind abgibst«, hörte ich ihn als Nächstes sagen.

Der Moment der Festnahme ist keiner, den du wie eine Rolle auswendig lernen kannst, um sie dann, quasi bei der Premiere, fehlerlos abzurufen. Aber ich war gut präpariert, hatte mich unmittelbar nach der Rückkehr in Salzburg mit meinem Rechtsanwalt beraten. »Was sucht ihr denn überhaupt?«, machte ich gegenüber den Ermittlern auf kooperativ. »Das wirst du wohl selbst wissen«, entlarvte Einsatzleiter Franz Schwarzenbacher mein Angebot als reine Rhetorik. Ich konnte mich ruhigen Gewissens auf das Geplänkel einlassen, denn belastendes Material gab es bei mir ohnedies keines sicherzustellen. Die mich belastenden Computerdaten waren im Januar 2008 in Budapest bei einem Einbruch in mein Auto mitsamt meinem Notebook abhandengekommen oder längst von mir unwiderruflich mit einem Spezialprogramm gelöscht worden. Somit konnte ich auch der unvermeidlichen Frage nach meinem Laptop gelassen entgegensehen. Selbst wenn der nicht gerade wegen eines Festplattenschadens bei einer Computerfirma in Steyrermühl deponiert gewesen wäre. Ein Faktum, das den Beamten verdächtig erschien. Zwei rückten umgehend aus und erlebten in dem EDV-Laden einen herben Rückschlag. Die Festplatte war Minuten vorher formatiert worden, nur rund fünf Prozent der Daten konnten in der Folge rekonstruiert werden. Die von mir angebotene Sicherungs-CD, auf der alle Daten der vergangenen beiden Jahre gespeichert waren, hat merkwürdigerweise während des gesamten Ermittlungsverfahrens nie jemanden interessiert. Auch die Durchsuchung eines von mir genutzten Keller-Lagerraumes in einem Wohn- und Geschäftshaus in Steyrermühl erwies sich für die Fahnder nicht als der große Knaller. Wie denn auch, ich war in den 12 Monaten vor der Verhaftung nie mehr dort gewesen.

Dass der Zugriff insgesamt kein spektakulärer Coup werden würde, ahnten wohl auch die SOKO-Leute. Der Anregung, bei meiner im unteren Geschoß lebenden damals 84-jährigen Oma doch bitte nicht zu neunt vorstellig zu werden, wurde prompt entsprochen. Man verzichtete sogar darauf, sie aufzuwecken. Für die alte Dame war die Situation nach Bekanntwerden des

Dopingfalles Bernhard Kohl auch so schon belastend genug. Wiewohl sie, wie rund zehn weitere Personen aus meinem engsten Umfeld, durchaus Bescheid wusste über den nicht ganz so ehrbaren – aber notwendigen – Teil meiner Geschäftstätigkeit.

Das Entgegenkommen der Beamten war geradezu symptomatisch, die Sicherstellung von einer sehr korrekten, fast freundschaftlichen Atmosphäre geprägt. Vielleicht lag es an mir, an meinem guten Elternhaus, an meinem gefassten Auftreten. Die Beamten, fast ausnahmslos aus Suchtgiftdezernaten rekrutiert, waren, so schien es mir, durchaus erfreut, einmal mit nicht ganz so ruppigen Umgangsformen konfrontiert zu sein. Das freundschaftliche Miteinander gipfelte in einer etwas grotesken Situation. Man hatte mir, noch während die Hausdurchsuchung im Gange war, etwa 30 Minuten Zeit eingeräumt, mich von meiner Familie zu verabschieden und für die Überstellung ins Polizei-Anhaltezentrum Linz fertig zu machen. Nachdem die Beamten ihre Nachschau beendet hatten, kam einer der neun Ermittler, dem Dialekt nach zu urteilen aus dem inneren Salzkammergut stammend, und fragte ein wenig verlegen, ob ich für Bernhard Kohls signiertes Tour-de-France-Bergtrikot, das ihm im Rahmen der Hausdurchsuchung aufgefallen war, noch Verwendung hätte. Ich konnte mir ein Grinsen nicht verbeißen und machte dem Mann die Freude. Keine 30 Sekunden später stand der nächste Kohl-Verehrer vor mir. Er musste sich mit einem Jersey ohne Unterschrift begnügen. Ich hoffe, es ist beiden tatsächlich um den ideellen Wert gegangen, denn reich konnte man mit dem Textil nicht werden. Als ich Monate später mein allerletztes der gepunkteten Trikots bei E-Bay zu Geld machte, war es dem Höchstbietenden mickrige 71 Euro wert.

Den Rest der 30-minütigen Galgenfrist nützte ich für die Morgentoilette und eine Tasse Kaffee. Auch ein Anruf bei einem Vertrauten ließ sich noch einrichten. Das Telefon wurde mir erst nach Verlassen des Hauses abgenommen. Ansonsten beschäftigte mich die Frage, was denn für eine unbestimmte Zeitspanne im Gefängnis einzupacken sei. Ich orientierte mich an den Notwendigkeiten einer einwöchigen Urlaubsreise und lag damit selbstverständlich falsch. Mein erstes Fußballspiel hinter schwedischen Gardinen absolvierte ich mit geborgter Hose und geborgten Sportschuhen.

Dann war der Zeitpunkt gekommen, Abschied zu nehmen.

Ein letzter Kuss, eine innige Umarmung zwischen Tür und Angel. Und ein paar Worte, mit denen ich uns allen Mut zusprechen wollte. »Ich bin bald wieder da, mach dir keine Sorgen, mir geht es gut, wird schon nicht so lange dauern.« Zurück blieb meine Frau, der gegenüber ich nicht nur einmal allen Ernstes, und ich glaubte wirklich daran, beteuert hatte: »Ins Gefängnis gehe ich schon nicht.« Zurück blieb auch mein Sohn Simon, dem mein letzter Blick in Freiheit galt. Was ich sah, erleichterte mir die Zeit hinter Schloss und Riegel nicht gerade. Er hatte seine Hand nach mir ausgestreckt und ich glaubte in seinen Augen einen besonderen Ausdruck zu erkennen. »Warum gehst du? Ich möchte dir noch so viel sagen.«

Auf dem Weg zum Einzelgänger

All das, vor allem aber, was im Justizgewahrsam noch folgen sollte, erscheint mir heute fast unwirklich. Oft ertappe ich mich bei dem Gedanken: »Hey, du bist WIRKLICH im Gefängnis gesessen. Eigentlich unglaublich!« Vielleicht, weil fast 30 Jahre lang kaum etwas auf eine kriminelle Laufbahn hingedeutet hatte. Am allerwenigsten in meinem Umfeld.

Meine Mutter Ottilie hatte meinen Vater im Rahmen der Salzburger Festspiele 1974 kennengelernt. Sie, die damals 21-jährige Reisebüro-Angestellte, und er, der 31-jährige Doktor der Rechtswissenschaften und Assistent am Institut für Völkerrecht an der Uni Salzburg, damals bereits Vater einer Tochter und geschieden, wurden dabei »Opfer« eines Verkupplungsversuches. Beide hatten die Festspielkarte »zufällig« von Freunden zugesteckt bekommen. Und die hatten offenbar den richtigen Riecher. Wiewohl das gemeinsame Glück nicht allzu lange hielt, nach ein paar Monaten ging man getrennte Wege. Nicht ohne etwas Bleibendes geschaffen zu haben. Am 14. Mai 1975, zwei Wochen später als vorausberechnet, bahnte ich mir den Weg ins Leben.

Meine Mutter, in all den Jahren meines Heranwachsens Alleinerzieherin, und ich lebten zunächst mit meinen Großeltern in dem von ihnen gebauten Haus in Laakirchen. In zwei getrennten Wohneinheiten, genau dort, wo ich im Herbst 2007 mit der Sanierung, dem Umbau und der Schaffung meines eigenen Domizils begann. Mein Verhältnis zu den Eltern meiner Mutter darf als innig bezeichnet werden, mein Opa ersetzte anfangs mehr oder weniger die fehlende Vaterfigur. Sein Tod, kurz vor meinem 13. Geburtstag, hinterließ eine nicht zu schließende Lücke. Ich war plötzlich der einzige »Mann« im engsten Familienkreis.

Als ich sieben war, zogen wir in eine 75-Quadratmeter-Wohnung in Laakirchen. Für mich ein kleines Paradies. Die Grünflächen zwischen den Wohnblocks wurden von uns Kindern kurzerhand zu Fußballplätzen umfunktioniert, dort ging es nahezu täglich hoch her. Aber auch sonst ließen es sich meine Mutter und ich an nichts fehlen. Zweimal im Jahr wurde geurlaubt, einmal im Sommer, einmal im Winter. Anfangs waren die Sandstrände Italiens das Standardprogramm, dann die Felsküsten Kroatiens. Später schreckten wir auch vor autofahrerischen Kraftakten nicht zurück, bereisten Wales und England, wo wir intensiv durch London streiften. Für meine Mutter ein Heimspiel, sie hatte in Teenagerjahren zwei Jahre als Au-Pair-Mädchen in Wimbledon verbracht. Ein anderes Mal stand Irland auf dem Programm, dann wieder Griechenland, mit einem Gipfelsturm auf den Olymp als Höhepunkt. Der Trip zum »Sitz der Götter« in 2917 Meter Höhe sollte für die nächsten 20 Jahre zu meinem Leidwesen meine einzige »olympische« Begegnung bleiben.

Die Winterurlaube bestanden zunächst ausschließlich aus Hardcore-Skitagen. Wir nächtigten in kostengünstigen, privaten Pensionen im Skigebiet Kitzbühel. Den ganzen Tag wurde gefahren, die Mahlzeiten nahmen wir auf dem Sessellift ein. Als ich 13 war, überredete mich meine Mutter, unseren Aufenthalt durch die eine oder andere Skitour zu bereichern. Schon im nächsten Jahr empfanden wir nur mehr Mitleid mit den Pistenfahrern, die so dämlich waren und sich in Massen stundenlang bei den Liften anstellten, während wir die wunderschöne Bergwelt Österreichs fast allein erkunden konnten.

Mit der Vater-Thematik wurde bei uns zuhause recht offen umgegangen. Meine Mutter hatte es mir stets freigestellt, mit meinem Erzeuger Kontakt aufzunehmen. Mit 18 hielt ich die Zeit für gekommen. Ich rief ihn an, vereinbarte ein Treffen in seiner Kanzlei in Salzburg und dann stand er vor mir – Dr. Robert Aspöck. Nach und nach erfuhr ich, auf wie vielen Hochzeiten, inklusive seiner – zum damaligen Zeitpunkt – zwei eigenen, er getanzt hatte. Ich erfuhr von den beiden Halbschwestern Gudrun und Sigrid (geboren 1969 und 1980), von meinem jüngeren Halbbruder Florian (Jahrgang 1978) – und von dem beachtlichen beruflichen Werdegang meines Vaters. Nach vier Jahren als Rechtsanwaltsanwärter machte er sich 1979 selbstständig, davor hatte er seine politische Laufbahn für die FPÖ im Salzburger Gemeinderat (1976–80) und Landtag (1980–83) begonnen. Auch sportlich legte er sich mächtig ins Zeug, amtierte in den 80er-Jahren als Präsident des SAK 1914 (Salzburger Athletiksport-Klub), dessen Fußballsektion von 1981–88 sechs Saisonen in der zweithöchsten Spielklasse, ein Jahr sogar in der damaligen Ersten Division, der heutigen Bundesliga, mitmischte.

Ob meine Großeltern auf lange Sicht mit ihrem potenziellen Schwiegersohn zufrieden gewesen wären? Politisch wohl nicht. Sie waren stramme Gewerkschafts- und SPÖ-Mitglieder, während er zwar nicht zum engsten Vertrautenkreis Jörg Haiders zählte, sondern aus der liberalen Ecke um Norbert Steger und Helmut Krünes kam, aber 1999 trotzdem für die Haider-FPÖ in den Bundesrat einzog. Nach dem Knittelfelder Spaltungsparteitag blieb mein Vater den Freiheitlichen treu, musste seinen Sitz nach der Niederlage seiner Partei bei der Landtagswahl 2004 aber räumen – um 2006 nochmals für zwei Jahre ins Parlament einzuziehen. Diesmal als einer von 21 freiheitlichen Mandataren im Nationalrat.

Dass mein Vater auch verschiedene Funktionen im Freiheitlichen Akademikerverband bekleidete, sei nur am Rande und deshalb erwähnt, weil seine vier Kinder insofern in seine Fußstapfen traten, als sie immerhin mit einem abgeschlossenen Studium aufwarten können. Was zumindest in meinem Fall nicht in jeder Phase meiner schulischen Laufbahn absehbar war. Nach einer mittelprächtigen Performance in der Hauptschule Laakirchen wechselte ich mit 14 an die Höhere Technische Bundeslehranstalt (HTBLA) Vöcklabruck, Sparte Betriebstechnik-Maschinenbau. Eine kolossale Fehlentscheidung, eine Handelsakademie oder Tourismusschule wäre nachträglich betrachtet wohl die wesentlich sinnvollere Wahl gewesen. So kam es, wie es kommen musste: Schon nach der ersten Klasse drehte ich eine Ehrenrunde. Mitte der zweiten, also nach zweieinhalb Jahren, dämmerte mir, dass ich wohl überall anders besser aufgehoben wäre. Aber auch, dass es für einen Neubeginn schon fast zu spät war. Womit ich mich dazu verdammt sah, mich bis zur Matura, also dreieinhalb weitere Jahre, durchzukämpfen.

Ich war fixer Bestandteil des schlechtesten Fünftels der Klasse und Jahr für Jahr wiederholte sich dasselbe Schauspiel. Im Frühjahr braute sich das Unheil zusammen, im Juni versuchte ich durch Kraftakte die Zahl der Nachprüfungen zu begrenzen, in den Schulferien bereitete ich mich auf ebendiese vor, im September wendete ich die Gefahr des nochmaligen Sitzenbleibens mehr oder minder souverän ab. Von den sommerlichen Lernsessions zehrte ich dann im ersten Halbjahr, bis der Kreislauf im zweiten Semester von neuem begann.

Bis zu einem gewissen Grad habe ich mir das Leben selbst schwer gemacht, mir aber die Sommerferien trotzdem nie wirklich vermiesen lassen. Wann immer ich mich zu konzentrierten Lernstunden durchringen konnte, waren die Fortschritte im Normalfall relativ schnell sichtbar. Mitverantwortlich für die wenig beglückenden Noten waren zweifellos aber auch meine sportlichen Aktivitäten. Ich häufte, in der Regel durch Wettkampfeinsätze bedingt, jede Menge Fehlstunden an, was die Lehrerschaft zwar mit Fassung trug, bei mir aber immer neue Wissenskrater entstehen ließ. Der Sport nahm mir andererseits aber auch jede Energie für jene Aufmüpfigkeit, die mich noch im ersten HTL-Schuljahr »auszeichnete«. Mit 41 Wochenstunden in der Klasse, nochmals rund zehn für Haus- und Konstruktionsübungen und dem täglichen Training fehlte es schlicht und ergreifend an den zeitlichen und körperlichen Ressourcen, um sich im Ausloten von Grenzen zu üben.

Trotz meiner überschaubaren schulischen Erfolgserlebnisse begab ich mich im Normalfall nicht ungern auf den 25 Kilometer langen Schulweg, den ich, um ein paar Minuten Morgenschlaf rauszuschinden, meist per Autostopp zurücklegte – auf die Laakirchner Pendler war immer Verlass. Meine Motivation, bis zur Matura durchzuhalten, schöpfte ich vor allem daraus, Dinge auf den Weg zu bringen, die allen zugutekamen. Nicht zuletzt deshalb ließ ich mich in der 4. Klasse auf die Kandidatenliste für die Schulsprecherwahl setzen – und wurde prompt gewählt. In der Folge gelang es mir zu verhindern, dass unsere Schulmensa zugesperrt wurde, ja ich handelte mit Lieferanten sogar die Konditionen direkt aus. Auch bei der Organisation des Maturaballes war ich, gestählt durch Jahre als Klassenkassier, als Vorsitzender des Organisationskomitees für die schwarzen Zahlen zuständig. Die Veranstaltung lockte schließlich 3000 Besucher an und spülte so viel Geld in unsere Kasse, dass wir als Destination für unsere Maturareise die Dominikanische Republik wählen konnten, ohne dass auch nur ein Schüler zuzahlen musste. Für mich war der Trip in die Karibik allerdings nicht das reine Vergnügen, kollidierte er doch mit der unmittelbaren Wettkampfvorbereitung auf die Unter-23-Staatsmeisterschaften über 1500 Meter.

Wenn heute angesichts der grassierenden Fettleibigkeit unter

Jugendlichen von Pädagogen über die Notwendigkeit einer polysportiven Ausbildung für den Nachwuchs philosophiert wird – nun, ich hab eine solche zweifelsfrei genossen. Ganz ohne ausgeklügelte Konzepte. Fußball, Schwimmen, Rad- und Skifahren, Langlauf, Skateboard, Klettern, Bergsteigen und später Mountainbike, Berglauf, Triathlon – vor mir war kaum eine Sportart sicher und meine Mutter unterstützte sämtliche sportlichen Ambitionen. Mit acht war ich Mitglied des Alpenvereins, mit zehn ging ich meine erste Skitour, mit zwölf begann ich beim SV Roitham mit geregeltem Fußballtraining. Zunächst als Tormann, dann als universell einsetzbarer Feldspieler. Mit 14 feierte ich mein Debüt in der ersten Mannschaft, freilich in der zweiten Klasse und damit in der unterklassigsten Liga, die Österreichs ohnehin nicht gerade atemberaubende Fußballlandschaft zu bieten hat. So ganz talentbefreit dürfte ich aber nicht gewesen sein. Immerhin zahlte der ASKÖ Steyrermühl Papier 1990 für mich noch nicht einmal 15-jährigen Grünschnabel die vom Verband festgelegte Leihgebührsumme von 15.000 Schilling (1.090 Euro) an den SV Roitham. Am Ende der Saison wurde der »Leasing«- in einen Kaufvertrag umgewandelt und durch einen Spielertausch abgegolten – zwei Steyrermühler wurden mit einem Matschiner aufgewogen. Nicht die sinnvollste Investition der Sportgeschichte, denn eineinhalb Jahre später hatte ich vom Mannschaftssport die Nase gestrichen voll. Manche hätten es womöglich als Ehre angesehen, als 16-Jähriger ins Unter-18-Team berufen zu werden. Mich aber nervte es unheimlich, wenn die vermeintlichen Teamstützen direkt von den Partys in die Kabine torkelten und als erstes den Inhalt ganzer Mineralwasserflaschen zum Zwecke der »Brandbekämpfung« leerten. Es war so überhaupt nicht mein Ding, mich auf zehn andere verlassen zu müssen. Zumal einem Großteil alles andere wichtiger zu sein schien als die Mannschaft. Glücklicherweise war ich früher als erwartet genötigt, eine grundlegende Entscheidung über meine sportliche Zukunft zu treffen. Ich hatte mich im Sommer 1991, wie schon die Jahre zuvor, ein paar Monate mit Hingabe auf den Gmunden-Triathlon vorbereitet, war wild entschlossen daran teilzunehmen. Dummerweise sollte ich zeitgleich für Steyrermühls U16-Team im Einsatz sein. In einem prestigeträchtigen Vergleichskampf gegen die Altersgenossen des österreichischen Rekordmeisters SK Rapid Wien. Der Wettstreit der Argumente verlief eher einseitig – Minuten später stand die Entscheidung fest. Der Teamplayer Stefan Matschiner war in diesem Augenblick Geschichte geworden.

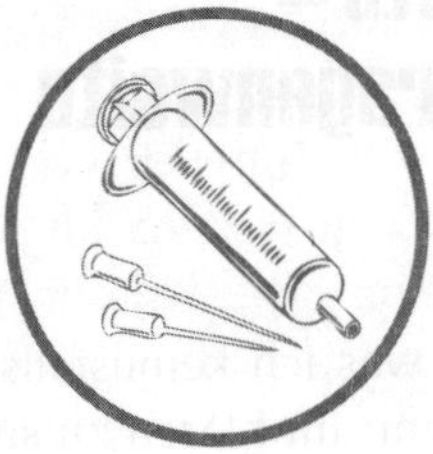

Die weiße Weste – genau meine Kragenweite

Gewissheit zu haben, was ich keinesfalls wollte, bedeutete naturgemäß noch nicht, mir im Klaren zu sein, wohin mich meine Reise als sportlicher Einzelkämpfer führen sollte. Mal hechelte ich wettkampfmäßig den Berg mit Tourenski hinauf, mal versuchte ich mich als Straßen-, dann wieder als Bergläufer. Triathlon war mir ebenso willkommen wie wettkampfmäßiges Sportklettern. So flatterhaft ich in der Auswahl meiner Wettkämpfe war, so gewissenhaft bereitete ich mich auf jeden meiner Einsätze, egal auf welcher Ebene, vor. Wobei »gewissenhaft« in diesem Fall mit »ahnungslos« gleichzusetzen war. Die einzige Maxime, die ich in der Wettkampfvorbereitung kannte, lautete: Vollgas!

Ein Training, in dem ich mich nicht bis zur völligen Erschöpfung verausgabt hatte, konnte mir gestohlen bleiben. Ein »methodischer« Ansatz, der sich auch im Spitzensport zum Teil bis in die 70er- und 80er-Jahre gehalten hatte. Nur ein einziges Mal siegte der jugendliche Übermut über die selbst auferlegte Askese. Bei meinem ersten Volkslauf, 1990 in Schwanenstadt, hatte ich, wie mein um ein Jahr älterer Trainingspartner, ein halbes Grillhendl und ein großes Bier intus, als der Startschuss um 10 Uhr Vormittag ertönte. Zu dem Wettkampf »entsandt« hat uns übrigens ein Laakirchner Nachbar, der auf unsere Trainingsaktivitäten aufmerksam geworden war. Es handelte sich dabei – die Welt ist klein – um den Vater von Hannes Gruber, heute Sportkoordinator im Österreichischen Leichtathletikverband. Die Leichtathletik und ich – da musste offenbar nur zusammenwachsen, was schon zusammengehörte.

Ein Arbeitskollege meiner Mutter war es schließlich, der mich endgültig auf die richtige sportliche Fährte brachte. Er hatte mich beim Toscana-Stadtlauf in Gmunden und beim Grünberg-Gipfellauf beobachtet und war von meinem Talent zutiefst überzeugt. Der Hobbysportler riet mir, dem Triathlon und Straßenlauf abzuschwören, weil es auf der Laufbahn in jeder Hinsicht mehr zu holen gäbe, und legte mir nahe, Günther Lemmerer meine Aufwartung zu machen. Der damalige Trainer der Union Ebensee war beileibe kein unbeschriebenes Blatt. Niemand Geringerer als Sigrid Kirchmann, die 1993 mit Bronze im Hochsprung für Österreichs erste WM-Medaille der Leichtathletik-Geschichte verantwortlich zeichnete, war in jungen Jahren durch seine bewährten Hände gegangen. Selbst Skistar Hermann Maier ließ sich auf Vermittlung seiner damaligen Freundin Stefanie (eine frühere Leichtathletin der Union Ebensee) in der Vorbereitung auf seine – wie sich erst nachträglich und zur Überraschung aller herausstellte – letzte Weltcupsaison von Lemmerer athletisch auf Vordermann bringen. Sein liebstes Kind aber war der Feuerkogellauf, dem er lange Jahre als Chef des Organisationskomitees vorgestanden war. Bis zum 8. August 2010, als er 13 Stunden vor dem Startschuss zur 15. Auflage bei einem Frontalzusammenstoß im Bartelkreuztunnel bei Ebensee 67-jährig aus dem Leben gerissen wurde.

Mit ein paar Monaten Verzögerung befolgte ich den Ratschlag des Bekannten meiner Mutter und präsentierte mich Günter Lemmerer auf der Laufbahn in Gmunden. Er benötigte keine wissenschaftlichen Abhandlungen oder medizinischen Gutachten, um sich klar festzulegen: »In der Leichtathletik taugst du nur zum Laufen.« Und auch in diesem Segment eröffnete sich mir kein allzu weites Feld. Die Langstrecke blieb mir aufgrund meiner Körpergröße von 192 Zentimetern, der Sprint mangels Schnellkraft verwehrt. Aber die Mittelstrecke, das war genau meine Kragenweite – von den 800 über meine spätere Paradestrecke, die 1500, bis zu den 3000 Metern. Ergänzt wurde mein Repertoire durch den Crosslauf im Winter.

Von jenem Frühlingstag des Jahres 1992 an, an dem mich Lemmerer je einen Testlauf über 400 und 5000 Meter absolvieren ließ, war ich Leichtathlet aus Leidenschaft. Ich erkannte rasch, dass es für mich nichts Besseres zum Abreagieren gab als das beinharte, für Außenstehende bisweilen eintönig anmutende Training eines Mittelstreckenläufers. Was mir zusätzlichen Auftrieb gab: Das Salzkammergut und seine Umgebung waren damals eines der Epizentren der österreichischen Leichtathletik, nach leuchtenden Vorbildern musste man nicht erst lange suchen. Neben der Bad Ischlerin Sigrid Kirchmann zählte vor allem das Gmundner Sprint-Ass Andreas Berger zu den nationalen Aushängeschildern meiner Zunft.

Dessen Vater lernte ich wenige Monate später im Rahmen eines Pflichtpraktikums, das ich in der Schlosserei der Papierfabrik Steyrermühl absolvierte, als hilfsbereiten Kollegen kennen. Berger senior gewährte mir kaum bekannte Einblicke in den Werdegang des Hallen-Europameisters von 1989. Ein Jahr später war es mit der Heldenverehrung aber schon wieder vorbei. Andreas Berger, damals wie heute österreichischer Rekordhalter über 100 Meter (10,15 Sekunden), erlangte im Juli 1993 über Nacht zweifelhafte Berühmtheit, als er, wie der Rest der österreichischen 4-mal-100-m-Staffel (Franz Ratzenberger, Thomas Renner, Gernot Kellermayr), des Dopings mit dem anabolen Steroid Metandienon überführt wurde. Das Quartett legte eine erfrischende Offenheit an den Tag, verzichtete auf die Öffnung der B-Probe, verkniff sich aber, die Hintermänner zu nennen. Ein später Sinneswandel würde selbst heute, fast zwei Jahrzehnte später, noch ein mittelschweres sportpolitisches Erdbeben nach sich ziehen.

Ich bekam Österreichs erstes großes Doping-Desaster (davor waren lediglich sechs Athleten von internationaler Bedeutung, davon vier Gewichtheber, überführt worden) nur am Rande mit, war ich doch zeitgleich damit beschäftigt, meinen ersten regionalen Erfolgen nachzujagen. Selbige stellten sich in jenem zweiten Jahr meiner Leichtathletik-Karriere prompt ein – ich durfte mich oberösterreichischer Jugend- und Juniorenmeister über 800 und 1500 Meter nennen! 1994 folgten die Junioren-Staatsmeistertitel über die gleichen Strecken, im Jahr darauf U23-Gold über 1500 Meter – unmittelbar nach der früher erwähnten Maturareise in die Dominikanische Republik.

Das vorläufige Karriere-Highlight ging bereits auf die Kappe von Trainer Fritz Baldinger. Der Gymnasiallehrer hatte mich 1994 zum LCAV doubrava gelotst, nachdem ich im Winter direkt nach Schulschluss oft mit den LCAV-Athleten trainiert hatte. Der Vorteil, die Trainingseinheiten in Attnang bzw. Vöcklabruck zu absolvieren, lag auf der Hand: Ich war ab sofort Bestandteil der qualitativ und quantitativ stärksten Gruppe von Nachwuchs-Mittelstreckenläufern, die es zu jener Zeit in Österreich gab. Dazu kam, dass lange Anfahrtswege wegfielen, weil mich der Schulbesuch ohnehin von Montag bis Samstag nach Vöcklabruck führte.

Mit dem Schulabschluss war der nächste Schritt in Richtung Professionalisierung vorgezeichnet. Im Oktober 1995 begann mein achtmonatiger Präsenzdienst beim Österreichischen Bundesheer mit der Grundausbildung in Linz-Ebelsberg. In unserer Einheit war ich als Sportler der einzige Rekrut, der nach einer vierwöchigen Drillphase in eines der Sportzentren der Heeressport- und Nahkampfschule (HSNS; heute Heeres-Sportzentren/HSZ) versetzt wurde. Im mittlerweile geschlossenen Leistungszentrum in der Wiener Blattgasse trat ich unter anderem mit Tennis-Crack Stefan Koubek und den beiden späteren Olympia-Ruderern Norbert Lambing und Raphael Hartl die restlichen sieben Monate meines Grundwehrdienerdaseins an. Eine illustre Runde, fürwahr. Was uns verband? Wir alle sahen uns irgendwann während oder nach unserer sportlichen Laufbahn mit Dopingvorwürfen konfrontiert. Früher oder später. Verschuldet oder weitgehend unverschuldet.

Stefan Koubek wurde im Dezember 2004 von der International Tennis Federation (ITF) drei Monate gesperrt, weil in seiner Dopingprobe Spuren von Triamcinolon-Acetonid gefunden wurden. Norbert Lambing war mitsamt seinen Berufskollegen Helfried Jurtschitsch und Martin Kobau 11 Monate davor wegen eines erhöhten Norandrosteron-Wertes für sechs Monate aus dem Verkehr gezogen worden. Und der Name Raphael Hartl tauchte lange nach dessen Karriereende 2009 in Verbindung mit der Plasmapheresestation Humanplasma auf. Ex-Bundestrainer Martin Keßler, Hartls langjähriger Coach, hatte nach belastenden Aussagen von Humanplasma-Geschäftsführer Rudolf Meixner und Krankenschwester Andrea Wagner zugegeben, im Vorfeld der Sommerspiele 2004 mit dem Großteil seiner wenigen Olympia-Aspiranten bei Professor Höcker und seinem Team vorstellig geworden zu sein. Den Blutabnahmen sei aber keine dopingrelevante Rückführung des Erythrozytenkonzentrates gefolgt. Interessante Variante. Und sogar wahr. Geplant wäre es aber anders gewesen.

Mitte November bezog ich mein HSNS-Quartier in der Wiener Blattgasse – es sollte für die nächsten acht Jahre meine Wohnadresse bleiben. Zweimal täglich Training und ein gar nicht so kärgliches Salär, wenn man zu wirtschaften verstand. Kein Zweifel, ich war im Profitum angekommen. Aber irgendwie kam ich nicht so richtig in die Gänge. Das Stadtleben machte mir mehr zu schaffen, als ich das für möglich gehalten hätte. Nicht, was Sie denken.

Den Verlockungen einer Party-Metropole vermochte ich spielend zu widerstehen. Wovon auch der erste Abschnitt meines BWL-Studiums an der Wirtschaftsuniversität Wien Zeugnis legt, den ich in der Mindestzeit von vier Semestern abhakte. Dass ich im Sport leistungsmäßig bestenfalls auf der Stelle trat, lag vielmehr an gesundheitlichen Rückschlägen, Unverträglichkeiten, deren ich einfach nicht Herr wurde. Ich war gewissermaßen allergisch auf Wien, war den Menschenschlag nicht gewöhnt, vermisste meine gewohnte Umgebung – die Natur, die Berge, Seen …

Es war die Phase, in der ich alles zu analysieren, zu hinterfragen begann, die Phase, in der ich an keinem noch so trockenen Trainingslehre- oder Methodik-Schmöker im Regal vorbeigehen konnte. Dieses Faible kam nicht von ungefähr. Ich hatte von meinem ersten Trainingstag an akribisch Buch geführt über Zeiten, Umfänge und alle sonstigen Nebengeräusche. Der wissenschaftliche Background meines Sports hat mich von jeher fasziniert.

Was auch das Mitwirken an einem Projekt belegt, das ich als Viertklässler gemeinsam mit meinem HTL-Professor umsetzte. Wir entwickelten über ein volles Jahr ein spezielles Computerprogramm zur Auswertung von Laktattests, das in der Pharmabranche durchaus seinen Kundenkreis fand. Wir konnten einige kleine Aufträge an Land ziehen – ein Großauftrag von Boehringer Mannheim (heute Roche Diagnostics) zerschlug sich erst in letzter Minute.

Für einen jungen Athleten, der verbissen um den Anschluss kämpft, war diese intensive Auseinandersetzung mit allen leistungsrelevanten Parametern aber nichts weniger als pures Gift. Je mehr Gedanken man sich als Sportler macht, desto mehr Zweifel tauchen auf. An der Richtigkeit der eigenen Entscheidungen, an der Richtigkeit der Entscheidungen des Trainers. Der Athlet ist dazu da, Feedback zu geben, aber nicht, um permanent zu hinterfragen. Denn es gibt mit Sicherheit 18 Wege, die nach Rom führen. Nur hat man in einem Sportlerleben bei weitem nicht ausreichend Zeit, um sie alle durchzuprobieren.

Mein nächster Weg führte mich über Rom hinaus, nach Rabat, Hauptstadt Marokkos und Austragungsort der Militär-WM im Crosslauf im Frühjahr 1996. Ich wähnte mich beim Saisonhöhepunkt passabel in Form, aber am Ende waren im ungewohnt tiefen Sand einer Pferderennbahn 59 von etwa 70 Konkurrenten vor mir im Ziel. Sportlich gesehen war der Ausflug also entbehrlich, kulturell allerdings sehr lehrreich. Nicht so sehr, was Land und Leute, Königsstädte oder Souks anbelangt – zum lohnenden Studienobjekt geriet vielmehr ein Delegationsmitglied: der stellvertretende Kommandant des Leistungszentrums Blattgasse. Dass ich ihn aus nächster Nähe genießen durfte, mir die Ehre zuteilwurde, mit ihm ein Zimmer zu belegen, hing mit meinen bescheidenen Sympathiewerten innerhalb der Mannschaft zusammen. Teamküken und große Klappe – diese Kombination war bei den Routiniers nicht allzu gefragt. So wurde ich schon Minuten nach der Ankunft Zeuge, wie der Vizeleutnant eine Zweiliter-Mineralwasserflasche, die zu 50 Prozent Weißwein enthielt, aus dem Koffer zauberte. Und dann noch eine. Und noch eine. Für jeden Tag das »Einsermenü«, das Lebenselixier: halb Weißwein, halb Mineralwasser. Zur Überlebensration gesellte sich eine Flasche Schnaps. »Diese Medizin brauchen wir hier für unseren Magen«, konterte der trinkfeste Funktionär meine irritiert-ungläubigen Blicke. Zur absoluten Höchstform lief er aber dann auf einer Party beim deutschen Militärattaché auf, wo er zu unserer Verwunderung und Erheiterung unmissverständlich zu verstehen gab, dass er es auf dessen Frau abgesehen hatte. Auch die Rückkehr in die Kaserne war von einem beachtlichen Alkoholpegel getragen, die damit einhergehenden lautstarken Gesänge habe ich als einen der wirklich lustigen Momente meines Sportlerlebens abgespeichert.

Die Qualifikation für diese Militär-WM erlaubte es mir durchzuatmen, die Übernahme als Kurz-Zeitsoldat war geritzt. Damals eine sechs Monate währende Zwischenstufe, ehe man im Idealfall als Militärperson auf Zeit für zunächst drei Jahre verpflichtet wurde. Doch auf den guten Winter folgte, abermals gesundheitsbedingt, ein lausiger Sommer. Ohne substanzielle Verbesserung meiner 1500-m-Bestzeit stand ich bald mit dem Rücken zur Wand. Das Einzige, was mich nach 14 Monaten vor dem Rauswurf aus der HSNS hätte retten können, wäre ein überzeugender sportlicher Befreiungsschlag gewesen. Die militärische Führung in Gestalt von Oberst Schaffer hatte eine erstaunlich präzise Vorstellung, wie so ein Befreiungsschlag auszusehen hat – 3:50 Minuten über 1500 Meter, was sechs Sekunden unter meiner bisherigen Bestleistung lag. Zu erbringen bei den U23-Staatsmeisterschaften, also ohne ernsthafte Konkurrenz. Wenn's weiter nichts ist. Müßig zu erwähnen, dass ich nicht einmal in die Nähe dieses Limits kam.

Ende November wurde es dann ernst. Nach 14 Monaten war an eine Weiterverpflichtung als Militärperson auf Zeit angesichts meiner Leistungen nicht mehr zu denken. Doch allzu viel änderte sich für mich durch das erzwungene Abrüsten nicht. Ich konnte weiterhin im Bundessportheim Blattgasse, in dem sich das Heer lediglich eingemietet hatte, wohnen und alle sportlichen Einrichtungen benützen. Nur auf der Gehaltsempfängerliste stand ich nun nicht mehr. Was mich aber auch nicht weiter bekümmerte, mit den Alimenten des Vaters, der Unterstützung durch meine Mutter und den Verein konnte ich mich spielend über Wasser halten. Dennoch absolvierte ich in diesen Monaten sogar die Aufnahmeprüfung bei der Wiener Polizei, wo aber letztlich aufgrund drastischer Sparmaßnahmen keine Sportlerklasse zustande kam.

Im Januar 1997 setzte ich auf neue Trainingsreize, verordnete mir das erste große Wintertrainingslager in Sarasota (Florida). Die daraus resultierende Optimierung meiner Bestleistung um drei Sekunden auf 3:53 Minuten bedeutete aber vor allem eines: Ich war immer noch weit entfernt von Gut und Böse. Das kleine Erfolgserlebnis löste bei mir die bereits bekannte Reaktion aus. Ich verlangte meinem Körper noch höhere Umfänge und härtere Einheiten ab. Ohnehin schon etwas angeschlagen, gab mir im Frühjahr 1997 eine durchzechte Nacht mit anschließendem Killertraining den Rest. Von den 20-mal 150 Metern in jeweils 18,5 Sekunden erholte ich mich das ganze Jahr nicht mehr. Gleichzeitig setzte sich bei mir die Erkenntnis durch, dass sich etwas Grundlegendes ändern müsse. Ich brauchte etwas, wodurch ich mir einen Vorteil gegenüber der Konkurrenz verschaffen konnte. Etwas, das nicht allen zugänglich war. Am besten eine revolutionäre Trainingsmethode.

Diese Chance tat sich auf, als ich mit meinem Läuferkollegen Reinhard Teufel ins Gespräch kam. Der hatte am Rande des Linzer Gugl-Meetings 1993 einen Kenianer kennengelernt, der ihn zu sich nach Hause einlud. Teufel nahm dankend an, verabschiedete sich nach der Matura und fand bei seiner einjährigen »Expedition« nach Ostafrika prompt mehr als Sandstrände, spektakuläre Sonnenuntergänge und eine exotische Tierwelt vor. Die bleibendsten Eindrücke hinterließ eine Kenianerin, die heute als Ehefrau und Mutter seiner Kinder mit ihm in Linz lebt. Für mich war klar: Teufels Kontakte ins kenianische Hochland könnten mir genau jenen Wettbewerbsvorteil bringen, den ich für nötig erachtete, um meine Leistungsgrenzen dorthin zu verschieben, wo ich sie haben wollte.

Im Dezember 1997 war es schließlich so weit. Ich bestieg ein Flugzeug nach Nairobi, im Schlepptau Christian Pflügl, heute ein mittelprächtiger Marathonläufer, damals ein erfolgreicher Nachwuchsathlet über 5000 und 10.000 Meter. Das Ziel unserer Reise war ein 3000-Einwohner-Dorf im kenianischen Hochland auf 2000 Meter über dem Meeresspiegel, in der Nähe von Kapsabet. Die Region 300 Kilometer nordwestlich der Hauptstadt Nairobi ist dafür bekannt, selbst für ostafrikanische Ansprüche überdurchschnittlich viele Top-Läufer hervorzubringen. Unter ihnen: Wilson Kipketer und Paul Kipkoech. Und was für den Stamm der Nandi funktioniert, kann ja wohl auch für uns Europäer nicht verkehrt sein. Wir fühlten uns wie Pioniere, denn Weiße hatten sich bis zu unserem Eintreffen nur sehr vereinzelt hierher verirrt. Entsprechend viel Aufmerksamkeit wurde uns während des Aufenthaltes zuteil. Für die Einheimischen waren wir Aliens, nicht mehr und nicht weniger. Ich habe nie besser nachempfinden können, wie sich ein dunkelhäutiger Mensch noch vor fünfzehn, zwanzig Jahren in einer Wiener U-Bahn gefühlt haben muss.

Pflügl erwies sich nicht gerade als versierter Globetrotter. Auf meine Frage, ob er denn wisse, wo wir überhaupt hinfliegen, klappte er die Afrika-Landkarte im Bordmagazin von British Airways nach wenigen Sekunden zu: »Ich find die Insel net!« Seine bescheidenen Englischkenntnisse erschwerten die Völkerverständigung zusätzlich. Als ihn unsere Köchin eines Tages mit dem Auftrag, »cooking fat« herbeizuschaffen, in den 45 Gehminuten entfernten Laden entsandte, kam er nach Ewigkeiten einigermaßen entnervt zurück. Er hatte auf dem Weg dorthin den Terminus vergessen und erntete vom Verkäufer lediglich Gesten der Ratlosigkeit, als er mehrfach versuchte, seinem Anliegen durch das Zusammenkneifen seiner vergleichsweise üppig vorhandenen Haut über den Wangen Nachdruck zu verleihen. Bekommen hat er letztendlich, was er wollte. Aber die Geschichte erhielt ich bis zu meinem letzten Aufenthalt in Kapsabet immer und immer wieder serviert – auch wenn schon zehn Jahre ins Land gezogen waren.

Die meiste Zeit über ließen wir uns gegen vorher vereinbarte Bezahlung von unseren Gastgebern verköstigen. Als Zeichen der

Wertschätzung wurde am letzten Abend sogar Fleisch kredenzt. Absoluter Höhepunkt war der Verzehr eines Federviehs, das wir, ebenfalls eine Form der Ehrbezeugung, höchstpersönlich durch Abschlagen des Kopfes um die Ecke bringen »durften«. Angesichts der Tatsache, dass sich der Gummiadler nachträglich als zähes Suppenhuhn entpuppte, hätte ich auf diese »Henkersmahlzeit« liebend gern verzichtet. Das umfangreiche Training, gepaart mit der nicht sonderlich nahrhaften Kost, führte zu einer bewusst einkalkulierten und durchaus erwünschten Gewichtsreduktion, die ein Universitäts-Professor für Mathematik, den ich von meiner Reise im Vorfeld in Kenntnis gesetzt hatte, beim Wiedersehen in einem bis auf den letzten Platz gefüllten Hörsaal der Wirtschaftsuniversität Wien mit den Worten quittierte: »Herr Matschiner, haben Sie in Kenia nichts zu essen bekommen?«

Mein Leben in Kapsabet gestaltete sich, gelinde gesagt, ein wenig eintönig. Trainieren und Lernen für das Studium, mehr wäre auch bei intensiverer Suche nach Zerstreuung nicht drin gewesen. Auch der Beginn meines Tagwerks bot wenig Unvorhergesehenes. Da in unserem Zimmer der Ofen der Lehmhütte stand, endete die Nachtruhe ein ums andere Mal mit den Geräuschen, die die Dame des Hauses beim Feuermachen von sich zu geben pflegte. Da half auch meine während der Bundesheer-Grundausbildung zur Perfektion gebrachte Methode nichts, Lärmquellen durch eine stabile Seitenlage, bei der ich ein Ohr auf meinen Oberarm bettete und das andere mit dem Zeigefinger der gleichen Hand zustöpselte, auszuschalten. Wäre da nicht die eine oder andere Fledermaus gewesen, die ab und an über unsere Köpfe zu segeln pflegte – die Tage wären voneinander kaum zu unterscheiden gewesen. Mit einer Ausnahme: Weihnachten. Im Wissen, dass man sich zeitgleich in heimatlichen Gefilden die Bäuche vollschlägt, wurde einem das Herz angesichts der (armutsbedingten) kulinarischen Tristesse im selbst gewählten Trainingscamp dann doch recht schwer.

Wie den meisten Schwarzafrika-Neulingen setzte auch mir die allgegenwärtige Armut zu. Mit dem Unterschied, dass bei mir der naive Wunsch, alles Elend dieser Welt abzuschaffen, mit der Rückkehr in unsere Wohlstandsgesellschaft nicht abrupt endete. Ich war von dem unbedingten Drang beseelt, etwas Nützliches für die Menschen in Kapsabet zu tun. Und verquickte meine umfangreiche Fotosammlung mit dem angehäuften Wissen aus erster Hand, um mittels Dia-Vorträgen die Geldbörsen der Menschen zu öffnen. Bei zwei Veranstaltungen in Laakirchen und Niederthalheim, Pflügls Heimatgemeinde, kamen so immerhin 20.000 Schilling (ca. 1450 Euro) zusammen, die ich – gar kein so leichtes Unterfangen – auf dem Bankweg nach Kapsabet transferierte.

Natürlich hatte ich mit den Menschen vor Ort bereits vorbesprochen, was mit eventuellen Spenden sinnvollerweise anzustellen sei. Wir waren einig, dass mit dem Bau eines Brunnens der maximale Nutzen für eine möglichst große Zahl von Menschen gegeben sei. Bei meiner nächsten Reise bedurfte es keiner hintergründigen Recherche um festzustellen, dass man von dem Vorhaben noch vor dem ersten Spatenstich abgerückt war. Anstelle eines Brunnens wurde es ein PKW. Zielsicher ließen sich die Chefeinkäufer des Dorfes eine fahruntaugliche Schüssel andrehen, die nach wenigen Kilometern ihr Leben aushauchte und seither in irgendeinem Straßengraben vor sich hin rostet.

Trotz dieser Zweckentfremdung unserer Mittel nahmen wir 2003 einen zweiten Anlauf. Wir suchten das halbe Salzkammergut heim, waren sogar auf der Messe vor dem Vienna City Marathon präsent, wo ORF-Sport-Anchorman Rainer Pariasek unseren Vortrag moderierte. Und trotzdem konnten wir gerade so viel Geld zusammenkratzen, um das Schulgeld der Kinder einiger befreundeter Familien zu berappen. Eine Ernüchterung. Ebenso wie die Geschäftsidee, Laufreisen nach Kenia anzubieten und diese mit einer Safari zu verbinden. Glücklicherweise beauftragten wir ein Meinungsforschungsinstitut, das im Umfeld des Wien-Marathons mittels Fragebogen sondieren sollte, ob dafür ein Markt gegeben sei. Die Antwort war kurz und bündig: »Jungs, lasst die Finger davon!« Wir implementierten ein entsprechendes Tool dennoch auf unserer Homepage. Als die erste Anfrage kam, war das Projekt längst zu Grabe getragen.

Dass die Reise sportphysiologisch den erwünschten Effekt erzielte, kristallisierte sich bereits wenige Tage nach der Rückkehr heraus. Christian Pflügl begab sich infolge gröberer Stoffwechselprobleme in medizinische Behandlung. Im Wiener Heeresspital wurde im Rahmen der Untersuchungen daraufhin ein Hämatokritwert von 51,4 Prozent festgestellt. Der Arzt zögerte keine Sekunde mit seiner Diagnose: »Sie sind ja gedopt!« Sechseinhalb Wochen Höhentraining, gepaart mit einer Durchfallerkrankung schienen ihn in seiner wenig ausgereiften Einschätzung nicht beirren zu können. Dabei weiß ich wenig so gesichert wie das: Pflügl, 2010 immerhin noch Marathon-Teilnehmer bei der EM in Barcelona, hat mit Doping so wenig am Hut, dass er das Wort nicht einmal unfallfrei zu Papier zu brächte.

Auch für mich machte sich die Reise ins Ungewisse alsbald bezahlt. Wobei mir schon damals bewusst war, dass die Blutwerte nicht der entscheidendste Parameter sind, ob ein Höhentraining als geglückt anzusehen ist oder nicht. Der größere Nutzen resultiert in der Regel aus dem Aufbau einer verbesserten Atemhilfsmuskulatur und dem Ausbilden von speziellen Stoffwechselvorgängen, die zu einer Optimierung verschiedenster Körpersysteme beitragen. Wie auch immer – im Mai 1998 spulte ich am Wiener Cricketplatz die 1000 Meter in für mich beachtlichen 2:25 Minuten ab. Eine Art Initialzündung für den erfolgreicheren Teil meiner sportlichen Karriere.

Meine Aufbruchsstimmung erfuhr im Frühsommer einen zusätzlichen Push. Nach einem zweiwöchigen Trainingslager an der University of Memphis (Tennessee, USA) erhielt ich vom dortigen Coach die Nachricht, dass er noch ein einjähriges Stipendium für das Jahr 1998/99 zu vergeben habe. Ich fackelte nicht lange, schließlich war es »full ride« – sämtliche Kosten gedeckt. So startete ich im September 1998 in mein erstes Übersee-Studienjahr. Das Leben war gut zu mir. Ich wohnte abseits des Campus gemeinsam mit zwei Studienkollegen in einem Reihenhaus, die universitären Anforderungen arteten in keinerlei Lernstress aus (wie sich schon das Betriebswirtschaftsstudium in Wien im Vergleich zu meinen HTL-Jahren als Kindergeburtstag entpuppt hatte) und die völlig andersartige Trainingsphilosophie tat mir keineswegs schlecht. Im College-Team war Dosieren nämlich ein Fremdwort. Ich häufte eine ungeheure Menge an extrem harten Trainingseinheiten an, beinahe jeden Tag ging es voll zur Sache, mitunter auch übers Limit. Was mir alles in allem eine gute Grundlage und bis zum Ende des Scholarships eine Reihe von persönlichen Bestleistungen einbrachte.

Mein Tagesablauf war vorhersehbar und denkbar einfach – 6 Uhr: Morning Run; 8 bis 13 Uhr: Uni; 15 Uhr: 2. Training. Am Freitagabend brachen wir meist zu Wettkämpfen auf, tingelten im Kleinbus bis nach New Orleans, St. Louis oder gar Houston. Trips in die benachbarten Bundesstaaten Mississippi, Arkansas und Alabama waren ohnehin Routine. Samstagvormittag stand der Wettkampf auf dem Programm, unmittelbar danach die Heimreise. Mit ein wenig Glück schaffte man es bis zur Athletenparty auf die Heim-Uni. Sonntag war Ausschlafen angesagt. Es blieb sogar noch ausreichend Zeit, um sich ein paar Flausen in den Kopf setzen zu lassen. So gehörte es, speziell unter ausländischen Studenten, zum guten Ton, die damals noch recht gutgläubigen Kreditkartenunternehmen durch eine gewisse Kreativität beim Bereitstellen der persönlichen Daten hinters Licht zu führen. Eine Fußnote in meiner Lebensgeschichte, auf die ich nicht sonderlich stolz sein kann.

Ganz im Gegensatz zu so mancher sportlichen Performance für die University of Memphis. So gelang es mir unter anderem, die 1500 Meter der Conference USA, ein überregionaler Uni-Vergleichswettkampf, der sich auf das Gebiet zwischen Wisconsin und Florida erstreckte, gegen die Konkurrenz von 14 Hochschulen zu gewinnen. Im Zielsprint setzte ich mich gegen Konkurrenz aus Schweden und Kenia durch. Nach neun Monaten Memphis konnte ich zufrieden Bilanz ziehen. Sportlich und universitär. Ich hatte eine Belohnung verdient und entschloss mich, diese Ende Mai 1999 in Form einer zweiwöchigen Reise durch El Salvador, Honduras und Guatemala zu einzulösen.

Zurück in der Alten Welt wartete jede Menge Arbeit. Gemeinsam mit Dr. Georg Werthner, dem ich schon seit 1996 zur Hand gegangen war, stampfte ich binnen vier Wochen den Wiener Jedermann-Zehnkampf aus dem Boden. Praktischerweise hatten wir in unseren Büros zwei Matratzen platziert, womit sich die Ruhezeiten zwischen den Schichten elegant auf ein Minimum reduzieren ließen und die lästigen Fahrten zur und von der Arbeit entfielen. Ich konnte es mir leisten, mein Training zu vernachlässigen. Die Saisonhöhepunkte lagen hinter mir. Der einzige Wermutstropfen: Meine in Milwaukee aufgestellte persönliche Bestzeit von 3:51 Minuten lag nach wie vor meilenweit von einem etwaigen Olympialimit (das vom Österreichischen Leichtathletikverband im Herbst – man befand sich ja schließlich in der Hochblüte des EPO-Zeitalters – mit 3:36,50 außergewöhnlich fordernd angesetzt worden war) entfernt.

Was jedes Mal aufs Neue schmerzte, wenn mir meine 1995 erstellte Pressemappe in die Hände fiel. Unter dem Titel »Running for Sydney« hatte ich damals versucht, meine Person potenziellen Geldgebern schmackhaft zu machen. Dass trotz der professionellen Präsentation mit Ausnahme meines heutigen Freundes Kurt Kronberger niemand anbiss, spricht wohl für das intakte Bauchgefühl bei den Entscheidungsträgern in den damaligen Sponsoringabteilungen.

Das nächste große Projekt, das meine Trainingsplanung schon erheblich mehr tangierte, tat sich im Dezember 1999 auf. Professor Werner Clement vom Industriewissenschaftlichen Institut, damals eines der drei Wirtschaftsforschungsinstitute in Österreich, war an mich mit dem Angebot herangetreten, für die Vereinigung der österreichischen Industrie (Industriellenvereinigung) eine bezahlte Studie zum Thema »Zwischenbilanz und Perpektiven der Clusterbildung in Österreich« zu verfassen. Das sperrige Thema zielte darauf ab, der Politik als Entscheidungshilfe in der Frage zu dienen, ob man Industrienetzwerke und konkurrierende Unternehmen durch eine entsprechende Standortpolitik weiterhin ermutigen sollte, sich an bestimmten Standorten zu konzentrieren. Das Angebot gewann weiter an Attraktivität, indem mir Clement zu verstehen gab, dass die Studie gleichzeitig auch eine erstklassige Diplomarbeit abgeben könnte. Der Haken an der Sache: Bis zur Deadline räumte man mir nur wenig mehr als drei Monate ein.

Ich arbeitete 60 Stunden pro Woche an der Aufgabenstellung und versuchte trotzdem, das Training nicht darunter leiden zu lassen. Aber ganz allmählich setzte sich bei mir die Erkenntnis durch, dass der Aufwand, den ich in den Sport steckte, in einem krassen Missverhältnis zum Ertrag stand. Wirtschaftlich, mental, auf jeder erdenklichen Ebene. Doch den Schlussstrich zu ziehen, war ich bei weitem noch nicht in der Lage. Womit das Feld bereitet war, Kosten und Nutzen, Input und Output unter Zuhilfenahme medizinisch-pharmakologischer Instrumente ins Gleichgewicht zu bringen. Die weiße Weste war reif für die Altkleidersammlung.

Der Griff in die Trickkiste

D-O-P-I-N-G. In den ersten achteinhalb Jahren meiner Karriere spielten die sechs Buchstaben eine völlig untergeordnete Rolle. Zunächst schafften sie es nicht einmal in meinen aktiven Wortschatz, dann geisterten sie irgendwo an der Peripherie meiner Gehirnwindungen herum. Ich kann nicht für mich in Anspruch nehmen, dass ich das Thema aus moralisch-ethischen Gründen weitgehend ausgeblendet habe, vielleicht fehlte es schlicht an der Gelegenheit. Denn der Gedanke, wie die eigene Leistung eine Steigerung erfahren könnte, kreist im Kopf jedes Athleten wie ein Aasgeier um seine Beute. Und so sammelte auch ich Erfahrungen mit so manch obskurem Experiment. Manches fernab, das eine oder andere bedenklich nah an der Schwelle des Unerlaubten. Ich hantierte mit Koffeintabletten, versuchte es mit drei Dosen Red Bull vor dem Start, organisierte mir gemeinsam mit einem Studienkollegen in Memphis aber auch MaHuang – damals noch legal in allen Vitamingeschäften der USA frei erhältlich. Später waren die Extrakte der chinesischen Meerträubel aufgrund der hohen Konzentration natürlichen Ephedrins für eine Reihe positiver Dopingtests verantwortlich.

Dass ich im August 2000 die Grenze des Tugendhaften frohen Mutes und ohne mit mir zu ringen überschritt, war dann aber doch eine völlig neue Qualität der Leistungsbeeinflussung. Hatte ich eine andere Wahl? Die hat man immer. Der Leistungsdruck war vermutlich nicht größer als bei jedem anderen Athleten. Wenngleich auch im allernächsten Umfeld spürbar. Meine Mutter etwa hat sämtliche Fortschritte, Stillstände und Rückschritte meiner Karriere mit kritischer Distanz verfolgt. Ihr Kopfschütteln, wenn ich mal wieder mit einer 1500-m-Zeit von 3:59 Minuten (wie bei den Staatsmeisterschaften im August 2000 im Wiener Happel-Stadion, als ich bei fast 40 Grad im Schatten den beschämenden fünften Platz belegte) ins Ziel getrottet war, habe ich noch heute vor Augen. Ausschlaggebend für den ethisch-moralischen Paradigmenwechsel war jedoch einzig und allein meine eigene Unzufriedenheit. Ich war es leid, dass Medaillen bei österreichischen Meisterschaften die einzige Entschädigung für all die Entbehrungen sein sollten. Die Hoffnung, diesen nicht hinnehmbaren Zustand ausschließlich aus eigener Kraft aus der Welt zu schaffen, war zu diesem Zeitpunkt bereits auf den Nullpunkt gesunken. Zusätzlich dämmerte es mir allmählich, dass ich womöglich auf nationaler, ganz sicher aber auf internationaler Ebene bis dato nicht mit dem gleichen Waffenarsenal wie meine Kontrahenten kämpfte.

Mein Zugang zu der Doping-Materie war kein naiver, ich war gut genug informiert um zu wissen, dass ich mir durch die pharmakologische Unterstützung nicht eine einzige Trainingseinheit ersparen würde. Ganz im Gegenteil: Testosteron und alle artverwandten Mittelchen sorgen dafür, dem Körper – auch durch beschleunigte Regeneration – mehr Training abverlangen zu können. Was mental eine zusätzliche Herausforderung darstellt, weil man sich ohnehin schon an der Grenze des Verkraftbaren wähnt. In lebhafter Erinnerung sind mir die Sonntagabende meiner aktiven Laufbahn, wenn der Trainingsplan ins E-Mail-Postfach flatterte. Die Anspannung, ob es das Programm zulassen wird, dass ich das Ende der Woche noch erlebe, ist mit keinem Nervenkitzel in meinem heutigen Leben zu vergleichen. Doch erst dieses zusätzliche Training bringt den heiß ersehnten Effekt – mehr Leistung, mehr Erfolg, mehr Anerkennung, mehr von allem. Wie Sie merken, habe ich alle Trainingstorturen überlebt. Man kann die mentale Kraft, die man daraus schöpft, kaum beschreiben. Aber diese im Wettkampf umzusetzen, ist eine andere Geschichte.

Und so nahm ich in der zweiten August-Hälfte 2000, während zeitgleich die Sommerspiele von Athen (wo ich laut Pressemappe von 1995 eigentlich zu olympischen Ehren hätte gelangen sollen) ihren Lauf nahmen, erstmals verstohlen ein Päckchen mit verbotenem Inhalt von einem Dopinglieferanten entgegen. Über den Weg gelaufen war mir Paris* zum ersten Mal rund einen Monat davor – auf einer Messe am Rande des Ironman Austria in Klagenfurt, bei der ich für meinen damaligen Ausrüster Saucony ein paar Jobs erledigte. Wir waren rasch beim Thema und am Ende des Gesprächs stand das Angebot, mir mit dem einen oder anderen »Beinemacher« unter die Arme zu greifen.

Paris hatte seine sportliche Heimat im Umfeld des Bundessport- und Freizeitzentrums (BSFZ) Südstadt nahe Wien, dem größten aller acht österreichischen Bundessportzentren. »Die Südstadt«, wie der Sportkomplex in Athletenkreisen genannt wird, dient vorwiegend als Internat für Nachwuchsspitzensportler und Stützpunkt des Heeres-Leistungssportzentrums. Völlig logisch, dass dort, dem Gesetz von Angebot und Nachfrage folgend, ein reger Handel mit verbotenen Substanzen an der Tagesordnung war (und wohl auch ist). Trainer, Manager, Sportwissenschaftler, in manchen Fällen auch Athleten boten ihre heiße Ware feil. So gut wie nie im großen Stil, nur einem kleinen, oft seit langer Zeit bekannten Kundenkreis. Und daher auch äußerst selten zum Zwecke der Bereicherung.

Paris zählte zur Kategorie der dealenden Athleten. Leistungsmäßig war er irgendwo zwischen ambitioniertem Hobby- und perspektivlosem Spitzensportler angesiedelt. Nachdem ich mich davon überzeugt hatte, dass seine Preisgestaltung nicht auf Gewinnmaximierung abzielte, gab ich 40.000 IE (Internationale Einheiten) EPO in Auftrag und nahm diese wenige Tage später in Empfang. Handelsname: Erypo. Aktiver Wirkstoff: Epoetin alpha. EPO der ersten Generation also. Der Einnahmeplan war praktischerweise gleich dabei. 1 × 2000 Einheiten täglich für die erste Woche, danach dieselbe Ration an jedem zweiten Tag. Womit sich eine Gesamtdauer der EPO-»Kur« von rund fünf Wochen ergab.

Das gesamte Erythrozyten-»Produktionsprogramm« spulte ich übrigens in den Vereinigten Staaten ab. Anfang September 2000 war ich nämlich in meine nächsten beiden Gastsemester an der University of Memphis gestartet. Mit dem Ziel, mein 1999 begonnenes Bachelor-Studium einem erfolgreichen Ende zuzuführen. Am 4. September ließ ich mich erstmals zwecks Training auf der Laufbahn sehen, am 18. September setzte ich mir subkutan die erste EPO-Spritze. Die Selbstverabreichung stellte mich vor keinerlei Probleme, schließlich unterschied sich das Prozedere durch nichts vom Setzen einer Thrombosespritze. Und damit hatte ich nach einer Knieoperation im Jahre 1993 nun wirklich ausreichend Erfahrung. Zusätzlich schluckte ich auf Paris' Anweisung Ferretab-Kapseln, um dem sonst unweigerlich auftretenden Eisenmangel entgegenzuwirken, und spritzte mir einmal pro Woche Vitamin B12.

Nicht eingeplant war hingegen, dass mir der übereifrige, unqualifizierte und später aufgrund von Interventionen des mächtigen Basketball-Coaches gefeuerte Director for Academic Athletic Services, Tim Sumner, das Leben schwer machte. Er verweigerte mir die Startberechtigung, weil mir jede Menge Grundkurse fehlten. Dagegen anzukämpfen, kostete mich viel Zeit und Energie, bis ich durch Zufall auf den Viceprovost for Academic Affairs, Dr. Tom Nenon, stieß. Nenon hatte 12 Jahre in Deutschland studiert und gearbeitet, war somit bestens mit dem mitteleuropäischen Bildungssystem vertraut und bescheinigte (nach Erhalt sämtlicher HTL-Lehrpläne aus Vöcklabruck) ohne mit der Wimper zu zucken, dass mir sämtliche Grundkurse anzurechnen sind, weil deren Lehrinhalte in Österreich Matura-Bestandteil sind. Nutznießer meiner Pionierarbeit sind noch heute österreichische und deutsche Gaststudenten, denen der Einstieg an der University of Memphis um einiges leichter fallen dürfte als mir damals.

Sportlich hatte die Verzögerung einen unangenehmen Nebeneffekt. Ich durfte bis Mitte November bei Wettkämpfen lediglich als »unattached« (nicht einer Uni zugehörig) starten, konnte daher keine Punkte für das Universitäts-Team der Memphis Tigers sammeln. Womit sich auch mein Dopingprogramm ziemlich ad absurdum führte. Dabei hatte ich im Training den sagenumwobenen EPO-Boost durchaus zu spüren bekommen. Ich bekam mehr Luft, es war eine befreitere Art des Laufens, beinharte Trainingseinheiten wurden verkraftbarer, ich kam schnell in Form – und verlor ganz nebenbei noch das eine oder andere Kilo. Nur fand ich bald heraus, dass die orale Einnahme von Eisen bei mir nicht die gewünschte Wirkung zeigte. Als einzige Alternative, dem Eisenmangel zu Leibe zu rücken, kam die intravenöse Zufuhr in Frage. Wofür ich allerdings medizinisch einigermaßen geschultes Personal benötigte, das keine lästigen Fragen stellte. Die gesuchte Möglichkeit tat sich auf, als ich über meine Nachbarn in Memphis Kontakt zu ihrer in einem Krankenhaus arbeitenden Schwiegertochter bekam.

Also stand ich eines Abends mit den aus Österreich mitgebrachten Eisenampullen (62,5 Milligramm dreiwertiges Eisen pro Ampulle) in der Tasche vor einem hochmodernen Bau am Danny Thomas Place. Ich dachte mir noch nicht viel, als ich das St. Jude Children's Research Hospital betrat, ein paar Stockwerke mit dem Lift bis zur Intensivstation fuhr und darauf wartete, an die gewünschte Infusion angeschlossen zu werden. Als ich aber meinen Blick schweifen ließ, machte sich in mir ein Gefühl der vollkommenen Deplatziertheit breit. Ich war auf einer Kinderkrebsstation gelandet. Und zwar auf keiner für die leichten Fälle. Rund um mich türmten sich Monitore, die den Gesundheitszustand der kleinen PatientInnen widerspiegelten, ab und zu kündeten Alarmmeldungen von womöglich lebensbedrohlichen Entwicklungen. Nebenan kämpften also Kinder ganz offensichtlich um ihr Leben. Und ich saß da und ließ eine in Natriumchlorid gelöste Eiseninfusion in mich reintröpfeln, um bei irgendeinem Wettkampf ein paar Zehntel, vielleicht eine oder zwei Sekunden schneller zu sein. Eine Erfahrung, die ich schon damals als grenzwertig wahrnahm. Die ich aber mit ein paar Tagen zeitlichen Abstandes weitgehend auszublenden vermochte, obwohl die Bilder ab und zu bis heute vor mir auftauchen. Letztendlich brachte ich es auf acht bis zehn abendliche Besuche in der Klinik.

Mein Comeback für die University of Memphis gab ich schließlich Mitte November bei den Regionals (eine von 11 Ausscheidungen, bei denen man sich für die Nationals qualifizieren kann) im Crosslauf. Knapp zwei Monate nach dem Ende meiner ersten EPO-Kur, die in Trainings und Wettkämpfen, in denen ich praktisch außer Konkurrenz lief, sinnlos verpufften. Nach einem taktisch etwas unbedarften Rennen wurde ich Neunter, verpasste die Qualifikation für die Nationals um zwei Sekunden. Gewonnen hat den Lauf übrigens ein gewisser David Kimani, gebürtiger Kenianer und mit einer Bestzeit von 13:10 Minuten über 5000 Meter damals auch international eine ganz große Nummer. Er hätte eine noch viel größere werden können. Doch zweieinhalb Jahre später, am 12. April 2003, brach Kimani ohne jegliche Vorwarnung während des Mittagessens im Speisesaal der University of Alabama zusammen. Wiederbelebungsversuche scheiterten und als er im 150 Meter entfernten Krankenhaus ankam, konnten die Ärzte nichts mehr für den 25-Jährigen tun. Mysteriös: Auch mehrere Autopsien lieferten keine Erkenntnis hinsichtlich einer möglichen Todesursache. Was immer sehr viel Spielraum für Interpretationen lässt.

Meine Einschätzung, die ich bei vielen Athleten verschiedenster Sportarten vor und auch nach Kimanis Tod immer wieder bestätigt fand: Leistungssportler haben in den seltensten Fällen den

Mut, sich eine Pause zu gönnen. Auch und vor allem wenn sie krank sind, an Infekten leiden. Tod im Sport ist nur in einigen Ausnahmefällen auf Doping zurückzuführen. Bakterielle Infektionen hingegen können bei Trainings- und Wettkampfbelastungen den Herzmuskel schwer schädigen und in weiterer Folge zu Hinter- oder Seitenwandinfarkten führen, die in fast hundert Prozent der Fälle tödlich enden. Auch ich hatte stets ein schlechtes Gewissen, wenn ich drei Tage wegen eines Infektes nicht trainieren sollte, nahm wider besseren Wissens das Risiko immer wieder in Kauf. In vielen Fällen geht es gut, David Kimani aber wurde seine vorbildliche Einstellung womöglich zum Verhängnis.

Meine eigene Leistungskurve zeigte im Verlauf meines zweiten USA-Aufenthaltes nach oben, 3:49 Minuten über 1500 Meter, 4:06 über die Meile, 8:14 über 3000 Meter. Und das alles clean, weil ich während meines Heimaturlaubes in den Weihnachtsfeiertagen nicht für EPO-Nachschub gesorgt hatte, keinen Kontakt zu Paris suchte. Ich gewann die Conference USA Indoor Championship über 3000 Meter und obendrauf auch noch die Distance Medley Relay (eine Staffel, die sich aus Teilstrecken von 1200, 400, 800 und 1600 Metern zusammensetzt). Diese zwei Titel bedeuten mir, gemeinsam mit dem Conference-USA-Sieg 1999, rückblickend am meisten. Weil die Leistungen im Rahmen meiner Möglichkeiten top waren, weil sie sauber erbracht wurden, weil viele Emotionen im Spiel waren. Den Teamgeist, den Spirit kann ich heute schwer beschreiben. Erfahrungen, die jeder Athlet für sich selber machen muss, die ich aber jedem ans Herz lege.

Gegen Ende des Studienjahres erlebte ich aber auch meinen wohl schlimmsten sportlichen Tiefschlag. Andere Unis hatten Headcoaches mit zum Teil klingenden Namen, so etwa die University of Houston Ex-Weltrekordler und Staffel-Olympiasieger Leroy Burrell. Wir hatten Glenn Hays, einen freundlichen älteren Herrn, dessen Pensionierung nicht mehr fern war. Er hatte einigen Top-Sprintern und -Mittelstreckenläufern in den 70er und 80er Jahren Starthilfe gegeben, mit ihnen beachtliche Erfolge wie National Championships gefeiert, nur der Gesamtsieg mit dem Tigers-Team in der Conference USA war ihm stets verwehrt geblieben. Das sollte sich diesmal nachhaltig ändern, weil wir Athleten die Ansicht vertraten, Hays hätte sich diesen Abschied redlich verdient. Die Papierform gab uns recht, doch rechtzeitig zum

Wettkampf waren drei unserer Athleten erkrankt. Auch ich laborierte mal wieder an einem Infekt, quälte mich über die 1500 Meter – und schied im Vorlauf aus. Am Ende der drei Tage fehlte uns ein winziges Pünktchen zum Sieg. Ich sehe mich noch heute auf der Laufbahn sitzen und Rotz und Wasser heulen. Natürlich hätte auch der Weitspringer, der zu diesem Zeitpunkt in den Top Ten der USA rangierte, diesen Punkt holen können – wenn er sich nicht beim Basketball ein paar Tage zuvor die Hand gebrochen hätte. Oder mein Zimmerkollege, der, ebenfalls durch einen Infekt geschwächt, die 800 Meter nur auf Rang acht beendete. Wie auch immer – ich nahm es persönlich. Es war »meine« Niederlage. Sie tut auch heute noch ein bisschen weh.

Wenigstens in Sachen Ausbildung sorgte ich für ein Happy End. Im Frühjahr hatte ich meine »Diplomarbeit« unter Dach und Fach gebracht – eine 40-Seiten-Abhandlung über eine fiktive Markteinführung von Red Bull in den USA bzw. Centrum Vitamins in Österreich. Meine wissenschaftlichen Höhenflüge blieben offenbar nicht unentdeckt – ein Jahr später wurde der Markteintritt beider Unternehmen tatsächlich vollzogen. Reiner Zufall natürlich, aber irgendwie erheiternd. Die letzten fünf Kurse, die noch ausstanden, belegte ich in der Summer School. Sie stellten keinen Stolperstein mehr dar, ich hatte mein Bachelorstudium unter Dach und Fach.

In der Endphase der Ära Memphis II hatte ich ausreichend Zeit, darüber nachzudenken, wie ich meine weitere sportliche Karriere zu gestalten gedachte. Ich war mit mir im Reinen: Profitum, volle Konzentration auf den Sport, Leistungsmaximierung um (fast) jeden Preis. Denn ich hatte ein lohnendes Nahziel im Kopf: die Hallen-Europameisterschaft 2002 in Wien, die Mutter aller Heimspiele. Ich musste einfach dabei sein. Wenn nicht dort, wo denn dann?

Ich war bereit, härter denn je zu trainieren, begann vermehrt auf die Grundlagenausdauer zu achten. Aber ich brauchte auch jemanden, der mir den Weg ins Dusika-Stadion zu ebnen half. Keinen Schmalspurdealer à la Paris mit seinem medizinischen Halbwissen, sondern eine Koryphäe der Szene, einen ausgefuchsten Experten, der die Dopingkontrolleure so sehr fürchtet wie die Schlange das Kaninchen. Ein Leichtathletik-Manager gab mir auf mein Drängen hin den entscheidenden Tipp – und die dazugehörige Telefonnummer. »Wenn du jetzt beginnst, stehst du bei den Sommerspielen in Athen im Finale«, gab mir der Athletenberater wortwörtlich übersetzt mit auf den Weg.

Die Geschäftsanbahnung ging denkbar unkompliziert vonstatten, wir vereinbarten telefonisch ein Treffen an einer österreichischen Autobahnraststätte. Mein »Wohltäter« Jack* hörte sich zunächst an, was ich mit seinen Diensten bezweckte. »Qualifikation für die Hallen-EM und dort nicht im Vorlauf ausscheiden«, lautete meine Direktive. Das ohnehin sehr human angesetzte Limit des Leichtathletikverbandes lag bei 3:47 Minuten, also rund zweieinhalb Sekunden unter meiner damaligen Bestleistung. Jack signalisierte mir, dass diese Leistungssteigerung mit seinen Methoden mit großer Wahrscheinlichkeit zu realisieren sei und das Erreichen des Finales nicht zwingend das höchste der Gefühle sein müsse. Er setzte auf die bis heute, wenngleich in viel niedrigeren Dosierungen übliche Kombination von Testosteron und EPO. Am Anfang jedoch müsse eine Art »Bestandsaufnahme« stehen, um die möglichen Testosteron-Dosierungen exakter bestimmen zu können. Jack übergab mir drei Urinbecher, die ich ihm nach zwei Wochen befüllt retournieren sollte. In den ersten Behälter machte ich mein Geschäft in unpräpariertem Zustand, in den zweiten nach der Einnahme von 3 × 25 mg Testosteron (mit einem Tag Pause zwischen den Applikationen), in den dritten am Ende der Testserie, zwei Stunden, nachdem ich eine Tablette Epitestosteron eingeworfen hatte. Letzteres war nichts anderes als der Jolly Joker im Falle einer Dopingkontrolle. Stand der Kontrolleur vor der Tür, galt es das Epitestosteron zur Hand zu haben und die Abgabe der Urinprobe mit dem Hinweis auf einen soeben erledigten Toilettengang eineinhalb bis zwei Stunden hinauszuzögern. Nichts, was dem Dopingjäger auch nur ansatzweise suspekt vorkommen müsste.

Diese Methode funktionierte bestens bis zum August 2004. Interessiert haben die Dopingjäger bis dahin nur der Testosteron- und der Epitestosteronwert, der 1200 bzw. 200 Mikrogramm pro Milliliter nicht übersteigen durfte. Zudem war das Verhältnis der beiden Parameter mit maximal 6:1 geregelt. Ab August 2004 wurden dann sämtliche Testosteron-Metaboliten, wie beispielsweise DHEA (Dehydroepiandrosteron), untersucht und Grenzwerte für diese festgelegt. Außerdem wurde das zulässige Verhältnis von Testosteron zu Epitestosteron auf 4:1 gesenkt. Die goldenen Zeiten des mehr oder minder risikolosen Testosteronmissbrauchs waren mit einem Schlag de facto zu Ende.

Die Auswertung meiner Proben wurde vom inzwischen geschlossenen, von der WADA (World Anti-Doping Agency) nicht akkreditierten, von Ungarns NADA (National Anti-Doping Agency) aber sehr wohl genützten Doping-Kontroll-Labor in Budapest vorgenommen, zu dem Jack offenbar über mehrere Jahre vorzügliche Kontakte aufgebaut hatte. Ein Labor, das gleichzeitig für beide »Seiten« arbeitete? Beileibe nicht die Ausnahme von der Regel, wovon ich mich später selbst überzeugen konnte. Die Analyse meines Blaseninhaltes förderte jedenfalls Erstaunliches zutage: Meine Werte kümmerten sich einen feuchten Kehricht um das extern zugeführte Testosteron, ich hätte das Hormon in rauen Mengen zu mir nehmen können (was natürlich allein schon wegen der zu befürchtenden Gewichtszunahme wenig zielführend gewesen wäre), die Kurven hätten sich nicht vom Fleck gerührt. Womit auch klar war, dass ich niemals einen Jolly Joker benötigen würde. Das kommt nur bei wenigen Menschen vor, zur damaligen Zeit war es mir nur von einer einzigen Frau bekannt. Selbige musste sich ebenfalls um keinerlei Vorsichtsmaßnahmen kümmern, der Weltrekord war ihr Lohn.

Ein Faktum spielte mir zusätzlich in die Hände: Durch das Fehlen vom Verband anerkannter Leistungen schien ich in keinem ÖLV-Kader und daher vorerst auch in keinem Testpool auf. Damit konnten wir uns den Luxus leisten, mein Programm im Oktober 2001 mit einem hochwirksamen, aber über sechs lange Wochen nachweisbaren Anabolikum zu beginnen: Metandienon – jenes Präparat, das Andreas Berger und seinen Sprint-Staffel-Kollegen acht Jahre davor zum Verhängnis geworden war. Ich hingegen nahm trotzdem Anfang Dezember an einem Wettkampf teil – es hätte schon mit dem Teufel zugehen müssen, dass das ÖADC (Vorgängerinstitution der NADA in Österreich) Kontrolleure zum Mödlinger Altstadtlauf entsendet. Jacks Einnahmeplan sah vor, die weißen Tabletten drei Wochen lang werktags einzunehmen, dann eine siebentägige Pause einzulegen und schließlich weitere drei Wochen fortzusetzen. Die tägliche Dosis schwankte zwischen 2,5 (20-mal), 5 (8-mal) und 7,5 (2-mal) Milligramm. Parallel dazu begann ich, mein Krafttraining zu adaptieren. Weg von den hohen Gewichten, hin zu vielen Wiederholungen. Die auf die Anabolika-Kur zurückzuführende Gewichtszunahme von 1,5 Kilogramm, großteils durch Wassereinlagerungen in der Muskulatur, war ich schnell wieder los.

In der zweiten Novemberhälfte starteten wir Triebwerk Nummer zwei meiner Trägerrakete: Ich begann mit dem Spritzen von Testosteron-Propionat und bettete es in meinen Trainingszyklus ein, der drei Wochen Be- und eine Woche Entlastung vorsah. Ich startete Mitte der ersten Belastungswoche, um dem Körper beim Verkraften der Trainingsanforderungen zu helfen, setzte mit Beginn der Entlastungswoche ab und wiederholte diese Vorgehensweise bis Mitte Januar noch zweimal. Über die Dosierung kann auch der filigranste Bodybuilder nur herzhaft lachen: 2 × 25 Milligramm pro Woche. Doch die Anforderungen könnten unterschiedlicher nicht sein. Die Muskulatur des Mittelstreckenläufers darf unter keinen Umständen ihre Lockerheit und Geschmeidigkeit verlieren, zudem ist eine Zunahme an Muskelmasse eher unerwünscht.

Ab Anfang Januar kam dann das gute, alte Erythropoietin ins Spiel. Und natürlich alle ergänzenden Maßnahmen und Präparate: Vitamin B12, Eiseninfusionen, diesmal von Beginn an intravenös, und Unmengen von Vitamin C – 7,5 Gramm, also 7500 Milligramm pro Infusion! Es wurde mir damals bewusst, wie kontraproduktiv meine Sitzungen im St. Jude Children's Hospital eigentlich gewesen waren. Die intravenöse Gabe von Eisen macht nämlich nur in Verbindung mit der reduzierenden Substanz Vitamin C Sinn, weil sich sonst die dritte Andockstelle am dreiwertigen Eisenmolekül irgendwo im Körper bedient und dort für eine Mangelerscheinung sorgt.

Ich schluckte und spritzte also nach bestem Wissen und … okay, das Gewissen lassen wir in diesem Fall wohl besser beiseite. Dennoch bestätigte sich alsbald mein Gefühl, dass die Rakete nicht so zündete, wie sie eigentlich sollte. Mein Hämatokritwert (das Verhältnis von festen Bestandteilen zum Gesamtblut in Prozent), normalerweise zwischen 43 und 44 angesiedelt, überstieg auch nach der fünfwöchigen EPO-Kur mit 30.000 konsumierten Einheiten zu keinem Zeitpunkt die Marke von 46 Prozent. Vielmehr schlitterte ich trotz ausgeklügelter Gegenmaßnahmen von einem Eisenmangel in den nächsten. Und in Sachen Testosteron zeichnete sich allmählich ab, warum sich die Kurve im Labor gar so träge gebärdet hatte. Bei mir blieben Wirkung ebenso wie sämtliche Nebenwirkungen weitgehend aus. Ich musste im Winter nach wie vor Pullover überstreifen und meine Libido zeigte sich auch reichlich unbeeinflusst. Ironie des Schicksals: Ausgerechnet ich war in Sachen Doping ein biologischer Ausreißer, ein zumindest teilweiser Non-Responder.

Zu diesem Zeitpunkt war mir dieser Umstand noch nicht in vollem Ausmaß bewusst, ich war vollauf damit beschäftigt, alle leistungsrelevanten Teilbereiche meines Lebens auf professionelle Beine zu stellen. Dazu gehörte auch die Verpflichtung eines gewieften Managers, der das Standing hatte, mir Startplätze bei großen Meetings zu organisieren. Nicht, weil ich so vermessen gewesen wäre, auf substanzielle Start- oder Leistungsprämien zu spekulieren. Ich hoffte vielmehr, durch direkte Aufeinandertreffen mit der Welt- und Europaklasse mein Level in taktischer Hinsicht nach oben zu schrauben, die Scheu vor großen Namen zu verlieren und zu lernen, die Ellbogen auch gegen vermeintlich übermächtige Gegner auszufahren. Der Mann, der mir diese Möglichkeiten eröffnete, war ein alter Bekannter – und konnte meine Anfrage allein schon deshalb nicht abschlägig beantworten: Robert Wagner. Wohnhaft in Monte Carlo, aber gebürtig aus Scharnstein, keine 20 Kilometer von Laakirchen entfernt, und überdies Kunde in jener Bank, in der meine Mutter arbeitete. Schon Mitte der 90er-Jahre sah er sich von dieser genötigt, mir ein Poster mit Originalautogramm von Weitsprung-Olympiasiegerin und -Weltmeisterin Heike Drechsler, damals einer der prominentesten Wagner-Schützlinge, mitzubringen.

Das Kalkül ging auf, zum Auftakt meiner Hallensaison durfte ich am 27. Januar 2002 das 3000-m-Rennen in Dortmund bestreiten. Ein denkwürdiger Wettkampf, handelte es sich doch immerhin um das Comeback von »Zahnpasta-Mann« Dieter Baumann, dessen zweijährige Dopingsperre sechs Tage zuvor abgelaufen war. Der Rummel war entsprechend groß, selbst am Aufwärmplatz traten einander die Kameramänner auf die Zehen. Baumann, der Mann, um den sich alles drehte, steckte den Zirkus augenscheinlich wesentlich besser weg als ich. Er querte nach 7:47 Minuten die Ziellinie, ich konnte mir den Einlauf von der Gegengeraden bequem auf der Videowall oberhalb der Laufbahn ansehen, benötigte exakt 30 Sekunden länger. Mein Hauptziel in der Endphase des Rennens bestand darin, vom Kenia-Äthiopien-Baumann-Express nicht noch auf der Zielgeraden überrundet zu werden. Wenigstens diese Schmach konnte ich abwenden, die 8:17 Minuten reichten trotzdem nicht einmal dazu, meine ohnehin nicht allzu imposante persönliche Bestzeit auf meiner Nebenstrecke zu toppen. Trotz bester Präparierung, trotz ansprechender Form. Mein Fazit konnte nur lauten: Das Fleisch war willig, aber der Geist war schwach. Volle Halle, überbordendes Medieninteresse, mein erstes Rennen mit Manager und der Druck, dass sich vier Monate Doping doch in Resultaten niederschlagen müssen – wohl ein bisschen viel für mein Nervenkostüm.

Eine Woche später unternahm ich in Stuttgart meinen ersten Limitversuch über 1500 Meter. Ich war nur im B-Lauf untergekommen, konnte also auf keine allzu forschen Tempomacher bauen. Immerhin entschied ich diesen Pausenfüller für mich. Als mein Blick nach dem Zieleinlauf auf der Anzeigetafel hängen blieb, traute ich meinen Augen nicht: 3:47,89 – neunundachtzig Hundertstel über dem EM-Limit. Doch der Kelch, bei der Nominierung auf das Goodwill des Verbandes angewiesen zu sein, ging an mir vorüber. Eine Woche später unterbot ich im belgischen Gent die Richtmarke mit einer 3:46er-Zeit einigermaßen deutlich. Welche Erleichterung! Kurz darauf standen die Hallen-Staatsmeisterschaften an, kein großer Heuler, aber eine wichtige Standortbestimmung zwei Wochen vor der Heim-Europameisterschaft. Als Einstimmung auf den 1500-m-Endlauf genehmigte ich mir ein Mittagsschläfchen im Stockbett meiner Wohnung im Heeresleistungszentrum. Dumm nur, dass ich geruhte, viel zu lange zu ruhen. Ich schreckte hoch, warf meinen Rucksack über die Schulter, die Wegstrecke zum Dusika-Stadion musste als Aufwärmplatz herhalten. In der Halle angekommen, war gerade noch Zeit, um großspurig zu verkünden: »Heute laufe ich 3:45!« Lag es daran, dass ich keine Zeit zum Nachdenken hatte oder daran, dass ich so ein ausgeschlafenes Kerlchen war – ich ließ meinen Worten Taten folgen, holte Gold in 3:45,50. Und das nach einem von Beginn an einsamen Rennen an der Spitze, in dem ich Konkurrenten nur zum Überrunden zu Gesicht bekam. Auch Manager Robert Wagner war hoch erfreut: »Wer solo 3:45 drauf hat, muss in der Lage sein, in einem schnellen Rennen 3:40 und darunter zu laufen.« Was uns das sagt? Dass selbst Experten wie Robert Wagner manchmal irren können. Denn die damals erzielte Bestzeit war bis zu meinem Karriereende nicht mehr wirklich in Gefahr.

Leider auch nicht bei meinem vermeintlichen Karrierehöhepunkt, der Hallen-EM in Wien. Österreich war wegen der wenig selektiven Limitvorgaben mit dem durchaus gewollten Rekordaufgebot von 36 AthletInnen am Start, der Großteil wurde von Fanklubs und Familienmitgliedern lautstark angefeuert. So auch ich. Selbst mein Vater, der sonst für meine sportlichen Ambitionen kaum jemals zu begeistern war, konnte sich der Faszination nicht ganz entziehen. Ich glaubte in seinen Worten sogar so etwas wie Stolz mitschwingen zu hören. Bis zur 1000-Meter-Marke des Vorlaufs war selbiger auch durchaus angebracht – ich führte das Feld an. Doch am Ende holten mich die Realität und acht Kontrahenten ein, ich wurde auf den vorletzten Platz durchgereicht. Mit meiner Zeit von 3:47,51 trennten mich schließlich satte 4,26 Sekunden vom Aufstieg ins Finale. Um der Wahrheit die Ehre zu geben, hatte ich mein Leistungspotenzial weitgehend ausgeschöpft. Ich konnte einigermaßen zufrieden sein, auch die Einschätzungen der Presse waren freundlich-wohlwollend. Die Kronen Zeitung stufte mich gar als »Hoffnung für die Zukunft« ein.

Was ich mit bald 27 natürlich nie und nimmer war. Dazu fehlte mir der Killerinstinkt im Rennen und wohl so manches andere. Robert Wagner attestierte mir nicht nur einmal nach einem Rennen: »Du bist vor dem Start käseweiß – wie die Wand! Du bist kein Wettkampftyp. Hör auf, geh studieren und such dir einen Job!« Während sich andere im Wettkampf um zehn Sekunden steigerten, musste ich schon froh sein, meine Trainingszeiten abrufen zu können. Ich war ein Trainings-Weltmeister, konnte mich ohne den Druck des sportlichen Ernstfalls unglaublich gut überwinden, ich liebte das Training regelrecht. Gefürchtete Elemente wie 20-mal 400 Meter in jeweils 62 Sekunden mit 90 Sekunden Pause waren meine Domäne. »Schwindel-Intervalle«, nannte Hubert Millonig, einer der erfolgreichsten Lauftrainer Österreichs, diese Torturen. Weil die Skills, die man dafür benötigt, seiner Ansicht nach für Spitzenleistungen irrelevant sind. Ich aber klammerte mich an solche Erfolgserlebnisse, was mir die Sicht auf mein tatsächliches Leistungsvermögen zunehmend verstellte. Ich neigte dazu, die halbwegs brauchbaren Zeiten, wie meine persönliche Bestleistung von 3:45, zu verklären, indem ich mir wieder und wieder in Erinnerung rief, dass Günther Weidlinger, der punkto Talent um einiges über mich zu stellen war, ein Jahr davor bei ähnlichem Rennverlauf eine fast identische Zeit abgeliefert hatte. Was ich ausblendete, war, dass derselbe die gleiche Distanz im Freien auch schon in 3:34 abgespult hatte, dass mit Robert Nemeth ein anderer Österreicher bereits Mitte der 80er-Jahre Hallenzeiten von 3:38 auf die Tartanbahn geknallt hatte.

Ich wertete die Teilnahme an meinem ersten Großereignis als Startschuss für eine bessere sportliche Zukunft und nahm, ohne die durchaus angebrachten Selbstzweifel, die Freiluft-EM in München als nächstes Ziel ins Visier. Das Limit von 3:40 hätte mir zu denken geben sollen. Tat es aber nicht, ich investierte in ein dreiwöchiges Trainingslager in Memphis und bereitete mich gedanklich auf meinen nächsten Dopingzyklus vor. Doch Jack stand zu meinem großen Erstaunen auf der Bremse, rückte nur »homöopathische« Dosen heraus, hielt mich mit Aussagen hin, ich solle zuerst für ein gewisses Grundniveau sorgen, bevor ich darangehe, massiv mit Testosteron und EPO nachzuhelfen. Heute interpretiere ich Jacks Worte als Kapitulation vor meiner Physis, die sich weigerte, einen substanziellen Nutzen aus Dopingimpulsen zu ziehen. Und er hatte wohl begriffen, dass ich niemals in Sphären vordringen können würde, in denen sich Dopingmissbrauch zu lohnen beginnt. Diese Erkenntnis und die daraus gezogenen Schlüsse unterschieden Jack von einem klassischen Dealer, dem der Profit allein am Herzen liegt. Er hat seine Dienste als Unterstützung, als das Herstellen von Chancengleichheit gesehen. Was in meinem Fall gut gemeint, aber mit hoher Wahrscheinlichkeit als aussichtslos einzustufen war. Er sollte recht behalten.

Meine Freiluftsaison ging jedenfalls den Bach hinunter, eine Stirn- und Nebenhöhlenentzündung, die mich beim Meeting in Zagreb auf 3:58 Minuten runtergebremst hatte, beendete meine Limitversuche. Die EM erlebte ich als Zuschauer, immerhin wurde ich eine Woche später als Tempomacher für das Gugl-Meeting in Linz gebucht.

Ich nutzte die abgebrochene Freiluftsaison dazu, meinem brachliegenden Studium an der Wirtschaftsuniversität Wien neues Leben einzuhauchen, die Diplomarbeit abzugeben – und um meinen sportlichen Neustart im Herbst zu organisieren. In Form eines weiteren Trainingslagers im kenianischen Hochland, diesmal allerdings nicht mehr unter ganz so rustikalen Begleitumständen. Ich logierte nur mehr teilweise in der wildromantischen Hütte meiner Gastgeber inmitten der Teeplantagen, etwa 10 Kilometer von Kapsabet entfernt, sondern leistete mir für die zweite Hälfte des siebenwöchigen Aufenthaltes ein Hotel. Da hatte ich das größte Abenteuer aber bereits hinter mir: einen unfreiwilligen Besuch im Nandi Hills District Hospital. Der war notwendig geworden, nachdem mein Theraband beim Krafttraining riss, ich durch den plötzlich fehlenden Widerstand mit der Fingerkuppe heftig über die Holzwand der Hütte radierte und sich, bedingt durch eine dabei eingehandelte Infektion, alsbald eine Schwellung der Hand einstellte. Deren Zustand verschlechterte sich zusehends, abends konnte man nicht einmal mehr die Fingerknöchel ausmachen, so deformiert war die Pfote. In der Früh waren die Schmerzen nur mehr dadurch zu ertragen, dass ich die Hand über meinen Kopf platzierte. Ein Anruf beim Arzt meines Vertrauens brachte wenig Klarheit, also blieb mir nichts anderes übrig, als mich in die Obhut kenianischer Medizinmänner zu begeben. Nach einer Zehn-Kilometer-Fahrt mit dem Matatu (ein kenianisches Sammeltaxi, üblicherweise ein Kleinbus, der bei uns für 12 Personen zugelassen ist, in Kenia aber rund 25 bis 30 Reisende transportiert) entpuppte sich das Nandi Hills District Hospital, nicht ganz unerwartet, als echtes »Buschkrankenhaus«. Wegen chronischer Überbelegung waren die Gänge voll mit Patienten, viele von ihnen litten an den Folgen ihrer HIV-Infektion. Ich bahnte mir mühselig den Weg zu einer Art Praxis, wo mich ein Arzt mit freundlicher Miene empfing. Mit meinen Beschwerden konfrontiert, nahm er eine Spritze zur Hand und zog sie in einer riesigen Flasche, die, so vermute ich zumindest, mit Penicillin gefüllt war, auf. Meine Frage, ob das Spritzbesteck steril verpackt war, quittierte er mit einem beiläufigen Nicken. Wäre seine Antwort ein Kopfschütteln oder Schulterzucken gewesen, ich hätte auch nichts dagegen tun können, war ich doch darauf angewiesen, hier und jetzt in den Genuss dieses Antibiotikums zu kommen. Vielleicht tue ich dem Buschdoktor unrecht, vielleicht hatte ich nur Glück, nach drei Tagen war der Spuk jedenfalls mehr oder weniger vorüber.

Einige Tage später hatte ich mir bereits die nächste Infektion eingehandelt. Mit einer wund gelaufenen Blase auf der Fußsohle war genauso wenig zu spaßen. Mein Bedarf an Risikobereitschaft war damit fürs Erste gedeckt. Ich trat aus meiner Pension mit Familienanschluss den geordneten Rückzug an und tauschte sie mit einem zentraler gelegenen Hotel. Nicht, dass das dortige Zimmer wesentlich mehr Komfort bot, aber die nächste Arztpraxis lag um Eckhäuser näher. Denn schließlich verlangte auch Infektion Nummer zwei nach der intravenösen Verabreichung von Antibiotika.

Mit mir übersiedelte natürlich auch mein Arzneikoffer, der mir bei meinen bisherigen Beschwerden so gar keine Dienste leisten konnte. Ich führte auch nur ein sehr eingeschränktes Repertoire mit mir – Testosteron und Oxandrolon, ein verhältnismäßig mildes Anabolikum, ebenso wie Metandienon, den Fettabbau unterstützt. Ich schien diesmal einiges richtig gemacht zu haben, die Hallen-Trainings im Januar gingen, umso mehr weil dann in Österreich natürlich EPO-unterstützt, leicht von der Hand, dazu kam eine Zeit von 8:05 über 3000 Meter – das hatte sich schon mal mühsamer angelassen. Mut machte mir auch Rang vier beim Meeting in Gent, wo ich mit 3:45,90 zwar fast fünf Sekunden über dem Limit für die Hallen-WM in Birmingham blieb, aber mir in einem Klassefeld mit einigen Kenianern Respekt verschaffte, indem ich endlich einmal die Ellbogen ausfuhr, wenn es bei den Positionskämpfen eng wurde. Mein zweites Großereignis lag zwar weit, aber nicht unerreichbar weit entfernt – bis mich das Bundesheer im Februar zur Crosslauf-WM nach Bordeaux abkommandierte. Gemeinsam mit Günther Weidlinger und Martin Pröll sollte ich ein akzeptables Teamresultat einfahren, was mit Platz fünf auch gelang. Aber meine Hallensaison konnte ich vergessen: Die Strecke war mir mit 4,5 Kilometern viel zu ausdauerlastig, die Trainingseinheiten mit meinen auf längere Distanzen gepolten Mannschaftskollegen zu schnell, ich taumelte in einen veritablen Eisenmangel, selbst meine Hämoglobinwerte purzelten, EPO hin oder her, in den Keller. Beim Gugl-Indoor-Meeting bekam ich die Rechnung präsentiert: Ich fühlte mich hervorragend – 300 Meter lang. Mit einer 1500-m-Endzeit von 4:00 zog ich die Notbremse – und einmal mehr vorzeitig einen Schlussstrich unter eine verkorkste Saison.

Die Lehre, die ich aus dem Desaster zog, verdiente keinen Kreativitätspreis: ab nach Kenia! Im April und Mai hatte mich der schwarze Kontinent für acht weitere Wochen wieder. Diesmal machte ich einen auf »dekadent«, wohnte während meines gesamten Aufenthaltes im Hotel – für fünf Euro die Nacht, Vollpension inklusive. Zimperlich durfte man angesichts dieser

Dumpingpreise naturgemäß nicht sein, ein nervöser Magen war genauso wenig von Vorteil. Das räumliche Verschmelzen von Speisesaal und Küche ließ immer wieder Einblicke in das Treiben im Reich der Töpfe und Pfannen zu. Wiewohl der durchschnittlich hygienebedürftige Gast auf so manche Beobachtung gern verzichtet hätte. Wie etwa auf die Sequenz mit der wohlgenährten Ratte in der Hauptrolle, die sich den Weg durch das geöffnete Fenster in den Speisesaal bahnte, sich zwischen den benutzten Tellern zu schaffen machte, bevor sie in der Küche verschwand. Manche gastronomische Glanztat ließ sich aber erst auf dem Teller lokalisieren, wie etwa frittierte Mini-Kakerlaken, die ihre letzte Ruhestätte zwischen den Pommes gefunden hatten. Weitaus steriler ging es da in meinem Zimmer zu, wo ich mit Testosteron, Eiseninfusionen und Vitamin-B12-Spritzen hantierte.

Herausgeschaut hat meine beste Freiluft-Zeit, die ich jemals gelaufen bin – 3:45,56, erzielt im Juni in Luzern. Schade nur, dass das Limit für die WM in Paris auf besonders anspruchsvolle 3:36,80 Minuten festgelegt worden war. Müßig zu erwähnen, dass diese Zeit ganze Welten außerhalb meiner Reichweite lag. Ich lief in diesem Sommer nur noch die Staatsmeisterschaften in Salzburg, wo ich nur den zweiten Platz belegte. Glücklicherweise. Aber dazu später.

Im Oktober, November und Dezember joggte ich schon wieder durch Ostafrika, diesmal schleppte ich mich mehr, als dass ich leichtfüßig lief. Obwohl ich erstmals auch Jintropin in meiner Reiseapotheke hatte und konsumierte – jenes chinesische Wachstumshormon, mit dem Sylvester Stallone im Februar 2007 bei der Einreise nach Australien erwischt, im Mai wegen der versuchten illegalen Einfuhr schuldig gesprochen und zu einer Geldstrafe verdonnert wurde. Doch auch dieses Mittelchen half mir nicht entscheidend auf die Sprünge, denn kurz vor dem Abflug hatte ich im Rahmen eines Fußballtrainings versucht, den Ball zu treffen, stattdessen meinen Fuß aber fürchterlich in die Erde gerammt. Jeder schnelle Schritt sorgte in der Folge für höllische Schmerzen, da kam es gerade recht, dass in Kenia ohnedies nur langsame Einheiten vorgesehen waren. Ich hielt das für eine Zerrung und dachte mir weiter nichts dabei, dass ich meine Knie kaum noch heben konnte, die Beschwerden stetig zu- statt abnahmen. Ich verlegte meinen Flug sogar noch nach hinten, weil ich eine Woche in Nairobi anhängte und anschließend der dritten Hochzeit meines Vaters, die ausgerechnet in Mombasa zelebriert wurde, beiwohnte. Erst als ich während der Weihnachtsfeiertage kaum noch aus dem Auto steigen konnte, begab ich mich in ärztliche Behandlung. Die Diagnose bescheinigte mir einen Leistenbruch auf beiden Seiten. Und jede Menge Glück, dass meine Bauchdeckenmuskulatur stark genug ausgeprägt war, um das Einklemmen des Bruchinhaltes mit nachfolgendem Darmverschluss bzw. lebensgefährlicher Bauchfellentzündung verhindert zu haben. Mitte Januar 2004 kam ich unters Messer, zwei Wochen später verkündete ich – im kleinen Rahmen der Familie und meines Trainers – mit 28 meinen Rücktritt vom Leistungssport. Ich hatte unmittelbar davor sogar noch zu laufen versucht, doch Nervenirritationen ließen ein Comeback wenig viel aussichtsreich erscheinen.

Das längst fällige Karriereende empfand ich als Erlösung. Der Leistenbruch lieferte den idealen Anlass, um meinem Umfeld und mir den Abschied als medizinische Notwendigkeit zu verklickern. In Wahrheit war das nur eine Ausrede, die von meinem totalen sportlichen Scheitern ablenkte. Viele andere würden angesichts der erreichten Erfolge positivere Aspekte in den Vordergrund rücken. Ich aber nenne es bewusst »totales Scheitern«. Ich hatte mir hohe Ziele gesteckt und bin letzten Endes daran zerbrochen. Vor allem im Vorfeld von Wettkämpfen war mir in den letzten Jahren ein Gedanke unzählige Male durch den Kopf geschossen: »Eigentlich will ich all das gar nicht!« Endlich war die Zeit gekommen, die mir diesen Schlussstrich ermöglichte.

Seitenwechsel

Sales Manager hätte ich werden können, Business Administration Manager, Operations Manager oder überhaupt gleich General Manager. Aber nein, es musste ja unbedingt Leichtathletik-Manager sein. Ein ehrbarer Beruf zweifellos und perfekt für einen, der mit seiner Sportler-Vergangenheit noch nicht abgeschlossen hat, der in dieser bemerkenswerten und merkwürdigen Parallelgesellschaft Sport noch gerne seinen Fußabdruck hinterlassen würde. Aber auch ein Beruf, der, wenn man ihn ernst nimmt, Facetten haben kann, die nicht dazu taugen, soziales Prestige in Hülle und Fülle anzuhäufen.

War es männliche Intuition oder etwa gar der Aufstand des Unterbewusstseins gegen die gelebte Realitätsverweigerung? Keine Ahnung, jedenfalls begann ich mich in den letzten beiden Karrierejahren einem anderen Betätigungsfeld zu öffnen. Instinktiv wusste ich wohl, dass das Warten auf den sportlichen Durchbruch auf Dauer keine Zukunft haben würde.

Es begann damit, dass mich Robert Wagner während meines zweiten Kenia-Trainingslagers im November 2002 mit der Frage konfrontierte, ob ich ihm zwei konkurrenzfähige Einheimische für den Fukuoka-Marathon im Dezember 2003 bereitstellen könne. Zunächst fühlte ich mich mit dem ungewöhnlichen Ansinnen ein wenig überfordert, doch dann erinnerte ich mich meines alten Freundes Said Aziz. Mit ihm gemeinsam fühlte ich mich der Herausforderung durchaus gewachsen. Ich hatte den Kenianer beim ersten Kapsabet-Trainingslager 1997 kennengelernt. Im gleichen Jahr nahm er am Peuerbacher Silvesterlauf teil und brachte auf Wunsch der Wettkampfleitung zwecks Attraktivierung des Starterfeldes auch gleich sechs Landsleute, davon zwei junge Damen, mit nach Österreich. Seither pflegten wir eine lose Freundschaft und Said griff mir oft genug unter die Arme, wenn es während meiner Kenia-Trainingslager etwas zu organisieren oder zu erledigen gab. Für einen Musungu (was in der Sprache der Nandi »Weißer« bedeutet) wie mich, war es ein unschätzbarer Vorteil, einen Kumpel wie diesen an meiner Seite zu wissen. Wir verständigten uns darauf, direkt in Kapsabet ein Time Trial abzuhalten, um das vorhandene Läufermaterial zu sichten. Wie man die Informationen in der kenianischen Provinz unters Volk bringt? Klarer Fall, durch Plakate an den zwei neuralgischen Plätzen – dem Kaffeehaus und der Bank. Zu unserer Überraschung fanden sich am »Sportplatz« von Kapsabet zum verlautbarten Termin, Sonntag, morgens um sieben, 107 Kandidaten ein. Die Gegebenheiten muteten zwar etwas archaisch an, doch zum Selektieren der größten Ausdauertalente taugte die aus dem Busch geschlagene Laufbahn und die aus den Stielen riesiger Blätter gebastelte Startlinie allemal. Nach endlosen 10.000-m-Ausscheidungsrennen blieben sieben Läufer übrig, die wir nun mit gezieltem Training für ihren ersten Start fit zu machen versuchten.

Im März kristallisierte sich allerdings heraus, dass sich Wagners Interesse an dem Projekt auf niedrigem Niveau eingependelt hatte. Vermutlich überzeugte ihn mein Geschäftsmodell nicht restlos, war der Return on Investment auf einen zu langen Zeitraum ausgelegt. Wagner merkte jedoch, dass mir das Business ein wenig ans Herz gewachsen war, und schlug mir einen potenziellen Geschäftspartner vor, der für derlei Projekte offen sein könnte: Manfred Kiesl, Ehemann der Olympiadritten von 1996 über 1500 Meter, Theresia Kiesl.

Tatsächlich fiel die Geschäftsidee bei meinem oberösterreichischen Landsmann auf fruchtbaren Boden, kurze Zeit später hoben wir die International Sports Agency OEG aus der Taufe. Manfred war für den kaufmännisch-organisatorischen Part zuständig, ich riss mir die sportlichen Agenden unter den Nagel und brach im April 2003 zu meiner ersten Dienstreise auf. Ziel: Kapsabet. Dort ließ ich, zeitlich abgestimmt auf meine eigenen Trainingseinheiten, ein zweites Mal die regionalen Laufgrößen gegeneinander antreten. Diesmal über 800 und 1500 Meter. Wieder strotzten über 100 Kandidaten vor Tatendrang, die Said und ich nach und nach auf eine Hand voll dezimierten. Mit den Auserwählten aus dem ersten Time Trial hatten wir achtzehn Athleten ausgesiebt.

Grundbedingung für einen Verbleib im Trainingslager war übrigens ein negativer HIV-Test, das wussten alle Beteiligten von Beginn an. Die überschaubaren Kosten für die Analyse im Testing Center übernahmen wir. Als ich auf der Auswertungsliste neben dem Namen eines Athleten ein Zeichen bemerkte, fackelte ich nicht lange und teilte dem Infizierten die Hiobsbotschaft mit. »William, du bist positiv!« Der junge Mann bekam in der Sekunde einen Schweißausbruch, wie ich ihn davor und danach nie gesehen hatte, meinte nur, dass das nicht sein könne, die Ergebnisse sicher verhext seien. Mit dem Abstand von sieben Jahren macht sich bei der Erinnerung an den Dialog bei mir Fassungslosigkeit breit. Wie konnte ich mir ohne jede psychologische Schulung anmaßen, einem Menschen sein Todesurteil, und nichts anderes war es damals in Kenia, zu verkünden?

Nach Abschluss des Ausbildungscamps holten wir sechs Athleten für die Freiluftsaison nach Europa – je zwei Spezialisten für 800, 1500 und 5000 Meter. Der eine oder andere startete wirklich durch – Paul Mwangi zum Beispiel, der 2003 beim Linzer Gugl-Meeting über 1500 Meter einen Doppelsieg unserer Läufer anführte. Ein kluger Kerl, mit dem sich vor allem Manfred blendend unterhalten konnte. Umso geschockter waren wir, als ein halbes Jahr später neben seinem Namen ein unübersehbares Zeichen prangte. Laut seinen Angaben konnte er sich nur in Nairobi angesteckt haben – direkt nach der Rückkehr von seinem Sieg in Linz. Manfred überweist dem armen Kerl bis heute kleinere Geldbeträge, um die Kosten für die Medikamente zu decken. Paul ist noch am Leben, allzu viel Optimismus scheint in Hinblick auf seinen Gesundheitszustand aber nicht angebracht zu sein.

Wir waren eine Managementagentur wie viele andere auch – und doch grundlegend anders. Unsere Maxime lautete: weniger Ausbeutung, mehr Erfolg. Dazu gehörte unter anderem das Anmieten einer Wohnung in Linz, mit der wir den Sportlern ein Stück Heimat bieten, ihnen das permanente Leben aus dem Koffer ersparen wollten (und uns natürlich auch eine Menge Hotelkosten). Wir versuchten eine Art von Nestwärme zu schaffen, die den Wohlfühlfaktor, aber auch das Loyalitätsgefühl unserer Schützlinge steigern sollten. Und wir meinten das wirklich ernst. Was zwangsläufig mit sich brachte, dass wir eine Menge Investitionen zu tätigen hatten, bevor der erste Cent in unsere Kassen gespült wurde. Der Deal mit unseren, vorerst ausschließlich kenianischen Athleten sah vor, dass wir die Kosten für die Camps in Kapsabet, für Flüge, Visa, Essen, für die Wohnung und alle anderen unmittelbaren Aufwendungen der Lebenshaltung übernahmen, im Gegenzug standen uns 30 Prozent der gesamten

Einnahmen zu. Warum wir uns auf all das einließen? Es mag hochtrabend, vermessen, ja größenwahnsinnig klingen, aber wir waren absolut überzeugt, mit unserem Konstrukt, zu dem ja auch Said Aziz mit seinen Kontakten zu den besten Talenten des Landes gehörte, ein bis drei Olympiasieger zu produzieren.

Dass sich dies nicht allein durch Talent und Nestwärme bewerkstelligen lässt, war mir von allem Anfang an klar. Deshalb hatte ich schon etwas Testosteron besorgt, als unser Sextett in Österreich einschwebte. Die Kenianer waren alles andere als überrascht, es hatte sich offenbar schon bis ins letzte Dorf herumgesprochen, mit welchen Tricks man in Europa arbeitet, um aus Hoffnungs- echte Leistungsträger zu machen. Ich musste nicht aktiv auf sie zugehen, mancher kam ganz offen zu mir und fragte, ob ich nicht »special vitamins« für sie besorgen könne. Es lag ihnen offenbar daran, im direkten Duell mit ihren Landsleuten, die bei anderen Managern unter Vertrag standen, nicht benachteiligt zu sein. Alle sechs Einzelgespräche zum Thema verliefen gleich, zum Schluss rang mir jeder ein Versprechen ab. »Don't tell my friends!« Für mich kein Problem, für die Kenianer aber sehr wohl. Sie gelten als geschwätziges Völkchen – ein Hauptgrund, warum so mancher Manager fast nur mehr Äthiopier unter Vertrag nimmt, wenn er sich in Ostafrika verstärken möchte.

Sportlich lief es von Beginn an recht anständig, die Läufer erhielten Startplätze bei den renommiertesten Meetings, wie etwa am Züricher Letzigrund. Was sich allerdings Robert Wagner auf seine Fahnen heften durfte. Er trat offiziell als Manager der Läufer auf, weder Manfred noch ich hatten auch nur annähernd das Standing, die No-Name-Sportler in guten Starterfeldern zu platzieren.

Es ließ sich nicht so übel an, doch der Teufel steckte im Detail. Manfred, der Cheforganisator, brachte sein gesamtes Umfeld zur Weißglut. Es musste permanent gewaschen, eingekauft, geputzt und irgendjemand vom Flughafen abgeholt werden. Waren wir aus zeitlichen Gründen nicht dazu in der Lage, spannten wir Verwandte und Bekannte ein, bei denen es zunehmend mehr Überredungskunst bedurfte, uns aus der Patsche zu helfen. Kurzum, es war eine Mixtur aus Kindergarten und Kasperltheater. Allmählich beschlich uns das Gefühl, dass es wohl seine Gründe hatte, dass die Managerkonkurrenz auf ein traditionelleres, dafür aber ungleich ökonomischeres Geschäftsmodell setzte. In mancher

Einschätzung lagen wir auch völlig daneben. Etwa in der, dass die Kenianer unsere respektvolle, faire Behandlung zu schätzen wüssten. Weit gefehlt. Winkte irgendein Manager mit einem Kontrakt, der vermeintlich ein paar Euro mehr versprach, waren unsere Zöglinge dahin. Oft bekamen wir die Absetzungstendenzen erst mit monatelanger Verzögerung mit – wie beim späteren dreifachen Houston-Marathon-Sieger David Cheruiyot.

Der größte Rückschlag ereilte unser junges Business jedoch bereits im Sommer 2003. Ambrose Bitok, einer unserer 5000-Meter-Läufer, wurde beim Gugl-Meeting am 31. Juli in Linz positiv auf das anabole Steroid Nandrolon getestet. Genauer gesagt wurde in seinem Urin einer der Metaboliten von Nandrolon – Norandrosteron – entdeckt. Drei Wochen später erhielt der kenianische Verband die Nachricht von der positiven A-Probe. Ich stand vor einem Rätsel. Sollte sich der kleine, unscheinbare Mann, dieses auf der Weltbühne der Leichtathletik völlig unbeschriebene Blatt, selbst mit illegalen Mitteln versorgt haben? War mir ein Anfängerfehler unterlaufen? Lag eine Verwechslung vor, ein Fehler in der Auswertung? Bitok wies jede Schuld von sich, erklärte, ausschließlich meine »Vitamine« konsumiert zu haben. Mysteriös …

So mysteriös wie einige Dinge, die gleichzeitig Österreichs Sportlandschaft in Atem hielten. Am 7. August erhielt der Österreichische Leichtathletikverband Post von der International Association of Athletics Federations (IAAF). Inhalt des Schreibens: Hürdensprinter Elmar Lichtenegger habe bei einer Trainingskontrolle am 6. Juli eine positive A-Probe abgeliefert. Ausgelöst durch – Metaboliten von Nandrolon. Am 11. August wurde der Kärntner Athlet von seiner Suspendierung in Kenntnis gesetzt. Tags darauf sagte er den Start bei der WM in Paris ab – wegen einer Leistenzerrung. Erst am 23. August, gleichzeitig Eröffnungstag der Weltmeisterschaft, bezog Lichtenegger in einer Aussendung dann doch öffentlich Stellung, machte für den positiven Test ein verunreinigtes Nahrungsergänzungsmittel namens MegaRibosyn 1100 verantwortlich. Dessen Analyse im Dopingkontroll-Labor in Seibersdorf ergab, im Gegensatz zu früher kontrollierten Proben des Produkts, in der Tat eine leichte Kontaminierung.

Gut möglich, dass es Zufall war, doch die Kunde von Lichteneggers Misere löste beim ÖLV-WM-Team in Paris zwei Tage später eine bemerkenswerte Pleiten-, Pech- und Pannenserie aus. Susanne Pumper trabte im 5000-m-Vorlauf mit einer Zeit, die 35

Sekunden (!) über ihrer Saisonbestmarke lag, über die Ziellinie, Karin Mayr-Krifka lief das Halbfinale über 200 Meter um 0,25 Sekunden langsamer als zwei Wochen davor ohne nennenswerte Konkurrenz bei den Staatsmeisterschaften, Elke Wölfling sagte ihren Start wegen einer beim Aufwärmen erlittenen Oberschenkelzerrung noch vor ihrem 100-m-Hürden-Vorlauf ab und ÖLV-Aushängeschild Stephanie Graf stolperte 11 Stunden vor ihrem 800-m-Finale gar in die Scherben einer Mineralwasserflasche, die ihr im Badezimmer entglitten war, musste damit alle Hoffnungen auf ihre achte Medaille bei einem Großereignis begraben. Die SportWoche publizierte am 9.6.2009, von Graf unwidersprochen und ungeklagt, dass die kleinen Schnittverletzungen, die im Krankenhaus als nicht wettkampfgefährdend eingestuft worden sein sollen, wohl eher auf eine halbherzige Selbstverstümmelung zurück- zuführen waren. Die Wiener Stadtzeitung Falter wiederum will Kenntnis von einem Journalisten haben, der im Besitz der Behandlungsunterlagen ist, in denen als einzige medizinische Maßnahme ein Röntgen angeführt sein soll – Graf hingegen berichtete von genähten und geklebten Schnitten. Wie auch immer, die im Januar 2004 zurückgetretene Olympiazweite von Sydney lieferte unmittelbar nach ihrem Eintreffen in Paris und direkt nach der Rückkehr in Wien negative Dopingtests ab.

Am 24. August, einen Tag nach dem Lichtenegger-Outing, schwappte die Nandrolon-Welle zu den Ruderern über. Martin Kobau, Helfried Jurtschitsch, immerhin 50 Prozent des Leichtgewichts-Vierers, der 2001 WM-Gold eingestreift hatte, und Norbert Lambing traten die Flucht nach vorne an. 48 Stunden, nachdem sie von der Teamführung wegen einer Darmgrippe aus dem WM-Kader entlassen werden mussten. Das Trio berichtete, am 1. August von einer ÖADC-Mitarbeiterin einer Trainingskontrolle unterzogen worden zu sein, die ein positives Ergebnis zutage förderte. Der Grund: erraten, Metaboliten von Nandrolon. Die bekannte Wirkung wurde mit der bekannten Ursache erklärt – verunreinigtes MegaRibosyn 1100.

Eine durchaus stimmige Erklärung, zumal Lichtenegger und Kobau als gute Kumpels galten, später sogar gemeinsam ein Gastronomieunternehmen in Klagenfurt führten. Da kann man einander schon mal ein Nahrungsergänzungsmittel empfehlen. Die gesamte österreichische Anti-Doping-Nomenklatura folgte der Argumentation der Sportler, die internationale zum Teil. Die Ruderer wurden für ein halbes Jahr gesperrt, Lichtenegger kam mit 18 Monaten weniger glimpflich davon. Zweierlei Maß, aber wen tangieren schon so kleine Divergenzen in der Anti-Doping-Rechtssprechung?

18 Monate hätte, weil dem gleichen internationalen Verband zugehörig, wohl auch ich aufgebrummt bekommen. Für einen positiven Dopingtest, abgegeben am 8. August in Rif bei Salzburg. Und die Erklärung hätte ich auch parat gehabt: böses, böses MegaRibosyn. Doch zu der Kontrolle kam es nie, weil ich mich bei den Staatsmeisterschaften hinter Daniel Spitzl mit Silber hatte begnügen müssen, folglich um keine Urinspende gebeten wurde. Tatsache ist, dass mein Schützling Ambrose Bitok und ich die gleichen, leicht erhöhten Werte aufwiesen wie Lichtenegger, das Ruder-Dreigespann und eine ganze Reihe weiterer österreichischer Sportler, die durch Glück oder Geschick durchs nicht allzu engmaschige Kontrollnetz schlüpften. Zwischen 5 und 10 Nanogramm Nandrolon pro Milliliter Urin, das schützt zwar vor Strafe nicht, lässt sich aber als Doping ultralight verkaufen. Wie ein fast gleichzeitig aufgeflogener oberösterreichischer Zehnkämpfer beweist, der es wirklich wissen wollte und mit einem 300-fach überhöhten Nandrolonwert aus dem Verkehr gezogen wurde.

Merkwürdig nur, dass weder Ambrose Bitok noch ich jemals mit dem besagten Nahrungsergänzungsmittel in Kontakt gekommen waren. Womit wir in Kontakt gekommen sind, war Sicomed, ein in Rumänien hergestelltes Testosteronpräparat, das gerne auch in Untergrundlabors gepanscht wurde. Mein Lieferant Jack hatte seine Charge wie üblich stichprobenartig testen lassen – ohne auffällige Resultate. Eine eingehendere Prüfung Ende August ergab jedoch, dass etliche Ampullen mit Nandrolon verunreinigt waren.

Gelernt haben weder Jack noch Österreichs Sportler aus dem Desaster. Die Geschichte wiederholt sich nicht? Die Doping-Geschichte sehr wohl. Mit ein Grund, warum Sport-Österreich keine fünf Monate danach bereits wieder von einem Nandrolon-Erdbeben erschüttert wurde. Einem mit großer Zerstörungskraft. Denn von Verunreinigungen konnte in diesen Januartagen des Jahres 2004 keine Rede mehr sein. Wo »Testosteronpropionat« auf braunen 10-Milliliter-Fläschchen draufstand, war nämlich in vielen Fällen nicht mal ansatzweise Testosteron drin. Dafür aber reines Nandrolon. Ein verhängnisvoller und nicht ökonomisch motivierter Fehler, weil Nandrolon der wesentlich teurere der beiden Wirkstoffe ist. Für jene von Jacks Kunden, die sich gerade einer Testosteron-Kur unterzogen hatten oder mittendrin steckten, bedeutete die Nachricht aus dem Labor in Budapest nichts weniger, als Opfer des größten anzunehmen Dopingunfalls geworden zu sein. Positiv auf Monate! Und das gründlich. Angesichts dieser Hiobsbotschaft bewahrten die betroffenen AthletInnen kühlen Kopf, nur eine schmiss die Nerven weg, witterte gar eine Verschwörung gegen sich. Die anderen ließen sich von Jack, der inzwischen fieberhaft nach einer Lösung gesucht hatte, die weitere Vorgehensweise erklären. Um die Nandrolon-Speicher sukzessive zu leeren, mussten sich die SportlerInnen einer regelmäßigen Blutwäsche unterziehen. In den zwei, drei Tagen danach, bevor sich die Speicher wieder zu füllen begannen, war sogar die Teilnahme an Wettkämpfen denkbar. Zur Sicherheit konnte man ja immer noch ein Dopinglabor schmieren. Was auch tatsächlich geschah. Man musste nur darauf vertrauen, dass in den kritischen Monaten keine Trainingskontrolle zum falschen Zeitpunkt alle Pläne durchkreuzte. Die Strategie ging auf, sämtliche AthletInnen (die Verschwörungstheoretikerin ausgenommen) überstanden die nervenaufreibende Periode unbeschadet. Auch, weil ein eingeweihter Funktionär alle Hebel in Bewegung setzte, dass ein Besuch der Kontrolleure unterblieb. Gut so, denn manche liefen auch vier Monate nach den schockierenden Testergebnissen mit Werten von 95 Nanogramm Nandrolon pro Milliliter Urin durch die Gegend. Erlaubt waren 5.

Für unsere Agentur bedeutete der Fall Bitok naturgemäß keinen Turbo-Boost, existenzbedrohend war er aber nicht. Zumindest nicht existenzbedrohender als unsere humanistische Gutmenschen-Attitüde. Zunächst musste ich noch die Öffnung der B-Probe hinter mich bringen. Eine nützliche Erfahrung, allein schon deshalb, weil ich dort auf Dr. Karlheinz Demel, den nicht ganz unumstrittenen Grandseigneur des österreichischen Anti-Doping-Kampfes traf. Viereinhalb Jahre später gab es mit dem einstigen Präsidenten des Arbeits- und Sozialgerichtes sowie des berüchtigten Club 45 ein Wiedersehen – auf meinem Grundstück am Ortsrand von Laakirchen. Doch dazu später. Mit dem Öffnen der, natürlich positiven, B-Probe war die Sache für mich aber noch immer nicht ganz ausgestanden. Einerseits, weil uns der Athlet leid tat und Manfred ihm für die Dauer seiner Sperre eine kleine monatliche Entschädigungszahlung aus seiner Privatschatulle zukommen ließ, andererseits, weil ich mich verpflichtet sah, Bitok zu seiner Anhörung am Sitz von Athletics Kenya nach Nairobi zu begleiten. Obwohl mit dem Verbandspräsidenten Isaiah Kiplagat, Generalsekretär David Okeyo, Patrick Sang, dem Olympiazweiten über 3000 Meter Hindernis von Barcelona, Bitok und mir nur fünf Personen anwesend waren, dürfte man die »Unterredung« auch noch im 300 Meter entfernten Nationalstadion gehört haben. Die beiden Funktionäre legten mir lautstark nahe, keine weiteren kenianischen Läufer unter Vertrag zu nehmen, drohten, unser Camp in Kapsabet polizeilich schließen und mich augenblicklich ausweisen zu lassen. Sie hielten mich ganz offensichtlich für einen furchtbaren Dilettanten, der die Karrieren ihrer Landsleute durch unbedarftes Hantieren mit Teufelszeug aller Art gefährdet.

Den Auftakt zu meinem vierten Kenia-Trainingslager hätte ich mir entspannter vorgestellt. Aber es ging in der gleichen Tonart weiter. Wenige Tage später erhielt ich eine merkwürdige Mail. Absender: Johannes Langer, Organisator des Graz-Marathons. Ich hatte ihm drei meiner kenianischen Läufer geschickt, um bei seinem Rennen am 6. Oktober für eine akzeptable Siegerzeit zu sorgen. Weil ich aber wegen meines Afrika-Aufenthaltes nicht persönlich vor Ort sein konnte, schickte ich meinen Freund Christian Schmallegger aus Leoben, der mit mir gemeinsam in Memphis studiert und trainiert hatte, als Begleitperson. Christian war schon im Jugend- und Juniorenalter ein langjähriger Mitstreiter bei österreichischen Meisterschaften und aufgrund seiner Erfahrung wusste ich, dass auf ihn zu hundert Prozent Verlass ist.

Der kleine Freundschaftsdienst bescherte Christian eines der unvergesslicheren Wochenenden seines Lebens. Schon am Flughafen in Schwechat sorgte die automatisch öffnende Schranke für Begeisterungsstürme, getoppt nur mehr vom Schleudergang in der Auto-Waschstraße, den das Trio im Wageninneren miterleben durfte. Zu guter Letzt erklärte ihm Marc Mulwo, mit dem er ein Zimmer teilte, bis lange in die Nacht hinein das Seelenleben all jener, die innerhalb dieser vier Wände das Zeitliche gesegnet hatten. Mit Mulwo hatte ich bereits rund um den Vienna City Marathon 2003 ein denkwürdiges Erlebnis. Wir waren mit dem Auto auf dem Weg zur traditionellen Marathon-Messe, als er mich auf ein zutiefst menschliches Bedürfnis hinwies. Ich maß dem keine allzu große Bedeutung bei, hielt ihn mit dem Hinweis auf unsere baldige Ankunft hin, ignorierte, auch als wir im Stau standen, sein mehrmaliges »Sir, I really need to go now« – bis er mir schließlich in meinen nicht gerade schäbigen Ford Mondeo pinkelte. Ich traute meinen Augen nicht – geschweige denn meiner Nase. Aber was konnte ich ihm vorwerfen? Er hatte mich oft genug gewarnt.

Weniger komisch fand ich, dass sich meine Schützlinge in Graz für unsere Verhältnisse ein wenig danebenbenahmen, auf eine Erhöhung des längst ausgemachten Startgeldes drängten, um im Falle der Nichterfüllung mit Abreise zu drohen. Sie wähnten sich offenbar auf dem Obst- und Gemüsemarkt von Kapsabet. Langer aber ließ sich auf keine Feilschereien ein, gab keinen Zentimeter nach. Gelaufen sind sie trotzdem. Einer wurde Dritter, einer Neunter – allerdings mit wenig berauschenden Zeiten von über 2:25 Stunden.

Was mich aber weit mehr tangierte, war, dass mich Langer in besagter Mail ersuchte, Stellung zu nehmen, warum in der Minibar eines Hotelzimmers, das von den Kenianern bewohnt worden war, verdächtige Arzneien gefunden wurden. Namentlich Neorecormon 10.000 Internationale Einheiten, Epoetin beta und Hepavit. Ich hielt und halte den Inhalt der Mail für einen Fake. Woher hätten die Kenianer Dopingmittel beziehen sollen, wenn nicht von mir? Sie kannten ja sonst niemand. Und vor allem – welchen Nutzen hätte die Verwendung kurz vor oder gar kurz nach einem Marathon? Ich vermute, dass mich Langer testen wollte. Ein von ihm betreuter Läufer, der Langstreckenspezialist Martin Steinbauer, erzählt bis heute, er habe 2003 im Kühlschrank meiner Wohnung in der Blattgasse EPO-Produkte gesichtet, als er Marc Mulwo für ein paar Stunden betreute. Was ja durchaus sein kann. Vermutlich hat er da mit heißen Ohren und hochrotem Kopf eilig die Arzneinamen abekritzelt. Aber viel Ahnung hatte er nicht von der Sache: Hepavit ist nichts anderes als ein hochdosiertes Vitamin-B12-Präparat und Epoetin beta heißt ja der Wirkstoff, der sich in NeoRecormon findet. Christian bestätigte meine Vermutung. Er genehmigte sich täglich ein Bier aus besagter Minibar und fand darin weder Präparate noch Utensilien oder auch nur Verpackungen.

Der Schuss ins Blaue verhallte ungehört, doch schon bald drohte neues Ungemach. Manfred Kiesl hatte nach einem Jahr logistischer und finanzieller Kraftakte seine Lust am Managementgeschäft verloren und zog sich aus der Agentur zurück. Ich aber wollte keineswegs das Handtuch werfen, wandelte die OEG in eine Einzelunternehmung um und änderte die Unternehmensphilosophie grundlegend. Und damit auch den Führungsstil. Zum berechnenden Sklaventreiber taugte ich zwar immer noch nicht, aber der Kuschelkurs, gepaart mit explodierenden Kosten, gehörte der Vergangenheit an. Ich wollte zufriedene Athleten, aber vor allem einen zufriedenen Manager, dem am Ende des Tages auch ein paar Euro übrigbleiben sollten.

Im Januar 2004 vollzog sich in meinem beruflichen Umfeld die nächste gravierende Änderung. Jack hatte nach den beiden Nandrolon-Katastrophen die Nase voll, das Schicksal der AthletInnen ging ihm überaus nahe, er fühlte sich schuldig, wollte sich lieber heute als morgen aus dem Geschäft zurückziehen. Und hatte ausgerechnet mich als seinen Nachfolger auserkoren. »Hier sind all meine Kontakte, mach was draus«, hörte ich ihn sagen und fühlte mich durchaus geschmeichelt. Wie gesagt: Jack war keine kleine Nummer. Es ehrte mich, dass er mir zutraute, dieses Business zu schaukeln.

Das Feedback aus der Szene war positiv, man hatte Interesse daran, kein Vakuum, keine Versorgungsengpässe entstehen zu lassen. Ich musste nicht um meine Kundschaft buhlen, sie kam auf mich zu. Mir war eine Marktnische in den Schoß gefallen, für die keine Werbung, kein Marketing und keine PR nötig ist. Je länger ich darüber nachdachte, desto verlockender erschien mir die Verknüpfung der beiden Geschäftsfelder. Sport- und Dopingmanagement in einer Hand. Eigentlich genial. Warum ist da vor mir nie einer draufgekommen?

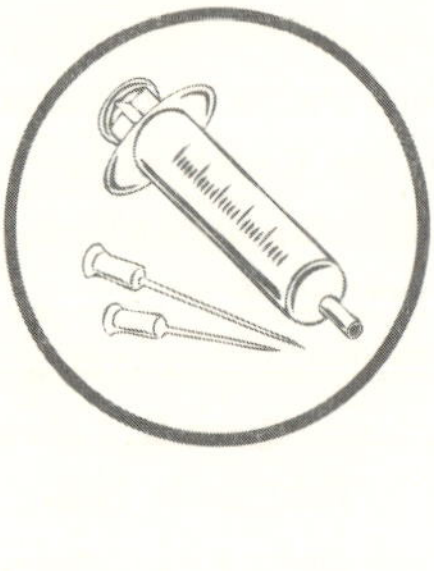

Doping macht Spaß!

Gewissenlos, ausschließlich auf Gewinnmaximierung aus, moralisch verkommen. So stellt man sich Leute wie mich vor. Leute wie Jack. Mich mögen andere beurteilen, für ihn aber muss ich diese Sichtweise mit Nachdruck korrigieren. Er verstand sich als Athletenhelfer, als einer, der auf Wunsch für Chancengleichheit sorgt. Als Jack die Entscheidung fällte, sich aus dem Business zurückzuziehen, war er nervlich am Ende. Ich habe ihn weinen sehen, als er realisierte, dass sein Fehler, seine Nachlässigkeit einer Sportlerin die Karriere kostete. Jack hätte es sich leicht machen, mir viel Glück wünschen, mich ins kalte Wasser stoßen können. Nach ihm die Sintflut. Aber so ein Abgang kam nicht in Frage. Er wollte mich behutsam aufbauen, die geordnete Übergabe der Geschäfte war ihm ein Anliegen. Als kleinen Appetithappen durfte ich mich schon 2003 um eine Läuferin kümmern, mit der Jack nicht so richtig zurande kam. Die Chemie zwischen ihnen stimmte einfach nicht.

Zwischen Carla* und mir, immerhin bis zu dem Zeitpunkt Läuferkollegen, gab's diesbezüglich kein Problem. Sie hatte, wie rund 95 Prozent meiner späteren Schützlinge, bereits reichlich Erfahrung mit Doping gesammelt. Aber kaum brauchbare. Sie jagte sich, wohl auf Anraten ihres früheren Trainers, wahnwitzige EPO-Dosen in den Körper, sodass dieser zunehmend mit Gleichgültigkeit darauf reagierte. Mehr Input muss zwangsläufig mehr Output ergeben. Ein nachvollziehbarer, aber grundfalscher Gedankengang, der mir im Laufe vieler Anbahnungsgespräche immer wieder begegnete und den ich ein ums andere Mal bekämpfte. Nicht immer erfolgreich, wie sich immer wieder, mitunter auch folgenschwer, herausstellen sollte.

Jacks Fürsorge erwies sich als hilfreich in jeder Hinsicht. Denn in den ersten Monaten krähte kein Hahn nach einem Manager Matschiner. Wohl hatte ich meine kenianischen Straßenläufer unter Vertrag, aber die Bahn-Leichtathletik schien nicht unbedingt auf einen weiteren Protagonisten, der am Kuchen mitnascht, gewartet zu haben. Von der angestrebten genialen Doppelgleisigkeit war ich also weit entfernt. Und blieb es in Österreich erstaunlicherweise auch. Ich war entweder Manager oder Besorger, aber nie beides. Einzige Ausnahme: Bernhard Kohl.

Wirtschaftlich kam ich trotzdem durch, denn mit Karriereende hatte ich von dem Bundesheer-Angebot Gebrauch gemacht, 12 Monate bezahlte berufliche Bildung in Anspruch zu nehmen. Reichtümer konnte ich aber keine anhäufen, denn erstens war das Kenianer-Geschäft immer noch leicht defizitär, ich musste also querfinanzieren, und zweitens lebte ich für meine Verhältnisse in Saus und Braus. Ich fand, dass mir das nach all den Jahren des Verzichts zustand, und holte 2004 und 2005 alles nach, was ich zuvor versäumt hatte. Oder glaubte versäumt zu haben.

Bevor ich meinen Kundenstock auf eine breitere Basis stellen konnte, musste ich noch ein paar Hausaufgaben erledigen. Bei denen mich Jack wie immer nicht allein ließ. Und so fand ich mich alsbald auf dem Beifahrersitz seines Vans wieder. Auf dem Weg Richtung Budapest. Wobei der weltgewandte Geschäftsmann Matschiner ein paar Startschwierigkeiten verzeichnete – wir schafften es erst im zweiten Anlauf über die Grenze, weil ich den Reisepass in meinem Auto, das im Wiener Prater geparkt war, vergessen hatte. Irgendwann erreichten wir dann doch noch Ungarns Metropole und trafen im Novotel eine der Schlüsselfiguren für mein künftiges Gewerbe: Dr. Hildegard*. Eine freundliche, liebenswerte Oma, die mir aber vor allem mit ihren beruflichen Qualifikationen nutzte: Dopingkontrolleurin und Mitarbeiterin im Budapester Dopinglabor. Dr. Hildegard war Wissenschaftlerin durch und durch, interessierte sich vor allem auch für die technisch-medizinische Seite des Dopings. Als ich viel später gezwungen war, meine Gerätschaften zur Herstellung und Lagerung von Erythrozytenkonzentrat nach Budapest zu transferieren, ließ es sich die zu diesem Zeitpunkt bereits pensionierte Mikrobiologin nicht nehmen, die Zentrifuge höchstpersönlich in Augenschein zu nehmen. Und auch als es galt, eine Bleibe für den Kühlschrank inklusive gelagerter Blutbeutel zu finden, fackelte sie nicht lange, quetschte das unförmige Ding in ihre Garage und überwachte die Temperaturanzeige täglich.

Es ist mir wichtig anzumerken, dass Frau Dr. Hildegard mit ihren Handlungen keinerlei Regelverstöße beging. Das Labor in Budapest war zu keiner Zeit von der WADA akkreditiert, lediglich während der Leichtathletik-Hallen-WM 2004 kam es als Auswertungslabor zum Einsatz. Dr. Hildegard konnte daher Aufträge nach eigenem Ermessen entgegennehmen, ohne einen Kodex zu verletzen. Ich bin ihr jedenfalls noch heute unendlich dankbar für ihre Hilfe bis tief ins Jahr 2010 hinein.

Schon bald nach dem ersten Meeting begann unsere Geschäftsbeziehung. Alle paar Wochen reiste ich mit gekühlten Urinproben gen Budapest, übergab sie Dr. Hildegard und fuhr mit einer leeren Kühlbox retour. An der damals noch gar nicht so problemlos zu passierenden Grenze schlug mir das Herz bisweilen bis zum Hals. Merkwürdigerweise aber immer nur auf der Rückfahrt. Offenbar wegen der paar Stangen Zigaretten, die ich regelmäßig im Wageninneren deponiert hatte, um das Benzingeld hereinzubekommen. Die Ergebnisse der Auswertung erhielt ich dann einige Tage später zumeist per E-Mail.

Mein Ein-Frau-Team musste nicht lange auf Zuwachs warten: Eine ganze Leichtathletik-Trainingsgruppe wechselte in den ersten Wochen des Jahres 2004 auf Jacks Empfehlung zu mir. Langsam begann ich die Verantwortung zu spüren, die auf meinen Schultern lastete. Ach was, ich trug sie gern, interessierte mich seit Jahren für die Materie, sie machte mir sogar Spaß. Warum soll ich es nicht zugeben? Ja, Doping macht Spaß! Aber nur, solange kein Betriebsunfall passiert. Jeder Fehler, ob selbst verschuldet oder nicht, kann Existenzen bedrohen. Die des Sportlers, in weiterer Folge vor allem aber auch meine eigene. Klarerweise versuchte ich die Möglichkeit eines Betriebsunfalls weitgehend auszuschließen. Längst hatte ich begonnen, mein bescheidenes themenbezogenes Wissen, das ich als Athlet angehäuft hatte, zu erweitern, auch den theoretischen Background zu erfassen, mich für Eventualitäten zu wappnen, mir die Grundzüge der Notfallmedizin anzueignen. Ich wuchs mit der Aufgabe und profitierte von den Fragen der AthletInnen, die mich immer wieder zwangen, in neue Themenkreise einzutauchen.

Der Zufall wollte es, dass mein erstes Großereignis als »Dopingbeauftragter« ausgerechnet in Budapest über die Bühne ging: die Leichtathletik-Hallen-WM 2004. Sobald klar war, dass die Dopingproben ebendort analysiert würden, atmeten Jack und ich erleichtert durch. Eine glückliche Fügung, schließlich war die Nandrolon-Problematik noch längst nicht vom Tisch. Dass eine meiner Athletinnen trotzdem höchst erfolgreich abschnitt, ohne positiv getestet zu werden, ging allerdings noch auf Jacks Kappe.

Noch im Frühjahr gelang mir der Sprung über den Tellerrand der eigenen Sportart. Gelandet bin ich dort, wo man ohnehin vermuten würde, dass ein gewisser Markt vorhanden sein müsste – im Peloton. Gleich der erste Interessent aus dem Radlager, Jonathan*, führte zu einer Reihe von Folgegeschäften, durch die ich ein paar Stammkunden generierte – unter ihnen: Bernhard Kohl. Jonathan legte mir im Herbst 2005 den Bergspezialisten ans Herz, weil dieser in seinem ersten Jahr beim Rennstall T-Mobile, Cortison ausgenommen, keine pharmakologisch-medizinische Unterstützung erhielt. Kein Misstrauensvotum, aber ein Rookie wurde kaum jemals in jene Projekte, die substanziellen Leistungssteigerungen verhießen, eingeweiht, die waren den Fahrern mit langfristigen Verträgen vorbehalten. Zu groß war die Angst vor einer undichten Stelle, die Angst sich durch unschöne Abgänge erpressbar zu machen. Das und nichts anderes ist der Grund, warum organisiertes Doping in ausdauerrelevanten Teamsportarten (und das sind so gut wie alle) nicht noch viel präsenter ist. Zu viel Fluktuation, zu viele Mitwisser, zu viel Risiko.

Im Sommer poppte schließlich neben der Leichtathletik und dem Radsport unverhofft ein drittes Standbein vor mir auf. Ich kann mich nicht mehr im Detail erinnern, aber ich vermute, es war Jack, der mich an einem Augustnachmittag auf den Parkplatz des Bundessportzentrums Südstadt dirigierte. Den Mann, der mir kurz darauf mit einer Batterie von Urinproben in der Hand entgegenkam, kannte ich aus Film, Funk und Fernsehen – Walter Mayer. Der damalige Sportliche Leiter der Sparte Langlauf im ÖSV gab sich zunächst recht zugeknöpft, er wolle die Proben lediglich analysiert haben, um herauszufinden, ob seine Sportler dopen. Lediglich »interessehalber« erkundigte sich Mayer bei dieser Gelegenheit auch gleich über meine Kontakte in die Dopingszene, welche Preise ich für welche Produkte veranschlagen würde usw. Ich war zuversichtlich, den Langlauf-Guru überzeugt zu haben. Zumal ich für aufwändige Analysen, wie Mayer sie sich für zwei der Proben wünschte, mittlerweile eine bessere Lösung als Budapest gefunden hatte. Eine bessere – und von der WADA approbierte. Nicht, dass ich in diesem Labor aus- und eingehen konnte, wie es mir passte. Nicht, dass alle ihre Arbeit stehen und liegen ließen, wenn meine Proben einlangten. Nicht, dass es leicht war, an der Dokumentationspflicht vorbei, die gewünschten Aufträge zu platzieren. Aber in den allermeisten Fällen hat es funktioniert, wurden meine Proben in irgendwelche Testreihen eingebaut.

Bald darauf stattete ich Walters näherer Heimat meinen ersten Besuch ab. Wir trafen uns in seinem Radstädter Haus, das gerade auf Hochglanz poliert wurde, weil sich ein Amerikaner namens Bill anschickte, als Mieter einzuziehen. Die Mayers residierten zu dieser Zeit ausschließlich in der Pension Erzherzog Johann in der Ramsau, die sie gepachtet und zum Langläufer-Domizil ausgebaut hatten. Dort sollte ich nach Walters Vorstellungen künftig des Öfteren präsent seinen – um den einen oder anderen seiner Schützlinge zu betreuen. Walter hatte von Anabolika keine Ahnung, trat mehr als Vermittler auf, eine ganzheitliche sportmedizinisch-pharmakologische Betreuung konnte nur ich gewährleisten. Und die war bei meinem ersten ÖSV-Klienten durchaus erwünscht. Der Athlet musste, wie ich vor der Heim-EM 2002, keine Kontrollen fürchten, konnte daher aus dem Vollen schöpfen: Metandienon, Testosteron und später EPO – das volle Programm. Und es wirkte. Nicht viel später bekam ich einen zweiten Sportler »umgehängt«. Er galt als schwierig und gewöhnungsbedürftig, vor allem, was seine Zahlungsmoral anbelangt. Eine Charakteristik, die ich im Rahmen unserer Geschäftsbeziehung nicht bestätigen konnte.

Kaum zu glauben: Keine neun Monate im Geschäft und schon hatte ich beim Österreichischen Skiverband, DEM Vorzeigeverband in der Alpenrepublik, den Fuß in der Tür. Ich suchte Walters Nähe, damit er sie mir Spalt für Spalt weiter öffnet. Aber nicht nur deswegen: Es war erfrischend, sich mit einem derart profunden Kenner des Sports auszutauschen. Mit einem, der alle Teilbereiche, von der Ernährung bis zum Ski-Wachs, bis ins Letzte ausreizte und darüber so unterhaltsam zu referieren vermochte. Es entwickelte sich eine Freundschaft, die bis zum heutigen Tag Bestand hat. Walters Frau Gerlinde hingegen genoss meine Anwesenheit wie eine Magen-Darm-Grippe. Sie hielt mich, wie ich später herausfand, für das personifizierte Böse, für den großen Abkassierer in diesem schmutzigen Geschäft. Wobei es schon stimmen mag, dass ab und an größere Summen den Besitzer wechselten. Aber Gerlinde hatte keinen blassen Schimmer, wie viel ich zuvor hatte vorstrecken müssen. Der Aufschlag auf den Einkaufspreis war mickrig, deckte, wie bei so gut wie allen anderen Kunden, gerade mal die Fahrtspesen sowie den Aufwand für Essen und Trinken ab. Eine überzogene Preispolitik wäre erstens gar nicht zu verbergen und zweitens kontraproduktiv gewesen. Ich wollte doch, dass sich die Tür Spalt für Spalt weiter öffnet.

Blutige Anfänger

Bei einem meiner nächsten Ramsau-Trips bestellte mich Walter für 10 Uhr ins Erzherzog Johann. Nach mir hätte man die Uhr stellen können, doch vom Hausherrn fehlte jede Spur. Bereits seit dem Vorabend. Ein kurzer Anruf beorderte mich ins »Stüberl« im Ramsauer Zentrum, ein illustres Etablissement gegenüber einer Fleischhauerei. Walters Zungenschlag kam mir sogleich verdächtig und doch vertraut vor. Und tatsächlich: In Sichtweite zu Schweinskopf und Rinderzunge saß der Abgängige und genehmigte sich ein kleines Bier. Um das wievielte es sich dabei handelte, konnte Walter nicht sagen. Satt zweistellig, befand ich nach einer kurzen olfaktorischen Prüfung. Sein Anliegen wusste der Trunkenbold trotzdem zielstrebig und voller Überzeugungskraft vorzutragen. Eine Wiener Plasmapheresestation habe er an der Hand, die Erythrozytenkonzentrate herstellen, einfrieren und ohne zeitliche Einschränkung lagern könne. Eigenblutdoping 2.0 gewissermaßen. Und völlig risikolos, weil nicht nachweisbar. Humanplasma, so hieß dieses Paradies der kleinen Dopingsünder, wartete darauf, erobert zu werden. Einzige Einschränkung: »Wir brauchen ein paar Leute, damit es sich für die rechnet.«

Wie Walter Wind von der Kooperationsbereitschaft der Transfusionsmediziner bekam, hat er mir nie im Detail erzählt. Nur, dass er 2003 einmal mit Martin Keßler, von 1997 bis 2005 Bundestrainer im Österreichischen Ruderverband, in einem Wiener Gastgarten zusammensaß und sich darüber beklagte, wie wenig sportmedizinische Unterstützung es hierzulande seitens der staatlichen Stellen für den Sport gibt. Und wie viel Support anderswo geleistet wird, im östlichen Ausland, in Deutschland. Wo Athleten in öffentlichen, vom Steuerzahler finanzierten Kliniken alle erdenklichen medizinischen Maßnahmen, die die Leistungsfähigkeit positiv beeinflussen, bereitgestellt bekommen. Walter hatte die Gabe, bei solchen Vorträgen eine Redegewandtheit und Überzeugungskraft an den Tag zu legen, die jedem Volkstribun zur Ehre gereichen würde. Gut möglich, dass sich am Nebentisch auch ein Unbekannter dieser Leidenschaft des Sport-Junkies nicht entziehen konnte. Einer, der beste Kontakte zu hohen politischen Kreisen hatte. Und alle Hebel in Bewegung setzte, dass österreichische Sportler jene »Chancengleichheit« bekamen, die Walter so vehement einforderte. Auf welchem Wege auch immer, Mitte 2003 wurde schließlich grünes Licht gegeben, zumindest ein Teil der Transfusionsmedizin war dem österreichischen Ausdauersport plötzlich gewogen. Auch wenn es kein offizieller Auftrag der Staatsmacht war – das große Blutspenden konnte beginnen. Wobei »groß« nicht wörtlich zu nehmen ist, in der Anfangszeit waren die vier Blutspende-Liegen im dritten Stock am Sonntag eher schwach ausgelastet. Auch konnte noch keine Rede davon sein, dass das erste abgezapfte Ery-Konzentrat bereit war, in den Kühlschrank zu wandern. Die ersten KundInnen mussten vielmehr zuerst sich bzw. ihre weißen Blutkörperchen von allerlei verfänglichen Indikatoren reinwaschen. Im wahrsten Sinne des Wortes. Es war das Zeitalter der mit Nandrolon kontaminierten Testosteronpräparate, Verzeihung, der verunreinigten Nahrungsergänzungsmittel.

Mehr als ein Jahr später übernahm ich bei Humanplasma die organisatorischen Agenden in Sachen Leistungssportunterstützung, sorgte durch meine Klientel, die ich in die Kooperation einbrachte, für eine kontinuierlichere Belegung. Für Walter ein genialer Schachzug, er ersparte sich, Angebot und Nachfrage zusammenzubringen, die Reisen nach Wien und den persönlichen Kontakt mit Schwester Andrea – jener Frau, die an den Sonntagmorgen in der Alserbachstraße 18, wenn die Plasmapheresestation geschlossen war, die Knochenarbeit an den exklusiveren »Patienten« verrichtete. Schwester Andrea konnte ganz schön schroff sein, wenn man sie nicht zu nehmen verstand. Und Walter verstand es ganz und gar nicht, seine diplomatischen Skills waren von jeher nicht sehr ausgeprägt.

Ich hingegen ließ mich durch das obligate »Da könnte ja ein jeder kommen!« nicht aus der Contenance bringen, blieb höflich, charmant, aber bestimmt und hatte bis zum Ende der Geschäftskontakte das beste Einvernehmen mit ihr. Mal brachte ich ihr einen Kaffee von McDonald's, dann revanchierte sie sich mit Weihnachtsbäckerei. Auch mit Professor Höcker gab es keine Reibungsflächen. Warum hätte es die auch geben sollen. Ich sorgte dafür, dass alle Liegen pünktlich belegt waren, dass er, der Mastermind hinter dem sonntäglichen Treiben, nicht umsonst seine Wochenendruhe unterbrechen musste. Speziell bei meinen Schützlingen im Radlager war nicht die geringste Überzeugungsarbeit zu leisten, man war vom ersten Augenblick an Feuer und Flamme. Jonathan, punkto Leistungssteigerung ohnehin für alles zu haben; ein mit ihm befreundeter Straßen-Radfahrer, der mit oder ohne Eigenblutdoping keine Aussicht darauf hatte, eine große Nummer zu werden; dazu ein weiterer Held der Landstraße, nennen wir ihn Viktor*, den mir Walter Mayer ans Herz gelegt hatte. Ab Herbst 2005 folgten Bernhard Kohl und auf dessen Empfehlung Siegfried*.

Im Oktober, November und Dezember 2004 war jeweils eine Abnahme für meine Klientel anberaumt. Die in den Medien häufig strapazierte McDonald's-Filiale in Sichtweite der Plasmapheresestation spielte dabei eine untergeordnete Rolle, lediglich vor der Premiere holte ich das Häuflein Blutspender dort ab, damit keiner verloren ging. Vom kolportierten Hintereingang, durch den wir laut Zeitungsmeldungen in den 3. Stock gelangt sein sollen, habe ich bis heute keine Kenntnis, wir betraten das Gebäude durch das Hauptportal, fuhren mit dem Lift rauf und fertig. Ich hielt es für unnötig, besondere Vorsichtsmaßnahmen zu ergreifen, noch viel sorgloser ging aber so mancher Athlet mit der ungewohnten Situation um. Bernhard Kohl etwa parkte bei seinem Humanplasma-Debüt sein in schmuckem Magenta gehaltenes, T-Mobile-gebrandetes Auto wie ein blutiger Anfänger direkt vor dem Humanplasma-Eingang in der Alserbachstraße. Exakt einen Tag, bevor das gesamte T-Mobile-Team in Wien präsentiert wurde. Und nicht wenige fragten sich an jenem Montag, wie es möglich sein könne, dass ein Radprofi gegen einen gut trainierten, aber voll berufstätigen T-Mobile-Mitarbeiter im Rad-Simulatortest verlieren könne. Die Antwort: Weil er sich keine 24 Stunden zuvor 360 Gramm Erythrozytenkonzentrat abzapfen hat lassen. Rund ein Fünftel der verfügbaren Gesamtmenge im Körper.

Im dritten Stock ging alles sehr routiniert zu, jeder Handgriff saß und selbst bei unvorhergesehenen Vorkommnissen war Schwester Andrea im Handumdrehen Frau der Lage. Wie etwa, als Siegfried beim ersten Besuch beim Anblick der gar nicht so filigranen Nadel kurzerhand kollabierte. Zur großen Erheiterung seiner benachbarten Blutspender, die ihre Erfahrung im Bereich Eigenblutdoping souverän ausspielten. Aber auch von dieser Runde kann mit Fug und Recht behauptet werden: Kein Einziger war Waisenknabe in Sachen Doping. Auch sonst war das Prozedere rasch eingespielt: Am Ende jeder Session kassierte ich von jedem Patienten die vereinbarte Summe von 1500 Euro und begab mich damit einen Stock tiefer ins Büro von Geschäftsführer Rudolf Meixner. Ein Mann, der sich zur Gänze der klassischen Musik verschrieben hat, der mit Sport so gar nichts am Hut hatte. Und damit ein Bruder im Geiste von Professor Höcker und Schwester Andrea war, die bei kaum einem ihrer Sonntagskunden zu sagen vermochten, um wen es sich handelte. Was sich auch in den späteren Vernehmungsprotokollen niederschlug, in denen sie nur eine Athletin zweifelsfrei identifizieren konnten: Stephanie Graf.

Womit sich die Frage aufdrängt, welcher Teufel einen kunstsinnigen Geschäftsführer und einen Transfusionsmediziner von Weltruf ritt, ihre Sonntagvormittage am Wiener Alsergrund zu verbringen statt im Musikvereinssaal, am Neusiedler See oder im Kreise der Familie? Noch dazu für Summen, für die Dr. Eufemiano Fuentes 1800 Kilometer südwestlich noch nicht einmal die Blutzentrifuge einzuschalten bereit gewesen wäre. Der spanische Dopingdoktor, der allein 54 Radsportler »behandelt« haben soll, hat für Abnahme, Einfrieren, Lagerung, Auftauen und Ausgabe das Vier- bis Fünffache veranschlagt. Der Humanplasma-Geschäftsführung aber ging es erst in zweiter Linie um Gewinn, ihr Motiv war, so kitschig und verlogen es klingen mag, Patriotismus. Das Argument, auf diesem legalen Weg, der überall sonst in Europa gelebte Praxis ist, eine Art von Chancengleichheit herzustellen, zog. Gut möglich auch, dass jemand bei der Sensibilisierung für das Thema ein bisschen nachgeholfen hat, darauf hinwies, dass Humanplasma immer wieder sich um Aufträge von öffentlichen Spitälern bemüht, und dabei auf das Wohlwollen gewisser Würdenträger angewiesen sein könnte.

Wobei »Patriotismus« absolut nicht hieß, dass ausschließlich ÖsterreicherInnen in den Genuss der Höcker'schen Dienstleistungen kamen. Unter den rund 35 Kunden, die im Laufe der Jahre in der Alserbachstraße vorstellig wurden, waren rund 50 Prozent Ausländer, die wiederum aus sechs mittel-, süd- und osteuropäischen Nationen anreisten. Wobei wir allerdings streng darauf achteten, dass aus dieser Kundengruppe keine sportliche Gefahr für heimische Humanplasma-Nutzer erwuchs. Wäre also ein österreichischer Slalomspezialist unter den »Patienten« gewesen (was nicht der Fall war), hätte ein ausländischer Abfahrer oder Riesentorläufer gute Chancen gehabt, mit offenen Armen empfangen zu werden. Mit der Internationalisierung der Gruppe zielte Walter Mayer als einer der Wegbereiter des Humanplasma-Deals auf einen Zusatznutzen ab, nämlich Kontakte zu Trainern, Sportwissenschaftlern, Sportmedizinern, Biochemikern und artverwandten Berufsgruppen in vieler Herren Ländern aufzubauen, um den eigenen Horizont in anderen, völlig legalen Facetten des Hochleistungssports zu erweitern. Doch alle Theorie ist grau: Die Athleten hatten in den meisten Fällen wenig Interesse daran, ihre Wiener Kontakte in ihrem sportlichen Umfeld breitzutreten, mögliche Nachahmer auf den Plan zu rufen und sich dem Risiko auszuliefern aufzufliegen.

War wohl auch besser so, denn schon mit unserem verhältnismäßig kleinen Zirkel an Eingeweihten stellte sich in regelmäßigen Abständen ein gewisser Nervenkitzel ein. Mehr als allen Beteiligten lieb war. Es begann schon im Februar 2005, wenige Monate nach der ersten Abnahme, die ich bei Humanplasma organisiert hatte. Ich befand mich gerade auf einer einwöchigen Schiffs- und Tauchreise im südlichen Roten Meer, um dem österreichischen Winter wenigstens für kurze Zeit zu entfliehen. Allzu viele Programmpunkte wies mein Tagesablauf nicht auf. Aber die paar forderten mich voll: Müßiggang, maximal drei Tauchgänge – und, aufgrund zweier anstehender Uni-Prüfungen, die Lektüre je eines Schmökers zum Thema Arbeits- und Sozial- bzw. Steuerrecht. Vor allem Letzteres nahm mich so mit, dass ich auch tagsüber jederzeit in ausgedehnte Tiefschlafphasen verfallen konnte. Mein Mobiltelefon, bis zum Ende der einwöchigen Reise auf hoher See ohne Empfang, zeigte nach der Rückkehr zum Festland eine Unzahl von »missed calls« an. Das Gros ging auf die Kappe von Walter Mayer, was mich einigermaßen erstaunte, weil zu diesem Zeitpunkt bereits die Nordische WM in Oberstdorf im Gange war und er bei Großereignissen üblicherweise Besseres zu tun hatte als sich nach meinem Wohlergehen im Urlaub zu erkundigen.

Selbiges interessierte ihn auch tatsächlich nicht sonderlich, wovon ich mich durch einen kurzen Rückruf überzeugen konnte. Stattdessen zeigte sich Walter äußerst beunruhigt über einen ORF-Journalisten, der Gerüchte über eine mögliche Verbindung zwischen ÖSV-Langläufern und einer Wiener Blutbank zum Besten gab. Der Langlaufdirektor hatte im ersten Moment einen mir bekannten niederösterreichischen Mediziner, der sich in Triathlonkreisen bewegte, als Urheber des Geredes in Verdacht. Es bedurfte aber keiner ausufernden Recherche, um herauszufiltern, dass die Information wohl eher von einer ehemaligen Humanplasmakundin, die später als ORF-Co-Kommentatorin tätig war, stammen dürfte. Walter war in maßgeblichen Medienkreisen jedenfalls gut genug vernetzt, um weitere lästige Fragen oder gar Recherchen abwürgen zu lassen. Als ich in Oberstdorf eintraf, konnte ich keinerlei bedrohliche Strömungen wahrnehmen. Dennoch ließ es sich Walter nicht nehmen, alle Erythrozyten-Reserven am Wiener Alsergrund durch persönliche Order vernichten zu lassen. Es war nicht das letzte Mal, dass ich einer Reihe von Athleten die traurige Mitteilung machen musste, dass bei Humanplasma das große Blutvergießen stattgefunden hat.

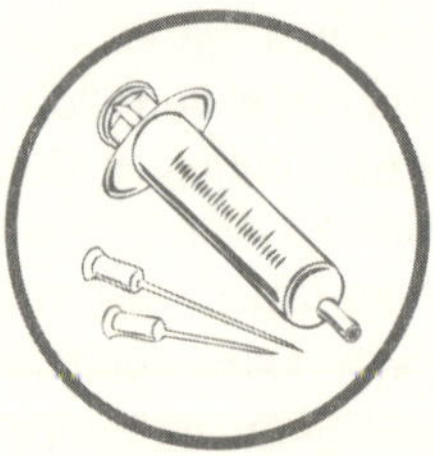

Der Stoff, aus dem die Träume sind

Universitätsprofessor Dr. Norbert Bachl, Leiter des Zentrums für Sportwissenschaft und Universitätssport in Wien, hat in einem ORF-Interview 2009 sinngemäß gemeint, dass Doping, über längere Zeit und in hohen Dosierungen angewendet, zu gesundheitlichen Schäden führen kann. Über längere Zeit UND in hohen Dosierungen. Genau meine Meinung. Die externe Zuführung von Dopingmitteln in Form von Hormonen und dergleichen bedeutet selbstverständlich einen Eingriff in den körpereigenen Hormonkuchen. Modernes Doping jedoch wird eine dauerhafte Veränderung nie in Kauf nehmen, betreiben, oder gar zum Ziel haben. Gravierende Nebenwirkungen wären die unausbleibliche Folge. Ich distanziere mich daher klar von Dopingpraktiken, wie sie in den achtziger Jahren – und entgegen der landläufigen Meinung nicht nur in Osteuropa – Usus waren. Fairerweise muss allerdings erwähnt werden, dass jene Ära, zum Beispiel in Bereichen der Trainingswissenschaft oder Leistungsdiagnostik, ein Wissen generiert hat, von dem noch heute die halbe Sportwelt profitiert.

Kaum ein Sportkonsument hat eine exakte Vorstellung, was sich hinter Doping verbirgt. Ich selbst habe Doping immer als Unterstützung gesehen. Als Unterstützung der Regenerationsfähigkeit, wodurch der nächste Belastungshöhepunkt im Training früher gesetzt werden kann. Doping per se macht nur in wenigen Ausnahmefällen schneller, stärker oder was eben in der jeweiligen Disziplin gefragt ist. Es ermöglicht in der Regel mehr Training und führt auf diesem Umweg zur Leistungssteigerung. Zu dopen bedeutet auch nicht, sich irgendetwas leichter zu machen. Die Qualen im Training bleiben die gleichen, nur eben auf einem höherem Leistungsniveau. Zu den Ausnahmen zählen EPO, alle Formen des Blutdopings und einige Stimulanzien. Doch selbst wenn die Manipulation der Hämoglobinkonzentration der Auslöser für eine Leistungsverbesserung ist, wird ein Athlet, der nicht zu hundert Prozent in Form ist, wenig Chancen haben, sein Leistungsvermögen abzurufen.

Wie bereits mehrfach angedeutet, gilt auch fürs Doping: Weniger ist mehr. Ich habe den Körper eines Hochleistungssportlers oft mit einer Präzisionsmaschine verglichen, mit einem Formel-Eins-Motor. Zu viel Öl würde zwangsläufig im Rennbetrieb zu einer Überlastung des Systems, vielleicht zur Explosion einer Leitung oder eines Schlauches führen. Auch der hochsensible Körper eines Hochleistungssportlers sollte stets in der Balance gehalten und nicht überfordert werden. Daher: So wenig Doping wie möglich, aber so viel wie nötig. Leider haben nur die wenigsten diese Botschaft verstanden. Auch Bernhard Kohl und Lisa Hütthaler nicht, die ihr fehlendes Wissen und Vertrauen, ihre Gier öffentlich eingestanden. Viele andere werden es wohl niemals einsehen. Aber jene 20 Prozent, die meine Botschaft begriffen haben, schafften es, sich über einen langen Zeitraum an der Spitze zu halten. Manche tun es heute noch. Es waren und sind all jene, die die Grenzen ihrer Belastbarkeit über viele Monate im Jahr ohne Doping ausreizen, um dann, wenn die Zeit gekommen ist, die letzten drei bis fünf Prozent aus ihren Körpern herauskitzeln können. Hat ein Athlet die ersten 95 Prozent durch Training und dergleichen nicht ausgeschöpft, wird ihn keine Substanz der Welt zum Sieg führen. Aus einem Dackel macht man auch mit Doping keinen Greyhound.

Im folgenden Abschnitt möchte ich Einblicke in mein Arsenal von Substanzen und Methoden gaben, die ich in den fünf Jahren als Dopingmanager eingesetzt habe. Bei der Systematik der Auflistung orientiere ich mich am derzeit aktuellen WADA-Code.

I. VERBOTENE WIRKSTOFFE

1. ANABOLE STEROIDE

Metandienon ist ein Testosteron-Derivat, das heißt, dass die chemische Struktur des Grundstoffes geringfügig ergänzt wurde. Der handelsübliche Name ist Dianabol. Bei den anabolandrogenen Steroiden überschneidet sich die Welt des Hochleistungssports mit der von Freizeitsportlern und Bodybuildern. Die Kosten sind minimal, 1 Euro pro Tablette gilt bereits als teuer. Den Entwicklern ist es gelungen ein sehr potentes Steroid zu entwickeln, bei Langzeitanwendung und hoher Dosierung (im Bodybuilding-Bereich werden bis zu 100 Milligramm pro Tag eingeworfen) führt es allerdings zu schweren Leberschäden der. Beides war in meinem Tätigkeitsbereich ohnehin nie Thema, trotzdem riet ich vorsichtshalber von Alkoholkonsum ab. Man geht davon aus, dass Metandienon oder seine Metaboliten bis zu 6 Wochen nachweisbar sein können. Ein Umstand, der den Wirkstoff nur für Athleten attraktiv erscheinen lässt, die keinem Testpool angehören. Im Ausdauerbereich reichen dreimal drei Wochen mit jeweils einer Woche Pause und Tagesdosierungen zwischen 2,5 und 5 mg. Metandienon verringert den Cortisolspiegel drastisch, was zur Folge hat, dass Fett ab- und Muskelmasse aufgebaut wird. Die Nebenwirkung – Wassereinlagerung – ist so gering, dass dieses Phänomen nach Ende der Kur schnell wieder verschwindet. Metandienon ermöglicht hohe Umfänge bei hohen Belastungen, die Regenerationszeit wird extrem positiv beeinflusst. Man fühlt sich nach einer harten Einheit schnell wieder für die nächste bereit.

Ähnliches gilt für Oxandrolon, einem vergleichsweise sehr milden Steroid, das nahezu keine Nebenwirkungen mit sich bringt. Aufgrund einer stark ausgeprägten Erhöhung der Kreatinphosphat-Synthese kann zwar ein guter Kraftzuwachs verzeichnet werden, auf den Muskelquerschnitt hat es allerdings wenig Einfluss. Das perfekte Steroid für Ausdauersportler sozusagen. Die Tagesdosierungen über einen Zyklus von zwei oder drei Wochen betragen zwischen 5 und 15 mg. Der Preis liegt etwas höher als bei Metandienon. Positiv bemerkbar macht sich die kurze Halbwertszeit und die somit kürzere Nachweisbarkeit von etwa zwei Wochen. Dennoch erfordert die Verwendung dieses Wirkstoffs heutzutage ein gerütteltes Maß an Risikobereitschaft (oder Dummheit): Die Phase der Einnahme mitgerechnet, müsste man die Möglichkeit haben, vier Wochen auf Tauchstation zu gehen. Keine ernstzunehmende Alternative …

Das männliche Geschlechtshormon Testosteron ist wohl einer der potentesten Wirkstoffe, die sich ein Sportler zuführen kann. Es wirkt stark anabol, androgen und antikatabol, lipolytisch (fettabbauend) und kraftsteigernd. Testosteron ist sozusagen das Wunder- und Allroundhormon. Die Wirkung potenziert sich bei Frauen – vor allem in Verbindung mit dem Wachstumshormon – da der weibliche Körper fast keine Eigenproduktion verzeichnet. Testosteron wird in vielen Untergrundlabors mit verschiedensten Estern versetzt. Für einen Leistungssportler kommen aber nur die sehr kurzkettigen Undecanoat- oder der Propionatester mit einer sehr kurzen Halbwertszeit in Frage. Als Bezugsquelle sollte ausschliesslich Apothekenware gewählt werden. Die am Markt üblichsten Präparate sind Testovis und Virormone (Propionat, intramuskulär injiziert) sowie Andriol oder Untestor (Undecanoat, oral).

In Sachen Dosierung habe ich mit meinen männlichen Athleten so manchen Strauß ausgefochten. Viele haben sich im Internet »schlau« gemacht und Dosierungsvorschläge von Bodybuildern gesehen. Klar wirkten die von mir vorgeschlagenen 3 × 10 mg pro Woche nachgerade lächerlich, doch im Vergleich zur natürlichen Produktion in Hoden und Nebennierenrinde bedeuteten sie immer noch eine Steigerung von mehr als 50 Prozent. Zudem hatte ich vorgesehen, Testosteron immer in Zyklen von zwei Wochen, abgestimmt auf die Trainingsbelastung, anzuwenden und danach eine einwöchige Pause einzulegen. Insgesamt kamen meine Athleten auf maximal 16 Wochen, damit sich der Körper nicht an die externe Zuführung gewöhnt. Sonst hätte eine Reduzierung oder sogar Einstellung der Eigenproduktion den Nettogewinn verkleinert. Bei Frauen habe ich die Dosierungen noch niedriger angesetzt, um den Vermännlichungserscheinungen, von denen aber nur die tiefere Stimme als irreversibel gilt, vorzubeugen.

Seit der Veränderung des zulässigen Verhältnisses zwischen Testosteron und Epitestosteron sowie der Einführung von Grenzwerten für Metaboliten von Testosteron im August 2004 blieb als Ausweg nur mehr der Undecanoatester. Um Testosteron oral wirksam zu machen, benötigt man die gleichzeitige Gabe von Öl, wodurch der Weg über die Leber umgangen und das Testosteron zu einem gewissen Teil über die Lymphe aufgenommen wird. Ungebunden würde es der Körper unmittelbar nach der Einnahme zerstören. Der Wirkungsgrad ist extrem niedrig, in einschlägiger Literatur findet man Werte um fünf Prozent. Orales Testosteron eignet sich daher nur mehr für Ausdauerathleten, die nicht viel davon benötigen.

Beim Austesten, ob eine Gabe von 40 Milligramm am Abend einen positiven Test am Morgen nach sich zieht, entpuppte sich Bernhard Kohl als biologischer Ausreißer. Er konnte, ähnlich wie ich, eine Andrioltablette schlucken, ohne jemals positiv zu sein. Ein immenser Vorteil: Er konnte seinem Körper 2 mg nach harten Trainingseinheiten schnell zuführen. Wiederum fast 50% der Tagesproduktion. Die Auswirkungen auf Zellwanddurchlässigkeit und Regenerationsfähigkeit waren enorm. Die Kosten fallen kaum ins Gewicht. In italienischen Apotheken kaufte ich eine Ampulle Testovis 25 mg für einen Euro, Andrioltabletten besorgte ich um 30 Euro pro 100 Stück. Die Nebenwirkungen ähneln bei exzessivem Missbrauch jenen bei Metandienon – Hodenatrophie bei Männern, Virilisierung bei Frauen. Ich habe durch meine Einnahmeempfehlung aber immer versucht, diese Nebenwirkungen zu vermeiden.

Testosteron lässt sich auch in Form von Cremes, Pflastern und Analzäpfchen zuführen. Der Wirkungsgrad ist ähnlich niedrig wie bei Tabletten, kann aber durchaus die Regenerationsfähigkeit beschleunigen. Positive Tests sind trotz der niedrigen Dosierung nicht auszuschließen, daher habe ich diese Anwendungsformen nie empfohlen.

Epitestosteron ist sozusagen der Antagonist zu Testosteron. Vor August 2004 konnte man Epitestosteron als Maskierungsmittel, als individuell abgestimmten Jolly Joker im Falle eines unvorhergesehenen Dopingtests einsetzen. Diese Wunderwaffe, die jahrzehntelang zur Anwendung kam, war Geschichte, als alle anderen Testosteron-Zerfallsprodukte ebenfalls unter die Lupe genommen wurden.

Selbstverständlich sind auch alle Formen von Designersteroiden verboten. Darunter versteht man Substanzen, bei denen der Grundstoff – im Falle von THG (im BALCO-Skandal zu Berühmtheit erlangt) ist es Testosteron – auf molekularer Ebene chemisch geringfügig ergänzt wird. Für einen guten Chemiker mit Laborzugang keine unlösbare Aufgabe. Durch die marginale Veränderung der chemischen Struktur verändert sich auch die Wirkung des Steroids nicht maßgeblich, für die Dopinganalytik wird dadurch jedoch jede Nachweisbarkeit verunmöglicht. Die Dopinganalytik funktioniert auf Vergleichsbasis, ein bekannter Standard wird mit der Probe eines Athleten verglichen. Stimmen Standard und Probe überein, gilt der Athlet als überführt. Schlägt der Graph jedoch an einer Stelle aus, an der es keinen Vergleichsstandard gibt, kann nicht von der Verwendung einer unerlaubten Substanz ausgegangen werden. Den höheren Preis sind Athleten gerne bereit zu zahlen. Sie haben dafür die Gewissheit, unentdeckt zu bleiben. Ich hatte Zugang zu zwei derartigen Produkten, dem »Goldenen« und AMTH. Letzteres wurde von der SOKO Doping in meiner Budapester Wohnung sichergestellt und von der AGES (Österreichische Agentur für

Gesundheit und Ernährungssicherheit) analysiert. Außer der Trägersubstanz Sesamöl wurde nichts gefunden.

2. PEPTIDHORMONE

a. EPO-Präparate

In dieser Kategorie nennt der WADA-Code an erster Stelle die Erythropoese (Bildung der roten Blutkörperchen) stimulierende Wirkstoffe wie EPO-Derivate, die die Sauerstofftransportfähigkeit des Blutes erhöhen. 1987, kurz nach seiner Entwicklung, fand EPO den Weg in den Sport und erfreut sich seit zwei Jahrzehnten großer Beliebtheit. Quer über alle Disziplinen, vom Sprinter bis zum Marathonläufer. Sprinter? Völlig richtig! EPO erhöht das Wohlbefinden, sorgt für eine geringfügige Erhöhung des Blutvolumens und verbessert – teils nur subjektiv – die Regenerationsfähigkeit. Natürlich macht die Einnahme bei Belastungszeiten von 45 Sekunden, wie sie bei einem 400-m-Lauf oder einem Alpinskifahrer vorkommen, bis hin zum Radfahrer, der sechsstündige Tagesetappen zu bewältigen hat, deutlich mehr Sinn.

Über all die Jahre hantierte ich mit vier verschiedenen EPO-Derivaten: Epoetin alpha, Handelsname Erypo; Epoetin beta, Handelsname Neorecormon; Epoetin delta, Handelsname Dynepo; Darbepoetin alpha, Handelsname Aranesp. Die Präparate unterscheiden sich durch ihre Wirksamkeit und ihre unterschiedlich lange Nachweisbarkeit. Nachdem mittlerweile alle EPO-Derivate aufspürbar sind, ist man auf die Applikation von Mikrodosierungen ausgewichen: Von Dynepo, Erypo und Neorecormon werden nur mehr etwa 500 bis 1000 Internationale Einheiten abends intravenös (früher 2000 IE subkutan) injiziert. Bernhard Kohls Limit lag (inklusive Sicherheitspuffer) bei 700 Einheiten, um morgens wieder negativ zu sein. Der Pferdefuß bei der Sache: Mikrodosierungen bringen nur kurzfristig den gewünschten Nettogewinn. Der Körper reduziert die Eigenproduktion, am Ende bleibt eigentlich fast nur mehr das Risiko, erwischt zu werden.

Alle EPO-Derivate sind im Vergleich zu den vorhin genannten Dopingsubstanzen relativ teuer. Eine Neorecormon- oder Erypo-Kur über fünf Wochen, bei der wöchentlich etwa 10.000 Einheiten subkutan gespritzt wurden, kostete, je nach Bezugsquelle, etwa 500 bis 700 Euro. Noch tiefer musste man für Dynepo in die Tasche greifen. Schließlich hatten Verwender von Epoetin delta für einige Zeit die Gewissheit, nicht erwischt werden zu können. In punkto Wirksamkeit hatte es ebenfalls die Nase vorn, 35.000 Einheiten entsprechen etwa 50.000 Einheiten Epoetin alpha oder beta. Vor zwei Jahren kostet eine Dynepo-Spritze (2000 IE) etwa 80 Euro.

b. Insulin

Normal- oder Altinsulin entfaltet seine Wirkung etwa 15 Minuten nach der Injektion. Es ist für den Transport von Glucose aus dem Blutplasma in das Zellinnere verantwortlich. Nach 6 Einheiten Insulin erhöht sich die Aufnahme bei einem 60 kg schweren Menschen um das 12fache. Kein Mensch kann so viele Kohlenhydrate essen, um diesen Effekt zu erzielen. Zudem wirkt Insulin dem Kraftabbau bei langer Belastungen entgegen und hat unter anderem eine sehr positive Auswirkung auf die Aminosäuresynthese. Da es sich um humanes Insulin handelt und die Halbwertszeit bei etwa 5 Minuten liegt, ist die Nachweisbarkeit schwierig bis nahezu unmöglich. Werden allerdings höhere Dosen verwendet, können Labors über den C-Peptid-Umweg den Missbrauch von Insulin nachweisen.

Zehn Prozent aller Sportler bedienen sich dieses am stärksten anabol wirkenden Steroids, heißt es in Studien. Ich meine, dass sich 99 Prozent dieser Athleten nicht über die Gefahren, die mit dem Missbrauch einhergehen, bewusst sind. Er bedeutet eine Gratwanderung zwischen hypoglykämischem Koma und extremem Kraftzuwachs. Folgenschwere Schäden des Gehirns sind dabei nicht ausgeschlossen. Die große Gefahr liegt im unkontrollierten Gebrauch, da es relativ leicht erhältlich ist. Ich rate vom Gebrauch dieses Hormons ab. Es sind die unkalkulierbaren Risiken, die mich nie in Versuchung brachten, es außerhalb des Radsports anzuwenden. Und dort auch nur bei dreiwöchigen Rundfahrten nach den schwersten Etappen – in sehr geringen Dosierungen.

c. Wachstumshormon (HGH)

Das Wachstumshormon (Human Growth Hormone = HGH) besteht aus 191 Aminosäuren und wird hauptsächlich während der Nacht im Schlaf ausgeschieden. Es ist eines der wichtigsten Hormone des Körpers und greift nahezu überall im Körper regulierend ein. Jede Zelle hat Rezeptoren für das Wachstumshormon, welches für die Wiederherstellung von Gewebe, die

Zellregeneration, die Funktion der Organe und vieles mehr verantwortlich ist. Die externe Zufuhr erhöht die Eiweißsynthese in den Muskelzellen und bringt einen signifikanten Kraftzuwachs. Das Wachstumshormon mobilisiert freie Fettsäuren und besorgt so die Energie für den Muskelaufbau. Vor allem der kombinierte Einsatz von Testosteron und Wachstumshormon lässt die fettfreie Körpermasse stark ansteigen. Ich sehe einem Athleten den Missbrauch von Wachstumshormon jedenfalls aus 100 Metern Entfernung an.

Das Wachstumshormon kann vom Körper nur aufgenommen werden, wenn es injiziert wird. Die komplizierte chemische Struktur würde es nicht durch die Zellmembrane der Mund-, Magen- oder Darmschleimhaut schaffen. Anfangs habe ich Athleten zur Applikation von 3 × 4 Internationalen Einheiten pro Woche geraten, später habe ich auf 3–4 × 2 IE abgesenkt. 4 Internationale Einheiten italienischer Apothekenware kosteten im Schnitt 45 Euro. Also eine doch eher kostspielige Angelegenheit, wenn Athleten es begleitend zu ihren Testosteron-Kuren einnahmen. Doch auch hier zählt die verschwindend geringe Chance der Nachweisbarkeit. Die kurze Halbwertszeit ermöglicht einen positiven Test praktisch nur dann, wenn ein paar Minuten nach der Injektion ein Bluttest gemacht wird. Was man durch eine Verabreichung während der Nachtstunden problemlos verhindert.

All diese Vorzüge machen HGH zum wahrscheinlich am häufigsten missbrauchten Dopingmittel überhaupt. Quer durch alle Bereiche. Sommer wie Winter, bei kurzen und langen Belastungszeiten, im Team- und im Einzelsport. Die Injektion erfolgt subkutan, meist in die Bauchfalte, und ist somit so unkompliziert wie eine Thrombosespritze. Ein allumfassendes Wundermittel? Vielleicht. Aber bei geringer Dosierung definitiv ein Medikament mit vielen positiven Effekten.

3. STIMULANZIEN

Zu den nur im Wettkampf verbotenen Wirkstoffen zählen mit wenigen Ausnahmen alle Stimulanzien. Auf dieser Ebene war ich mehr als zurückhaltend, weil der Schuss bei Langzeitbelastungen schnell nach hinten losgehen kann. Ganz oben in der Beliebtheitsskala befindet sich seit Jahrzehnten Ephedrin. Dieser Wirkstoff ist in vielen gängigen Medikamenten (zum Beispiel zur Behandlung von Grippesymptomen) enthalten. Viele Hobbysportler wissen gar nicht, wie oft sie schon »gedopt« an einem Volkslauf teilgenommen haben. 30 bis 60 mg Ephedrin wären zwar perfekt, um die Nervenreizleitung eines Sprinters oder Bobfahrers positiv zu beeinflussen, eine dauerhafte Lösung stellt der Wirkstoff wegen seiner guten Nachweisbarkeit aber nicht mehr dar.

Adrenalin habe ich nur in zwei Fällen im Sommer 2006 auf Empfehlung eines nordamerikanischen Kollegen angewendet. Bei der Ausschüttung des Stresshormons erhöht sich der Blutdruck, es steigert sich die Herzfrequenz und das zentrale Nervensystem reagiert schneller. Es wirkt überdies bronchienerweiternd und mobilisiert Energiereserven durch Fettabbau. Adrenalin findet vor allem in der Notfallmedizin Einsatz. Es wird beispielsweise zur Behandlung anaphylaktischer Schocks oder zur Reanimation bei Herzstillstand eingesetzt. Genau diese Wirkung kann aber bei einer unkontrollierten Anwendung zur unerwünschten Nebenwirkung werden. Ich halte den Einsatz für extrem gefährlich, auch wenn zehn Minuten vor einem 100-m-Lauf nur 1 ml 0,1%iges Adrenalin verwendet wurden. Die kurze Halbwertszeit von etwa einer Minute macht eine Nachweisbarkeit praktisch unmöglich, stellt aber auch die Sinnhaftigkeit der Anwendung in Frage. Definitiv kein Medikament für Experimente aller Art!

II. VERBOTENE METHODEN

Der WADA-Code fasst in dieser Kategorie alle Maßnahmen zusammen, die eine Erhöhung des Sauerstofftransportes im Blut bedingen: »Blutdoping, einschließlich der Anwendung von eigenem, homologem oder heterologem Blut oder Produkten aus roten Blutkörperchen jeglicher Herkunft.« Der Sinn von Blutdoping liegt in der Erhöhung der Hämoglobinkonzentration im Blutkreislauf und der dadurch erhöhten Sauerstofftransportleistung des Blutes. Interessanterweise befindet sich die Methode erst seit 1988 auf der Verbotsliste, als sie durch das Auftauchen des EPO-Wirkstoffes ohnehin aus der Mode gekommen war.

Von den gängigen Formen des Blutdopings kam für mich jene mit homologem Blut, also menschlichem Fremdblut, niemals in Frage (und mit heterologem Blut, also nicht menschlichem, sowieso nicht). Zum einen besteht das Risiko einer Nicht-

Übereinstimmung in einer der Bluttuntergruppen und der daraus resultierenden Abwehrreaktion des Körpers beim Oehlecker-Test, zum anderen ist dieses Verfahren sehr leicht nachweisbar. Ein Mikroskop reicht schon, um den Sportler zu überführen.

Um vor Verwechslungen geschützt zu sein, hatte ich eine zumindest dreifache (anfangs vierfache) Sicherheitsvorkehrung getroffen. Erstens: Ich ließ, um sicherzustellen, dass der richtige Name auf die jeweilige Kartonbox kam, nie mehr als einen Spender in den Abnahmeraum. In einer Box wurden jeweils zwei Beutel aus einem Abnahmevorgang mit je 180 Gramm Erythrozytenkonzentrat aufbewahrt. Zweitens: Dasselbe Prinzip galt beim Auftauen: Keine zweite Box im Raum! Erst nach abgeschlossenem Auftauvorgang und Verschluss der Schachtel wurde die nächste Ladung bearbeitet. Drittens: der Bedside-Test. Dabei wird unmittelbar vor der Reinfundierung die AB0-Blutgruppe des Spenders auf einem kleinen Kärtchen bestimmt und mit jener der Konserve verglichen. Von diesem Test habe ich später Abstand genommen. Viertens: der Oehlecker-Test. Dabei wird die Transfusion nach 10 bis 20 Milliliter Blut gestoppt, um den Sportler etwa fünf Minuten zu beobachten. Ist der Blutbeutel unverträglich, treten schnell Symptome wie Schwindel, Hitze- oder Kältegefühl, Kreuzschmerzen, Atemnot und Ähnliches auf. Ein bleibender Schaden tritt in diesem Fall nach menschlichem Ermessen nicht ein. Dieser Test war Pflicht und die einzige wirklich verlässliche Rückversicherung, dass auch sonst mit dem Konzentrat alles in Ordnung war.

Nebenwirkungen sind bei dieser Methode in der heute üblichen Dosierung von Eigenblut niemals zu erwarten gewesen. Ein Radfahrer, der mit einem Hämatokritwert von 45 Prozent an den Start der Tour de France geht, verringert diesen Wert im Zuge der dreiwöchigen Belastung durch Flüssigkeitsverschiebung nach harten Belastungen und mechanische Zerstörung der Zellen um etwa acht Prozentpunkte. Die Zufuhr von 180 Gramm Erythrozytenkonzentrat erhöht den Hämatokritwert um 2,1 bis 3 Prozentpunkte. Erhält ein Fahrer während der »Tour der Leiden« zwei Beutel reinfundiert, rollt er mit einem Hämatokritwert von etwa 43 Prozent über die Ziellinie. Weit entfernt von einem als gesundheitsgefährdend einzustufenden Wert. Die Zeiten, in denen »Mister 60 Prozent« (der »Künstlername« des dänischen Tour-de-France-Siegers Bjarne Riis) durch die Gegend radelte, sind lange vorbei. Man munkelt, er habe in der Nacht für ein paar Liegestütze aufstehen müssen, um Thrombosen vorzubeugen und den Puls nicht zu niedrig fallen zu lassen. Die strengeren Kontrollen und die Festsetzung einer Grenze (50% HämatokritH), über der Schutzsperren ausgesprochen werden, ist uneingeschränkt zu begrüßen.

Als Blutdoping 1.0 bezeichne ich jene Methode, die schon seit den 1970er-Jahren Verwendung findet. Es handelt sich hierbei um eine Vollblutabnahme von etwa 400 Millilitern, wie sie auch beim normalen Blutspenden an der Tagesordnung ist. Keine große Affäre, wenn einige Kleinigkeiten beachtet werden. Die in den Blutbeuteln enthaltene Nährlösung gewährleistet eine Lebensdauer der Zellen von bis zu 35 Tagen. In der Praxis irrelevant, weil sich bereits ab Tag 14 die Qualität des Produkts zu verschlechtern beginnt. Was nichts anders bedeutet, als dass im 14-Tage-Rhythmus »durchgetauscht« werden muss. Unter »Durchtauschen« versteht man, dass dem Sportler nach dieser Zeit ein weiterer 400-Milliliter-Beutel Vollblut abgenommen und unmittelbar danach der alte Beutel reinfundiert wird. Mit dieser Technik kann man sinnvollerweise über einen Zeitraum von sechs bis acht Wochen eine Reserve von 400 ml Vollblut anlegen.

Die Vorteile dieser etwas antiquierten Methode liegen in den niedrigen Kosten (rund 10 Euro pro Beutel) und der relativ unkomplizierten Handhabe. Für die Lagerung ist der normale Haushaltskühlschrank ausreichend. Ein zweimaliges Wenden des Beutels pro Tag reicht aus, um zu verhindern, dass sich die einzelnen Blutbestandteile aufgrund ihres unterschiedlichen spezifischen Gewichtes trennen. Große Nachteile sind die kurze Haltbarkeit der Spende und die Notwendigkeit, den Höhepunkt genau zu planen. Außerdem verlangt die Nachbildung von Blutplasma plus Blutkörperchen dem Körper wesentlich mehr ab als die Nachbildung der roten Blutkörperchen alleine. Der Körper eines Hochleistungssportlers benötigt etwa drei bis vier Wochen, um den Verlust von 400 ml auszugleichen. Führt er jedoch Erythropoetin zu, geht es bedeutend schneller. Ich habe von der gleichzeitigen EPO-Zufuhr abgeraten, weil der Körper ohnehin zu einer Überkompensation neigt. In der Zeit nach der Abnahme muss das Training in Bezug auf Qualität und Quantität deutlich reduziert werden. Ebenso sollte man sich der Tatsache bewusst sein, dass eventuelle Krankheitserreger allesamt an den weißen Blutkörperchen haften und somit aufs Neue zugeführt werden.

Auch die Wirkstoffe etwaiger bei der Abnahme im Organismus befindlicher Dopingmittel werden reinfundiert. Mit schwer kalkulierbaren Risiken. Es wäre daher ratsam, nur gesund und clean bei einer solchen Abnahme zu erscheinen.

Zwischen Steinzeit-Blutdoping 1.0 und dem »State-of-the-Art«-Verfahren 2.0 siedle ich die Herstellung eines simplen Erythrozytenkonzentrates, ohne selbiges einzufrieren, an. Blutdoping 1.5 gewissermaßen. Gesetzliche Haltbarkeit (durch Beimengung der Nährlösung SAG-Mannitol: 42 Tage. In der Realität muss der Prozess des »Durchtauschens« nach spätestens drei Wochen beginnen. Pluspunkt dieser Methode ist, dass die wesentlichen Nachteile des Blutdopings 1.0 wegfallen. Dem stehen hohe Gerätekosten und auch teure Verbrauchssets gegenüber. Die von mir verwendete Maschine des Typs Alyx des Herstellers Fenwal (ein Ableger des Pharmariesen Baxter) hat 2007 48.000 Euro gekostet. Ein Verbrauchsset, mit dem allerdings zwei 180-Gramm-Ery-Konzentrate hergestellt werden konnten, kostete knapp 130 Euro.

Blutdoping 2.0 nenne ich den letzten Schrei in diesem blutigen Metier – jene Methode der Erythrozytenkonzentrat-Herstellung, bei der Abnahme und Herstellung zu einem beliebigen Zeitpunkt erfolgen können, das Konzentrat dann eingefroren und zu einem späteren, wiederum x-beliebigen Zeitpunkt aufgetaut und zur Reinfundierung vorbereitet wird. Technisch gesehen bekommt der Athlet sein Blut nur um wenige Tage gealtert zurück. Durch die Lagerung bei minus 82 Grad Celsius wird jeder Zerfallsprozess gestoppt. Zwischen Abnahme und Einfrieren vergeht maximal eine Stunde, zwischen Auftauen und Reinfundierung liegen bei sorgfältiger Planung nicht mehr als 24 Stunden.

Der Prozess von der Abnahme bis zur Transfusion läuft so ab: Mit Hilfe des Abnahmegerätes Alyx werden dem Sportler Erythrozyten aus etwa einem Liter seines Blutes entnommen. Dies geschieht durch das Zentrifugieren kleinerer Mengen Vollblut. Durch die Zentrifugalkraft splitten sich die unterschiedlich schweren Bestandteile des Blutes in ihre einzelnen Komponenten auf, schließlich werden die roten Blutkörperchen entnommen, der Rest wird wieder in den menschlichen Kreislauf zurückgeführt. Das Prozedere, aufgeteilt in drei bis vier Durchgänge, dauert plangemäß etwa 25 Minuten. Die Maschine arbeitet so lange, bis das Gewicht der entnommenen Erythrozyten 360 Gramm erreicht. Für die Blutdoping-Version 1.5 verarbeitet die Maschine nun das entnommene

Konzentrat selbstständig zu zwei Beuteln leukozytenfreiem Ery-Konzentrat.

Der Stress für den Körper hält sich während der Abnahme in Grenzen, da das fehlende Flüssigkeitsvolumen durch Natriumchlorid ersetzt wird. Die Handhabung der Alyx war allerdings nicht allzu benutzerfreundlich. Die Maschine enthält fünf hochsensible Waagen und eine Menge Sensoren, die oft Fehler anzeigen, die es nie gegeben hat. Es bedarf einer gewissen Erfahrung, jeden Versuch mit einer erfolgreichen Abnahme zu krönen. Sportler nehmen oft weite Wege für diesen Service in Anspruch und wären mehr als verärgert, unverrichteter Dinge wieder abreisen zu müssen.

In der Hightech-Variante 2.0 wird der 360 Gramm schwere Beutel vom System mittels Schweißpistole getrennt, in zwei gleich schwere Beutel aufgeteilt und an das Einfrierset einer ACP 215 angeschweißt. Das in die ACP eingelegte Set wird mit einer Flasche Glycerol (Gefrierschutzmittel) verbunden, anschließend beginnt die von der Maschine gesteuerte Vermengung des mit einem Temperiergerät erwärmten Gefrierschutzes mit dem Erykonzentrat. In den zehn Minuten, die der Vorgang dauert, umspült das Glycerol die einzelnen roten Blutzellen und schützt sie so davor, bei minus 82 Grad Celsius zerstört zu werden. Im Spezialkühlschrank ist das Produkt bei dieser Temperatur dann theoretisch unendlich lange haltbar.

Benötigt ein Sportler seine Blutzellen, wird der beschriebene Prozess einfach rückgängig gemacht, das Präparat mittels Temperiergerät in 30 Minuten auf plus 37 Grad gebracht. Der im Vergleich zum Einfrieren wesentlich kompliziertere Auswaschvorgang des Glycerols wird wiederum von der ACP in 75 Minuten unter Beimengung einer Deglyc- und einer Zuckerlösung durchgeführt. Durch das mehrmalige Zentrifugieren platzen alte und minderwertige Erythrozytenzellen auf und werden im Abfallbeutel entsorgt. Am Ende des Vorgangs wird noch die richtige Menge Nährlösung hinzugefügt. Fertig!

Aus Sicht des Sportlers gibt es beim Blutdoping 2.0 nur wenige Nachteile. Zum einen braucht er ein gut gefülltes Bankkont: Es fallen variable Kosten von rund 1000 Euro für zwei Beutel Ery-Konzentrat an, der Anschaffungspreis aller zum System gehörenden Komponenten beträgt etwa hunderttausend Euro. Das größte Problem aber ist die Beschaffung der Verbrauchsmaterialien und die fehlerfreie Handhabe. Das gesamte System ist so komplex, dass es unmöglich bedient werden kann, ohne dass Dritte davon Wind bekommen. Mehr noch, ich war sogar angewiesen auf die Hilfe anderer. Guter Freunde, ohne die es nicht funktioniert hätte.

Punkto Nachweisbarkeit stellte die Version 2.0 eine echte Herausforderung für den Dopingfahnder dar. Man könnte, wenn man wollte. An diesem Wollen aber zweifle ich, bisher sind jedenfalls nur Athleten mit Fremdblutdoping aufgeflogen. In einer deutschen Klinik wurde zeitgleich zur Praxis des Blutdopings auch an einem Verfahren gearbeitet, um dieses nachweisbar zu machen. Die Erkenntnis, dass ein spezifischer Entzündungsparameter auf Eigenblutdoping schließen lässt, wurde aber nie einer breiteren Öffentlichkeit zugänglich gemacht. Irgendwie verständlich, das Interesse der 15 Probanden war überschaubar. Sie gehörten einem deutschen Profi-Radstall an.

Auch wenn die Nachweisbarkeit von Eigenblutdoping nach wie vor höchst problematisch ist, habe ich Albumin als Maskierungsmittel immer wieder eingesetzt. Es verändert den onkotischen Druck in den Blutgefäßen und verhindert, dass Flüssigkeit aus der Blutbahn in das umliegende Gewebe abgegeben wird. Sinn und Zweck ist es, das Blutvolumen im Verhältnis zu den roten Blutkörperchen hoch zu halten, da die Messungen von Hämatokrit und Hämoglobin auf relativer Basis, also Konzentration pro Volumeneinheit, erfolgen. Humanes Albumin ist nicht nachweisbar und Athleten beim Konstanthalten der Blutwerte behilflich. Die intravenöse Gabe von 100 ml 20%igem humanem Albumin senkt den Hämatrokritwert für 24 Stunden um ca. drei Prozentpunkte.

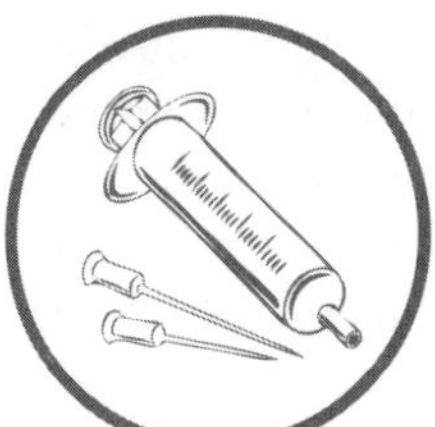

Auf Expansionskurs

Die unbeschwerten Jahre des mehr oder minder sorglosen Dopingmissbrauchs waren bereits vorbei, als ich 2004 die Bühne als Berater und Versorger betrat. Die EPO-Produkte der ersten und zweiten Generation ließen sich mittlerweile ziemlich problemlos nachweisen, die Dosierungen mussten von zunächst 2000 auf bald 1000 und im Jahr 2007 gar auf 700 Internationale Einheiten gesenkt werden, von einer subkutanen Verabreichung galt es Abstand zu nehmen. Die intravenöse Applikation der geringeren Dosierungen führte ohnehin zum selben Ergebnis und war wenige Stunden später schon wieder vom Körper verstoffwechselt. Keine 12 Monate später hatte sich das Thema EPO, zumindest für mich, aber zur Gänze erledigt.

Was die Dopingszene im Hochleistungssport aber noch härter traf, war der Einfall der World Anti-Doping Agency, mit den Olympischen Sommerspielen 2004 das zulässige Verhältnis von Testosteron zu Epitestosteron von 6:1 auf 4:1 herabzusetzen und zusätzlich sämtliche Zerfallsprodukte (Metaboliten) von Testosteron unter die Lupe zu nehmen. Damit war das kurzkettige, höchst beliebte Testosteron-Propionat ein Fall für die Doping-Geschichte, ein Umstieg auf den langkettigen Ester Undecanoat (zum Beispiel in Form von Andriol) die einzige, wenngleich deutlich schlechtere, also weniger wirksame Alternative. Wie (un)wirksam das Alternativprodukt sein würde, ließ sich zu Beginn nicht im Detail voraussagen, ich gab daher in Budapest ganze Testreihen in Auftrag, rechnete den Sicherheitsfaktor 1,3 ein, reduzierte also die Dosis um rund ein Drittel, um bei der Halbwertszeit auf der sicheren Seite zu sein. Das erklärte Ziel war natürlich, Andriol abends einzusetzen und im Falle einer morgendlichen Dopingkontrolle bereits wieder clean zu sein. Die Tatsache, dass durch die orale Applikation 95 Prozent der Wirkung im Magen-Darm-Trakt flöten ging, machte die Ausweichvariante überdies nur für Ausdauerathleten interessant.

Doch die Szene wäre nicht die Szene, würde sie diesen verschlechterten Rahmenbedingungen nicht noch das Beste rauszuholen versuchen. Auf Wunsch eines Leichtathletik-Managers ließ ich 2007 in der Apotheke meines Vertrauens Testosteron-Undecanoat in Zäpfchenform herstellen. Der Hintergedanke dabei war, die bessere Aufnahmefähigkeit über die Darmschleimhaut zu nützen. Auf die Anmeldung eines Patents für diese Innovation habe ich großzügig verzichtet.

An Testosteron führte im modernen Spitzensport zu keiner Zeit ein Weg vorbei. Auch geringste Dosen verhießen den möglichen Zusatzeffekt, der unter Umständen den Unterschied zwischen Sieg und Niederlage ausmachen konnte. Man erinnere sich an die Pflaster, die sich während der Winterspiele 2002 in Salt Lake City so großer Beliebtheit erfreuten – es handelte sich um Androderm, ein Pflaster, das 2,5 Milligramm Testosteron über die Haut abgibt. Oder Testogel, das selbst Doping-Guru Angel Heredia gerne zur Anwendung brachte. Eines der wenigen Details, in denen sich meine Methoden von jenen des in Sportlerkreisen weltberühmten Mexikaners unterschieden.

Mit Mikrodosierungen von EPO und Testosteron ließen sich jedoch beim besten Willen keine Berge versetzten. Umso erfreulicher für mich und einen kleinen Teil der Sportwelt, dass es Humanplasma gab. Glücklicherweise auch nach den kleinen Turbulenzen rund um die Nordische Weltmeisterschaft 2005. Eine kleine Preisanpassung von 1500 auf 1.750 Euro und ein wenig Überredungskunst reichten, um die drei Patrioten wieder ins Boot zu holen. Wir wussten es zu schätzen, schließlich ersetzten die Blutbeutel EPO im Wettkampfgeschehen problemlos, sie waren sogar effektiver und vor allem nicht nachweisbar: nur für die kleinen Hilfestellungen in bestimmten Trainingsphasen musste man noch auf das herkömmliche Know-how zurückgreifen.

Trotz der »Schikanen« der WADA war ich seit Herbst 2004 bestens aufgestellt, konnte aus dem Vollen schöpfen und auch ausgefallene Kundenwünsche mit ein wenig zeitlichem Vorlauf erfüllen. Was mir erlaubte, der Mundpropaganda meiner Kundschaft keinen Riegel mehr vorzuschieben. Neben dem ziemlich exklusiven Zugang zu Humanplasma umfasste mein Standardrepertoire besagtes Undecanoat aus Tschechien (eine einzige Großbestellung über 100 Dosen mit je 100 Stück reichte bis zu meinem »Karriereende«), Wachstumshormon aus einem süditalienischen Fitnessstudio, ein niederösterreichischer und ein slowenischer Bodybuilder versorgten mich mit EPO, ein slowenischer Sportler später mit Dynepo. Ablaufgefährdetes Humanalbumin und EPO hielt der bereits erwähnte niederösterreichische Mediziner bereit, Jack schließlich stellte zunächst alles bereit, was mein Anfängerherz begehrte, in weiterer Folge nur mehr ein Designersteroid, das wir wegen der Farbe des Flaschenverschlusses »das Goldene« nannten, ein anderes (AMTH) erhielt ich von einem Leichtathletik-Manager.

Beim Einsatz von EPO achtete ich auf eine gesunde Mischung – Erythropoetin alpha in Form von Erypo, Erythropoetin beta als NeoRecormon. Die beiden Präparate unterschieden sich durch eine geringfügig unterschiedliche Halbwertszeit und Molekularstruktur, was wiederum im Falle eines Dopingtests die Nachweisbarkeit erschweren sollte. Grundsätzlich legte ich auf hohe Qualität der Produkte Wert, wollte mich unter keinen Umständen Leuten ausliefern, wie sie Jack zweimal zum Verhängnis wurden. Die Devise konnte daher nur lauten: Apotheker- statt Untergrundware. Einzige Ausnahme: Designersteroide, wo es in der Natur der Sache liegt, dass die Veränderung in der Molekülstruktur eher von »alternativen« Chemielabors vorgenommen wird.

Da nicht jede meiner Bezugsquellen Oberösterreich als Verkaufsstelle auserkoren hatte, sah ich mich mitunter gezwungen, größere Bestellmengen zu ordern und im Kofferraum meines PKW über die eine oder andere Grenze zu schaffen. Entsprechend unentspannt war ich unterwegs, oft genug auch auf Österreichs Straßen, wenn ich aus der Ferne Blaulichter erspähte oder in eine Polizeikontrolle geriet. Die bisweilen großen Bestellmengen sorgten dafür, dass unser ganzer Kühlschrank immer wieder mit Wachstumshormon gefüllt war, neben Jintropin, Saizen oder Norditropin kaum noch Platz für Milch, Butter und Käse blieb. Und dieser Zustand konnte, je nach Auftragslage, schon mal einige Wochen anhalten. Da lobte ich mir meine Humanplasmakundschaft – ich erzielte zwar durch meine Vermittlung und Betreuung vor Ort keinen (unmittelbaren) Gewinn, dafür musste ich aber auch nichts vorfinanzieren und es gab keine Lagerware, die mir die Sicht auf Emmentaler und Salami verstellte.

Es war wohl schon März oder April, sicher ein, zwei Monate nach den Oberstdorf-Turbulenzen, als die Blutzentrifuge im 3. Stock der Alserbachstraße 18 nach der kleinen, unfreiwilligen Schaffenspause wieder angeworfen wurde. Allerhöchste Zeit, wenn man sich als Radsportler einen Vorrat für die Tour de France im Juli anlegen wollte. Und das wollte »man«. Zum einen Viktor, zum anderen zwei Herrschaften mit klingenden Namen, die die eineinhalbstündige Flugzeit vom Sitz ihres Radteams nur allzu gern investierten, um sich für die »Große Schleife« zu wappnen. Nik* und Roger* zählten zwar nicht zu meinen Schützlingen, dennoch erklärte ich mich gegen einen Anerkennungsbeitrag von 500 Euro je Wegstrecke bereit, je einen ihrer Blutbeutel zur Tour de France zu liefern. In Absprache mit Viktor, der das dritte Päckchen erhalten sollte, wurde ein Übergabeort in Ostfrankreich vereinbart. Für alle drei sollte es die zweite Eigenblutzufuhr während der Tour de France sein. Um Missverständnissen vorzubeugen: Meine drei Anvertrauten waren nicht die einzigen, die während dieser Tour Post von Humanplasma erhielten. Ganz im Gegenteil: Ein anderer Kurier kann sich auf seine Fahnen heften, einen Beitrag zu einem epochalen Ereignis für eine kleine Radsportnation geleistet zu haben. Aber das war nicht meine Baustelle.

Erst jetzt, wo sich mir das Erlebte in komprimierter Form erschließt, merke ich, wie viel während all dieser Jahre nicht nach Plan lief. So auch diesmal. Die zwei Blutbeutel für Nik und Roger sollte ich in der Nähe des Teamhotels an deren Mannschaftsarzt übergeben. Ein Vorgehen, das nicht darauf schließen lässt, dass sich hier zwei Einzelsportler ohne Wissen der Teamführung verselbstständigt hatten. Umso erstaunlicher, dass der gleiche Rennstall zwei Jahre später in Dopingfragen päpstlicher als der Papst auftrat und so tat, als sei das bei ihnen schon immer so üblich gewesen. 2005 jedenfalls noch nicht, denn der Teamarzt wusste genauestens Bescheid, zahlte mich aus, wollte aber nur einen Blutbeutel – jenen für Roger. Er erklärte mir, dass Nik leicht kränklich sei, deshalb bereits einen erhöhten Hämatokritwert aufweise und somit bei Zufuhr von 180 Gramm Erythrozytenkonzentrat Gefahr laufe, eine zweiwöchige Schutzsperre (wird ab einem Wert von über 50 Prozent verhängt) auferlegt zu bekommen.

Ich trug den Blutbeutel also wieder zurück ins Auto – zum Leidwesen meiner Frau Sonia, die mich auf dem Trip begleitete und im Wagen wartete. Ich hatte sie bereits beim Aussteigen darum gebeten, den Blutbeutel für Viktor nah am Körper zu tragen, diesen ein wenig zu erwärmen, um die anschließende Infusion für den Helden der Landstraße etwas angenehmer zu gestalten. Was sie nur unter massiven Unmutsäußerungen zu tun gewillt war. Ich konnte ihren Protest nachvollziehen, es hatte für Außenstehende in der Tat etwas Gruseliges an sich. Nun galt es, mit der Lieferung für Viktor unbemerkt zu dessen Zimmer vorzudringen. Ich hatte alles Dutzende Male durchgespielt, alle vorstellbaren Dialoge in Gedanken durchexerziert, nur auf eines war ich nicht vorbereitet: dass sich keiner auch nur ansatzweise um mich kümmerte. Ich betrat das riesige Hotel, in dem drei oder vier Teams untergebracht waren, völlig unbehelligt, würdigte die Security-Leute keines Blickes, durchmaß mit festem Schritt die Lobby und steuerte zielsicher den Lift an. Ich führe das Nichteinschreiten des Sicherheitspersonals auf mein Auftreten zurück, kreuzte ich doch als Geschäftsmann verkleidet auf: eleganter Anzug, Krawatte, Aktentasche unter dem Arm. Unglaublich, wie einfach es war, sich bei einer der bedeutendsten Sportveranstaltungen der Welt Zutritt zum Allerheiligsten zu verschaffen – dem Quartier der Athleten. Es war absolut ausreichend, mit guter Kleidung zu blenden. Kein Ruhmesblatt für die Amaury Sport Organisation (A.S.O.), den Veranstalter der Tour de France. Als ob es noch einer Bestätigung meines totalen Triumphes bedurft hätte, teilte ich die Liftkabine mit einem, dem man nachsagt, er hätte meine Lieferung wohl auch zu würdigen gewusst: Lance Armstrong. Wie gerne hätte ich ihn angesprochen, ein wenig fachgesimpelt, ein Angebot unterbreitet. Zum Glück siegte der Verstand über den unternehmerischen Ehrgeiz, ich stieg im zweiten Stock aus und beließ es bei einem anerkennenden Zunicken.

In Viktors Zimmer hatte mich der Alltag wieder. Schlimmer noch, binnen weniger Sekunden führte sich der Sinn der ganzen Reise ad absurdum. Viktor eröffnete mir, dass die Tour für ihn gelaufen sei, aus, Schluss, vorbei. Sein am Vortag im Rahmen einer Blutkontrolle ermittelter Hämatokritwert hatte die zulässigen 50 Prozent überschritten. Ein ärgerlicher Betriebsunfall, der durch Unachtsamkeit, menschliches Versagen und, lassen Sie es mich neutral formulieren – Befindlichkeiten begünstigt worden war. Ich erfuhr, dass es bei Viktors Rennstall nicht Usus war, täglich den Hämatokritwert zu messen. Ich erfuhr zudem, dass jene Person, die ihm Blutbeutel Nummer eins überbracht hatte, kein Humanalbumin mit sich geführt hatte. Was aber von eminenter Wichtigkeit gewesen wäre, denn dieses globuläre Protein bewirkt, dass Flüssigkeit in der Blutbahn gebunden bleibt und nicht ins umliegende Gewebe abgegeben wird. Auf den Punkt gebracht, dient Humanalbumin zum Tarnen und Täuschen, senkt die Hämoglobin- und Hämatokritwerte für etwa 24 Stunden. Zu allem Überdruss war der Kurier von Viktors Arroganz so genervt, dass er schnellstmöglich das Weite suchte – und deswegen ebenfalls die Hämatokritmessung vergaß.

Die folgenschwere Verkettung unglücklicher Umstände war nicht mehr zu ändern, die Konsequenz, eine vierzehntägigen Schutzsperre, nicht abzuwenden. Merkwürdig nur, dass diese nicht ausgesprochen wurde. Stattdessen stieg Viktor am Folgetag erneut in den Sattel, gab dann aber wie aus heiterem Himmel auf. Wie auch immer man die sonderbaren Vorgänge interpretiert – die Tour stand so ein wenig sauberer da und dem Athleten wiederum blieb der schauspielerische Akt aufgesetzter Ahnungslosigkeit gegenüber den Medien erspart. Zumindest ein weiterer, völlig identisch gelagerter Fall ist bei dieser Tour 2005 belegt. Ob ich Viktor das Erykonzentrat trotzdem rückgeführt habe, kann ich nicht mehr mit Bestimmtheit sagen. Ich gehe aber von einer Infusion am nächsten Tag aus – Blut ist schließlich zu kostbar, um es einfach in irgendeinem Mülleimer zu entsorgen.

Schon ab Herbst 2004 erhielt mein Kundenstock einen zunehmend internationalen Touch – erstmals auch jenseits von Afrika. Ein Managerkollege hatte mir damals den guten Rat gegeben, die Finger von österreichischen Athleten zu lassen. Die Alpenrepublik sei zu klein, jeder kenne jeden, die Mentalität sei nicht die richtige, und sollte jemals etwas schief gehen, wisse es im nächsten Augenblick die gesamte Szene. Auf Empfehlung eines Trainers nahm ich einen Läufer unter meine Fittiche, der zwar punkto Testosteron & Co in seiner Heimat gut versorgt war, dem Humanplasma aber den letzten Kick in Richtung Weltspitze geben sollte. Den Status als schnellster Europäer hatte er ohnedies schon inne. Das Unternehmen war von Erfolg gekrönt: Michael* erreichte bei der WM in Helsinki eine einstellige Platzierung. Noch dazu in einem Bewerb, den die Afrikaner gemeinhin nach Belieben dominieren. Mein Beitrag dazu war durchaus nennenswert, lieferte ich doch zwei Blutbeutel, deren Inhalt er sich in meinem Hotelzimmer wieder zuführen ließ.

Wobei ich vorsorgen musste, dass das Blut den Trip in den hohen Norden an einem Augusttag heil überstand, die Kühlkette nicht unterbrochen wurde. Auf dem zweiten Teil der Reise, die Sonia und mich von Wien über Brüssel nach Helsinki führte, hätten die Kühlakkus in meinem Handgepäck wohl w. o. gegeben, deshalb nahm ich am Wiener Check-in-Schalter rechtzeitig mit SN Brussels Airlines Kontakt auf und schilderte mein Problem. Mein fiktives Problem, um bei der Wahrheit zu bleiben. Ich gab mich am Telefon als Doktor aus, der in Finnland eine Schulteroperation durchzuführen hat und die Eigenblutreserve des Patienten mit sich führt. Die Fluglinie gab sich äußerst kooperativ, beim Einsteigen in Wien erwartete man die heikle Fracht und verstaute sie sorgfältig im Kühlschrank. Auch meinen Kühlakkus wurde diese Behandlung zuteil, sodass das Erykonzentrat auch während der Wartezeit auf dem Brüsseler Flughafen keinerlei Temperaturschwankungen ausgesetzt war. Auf dem Anschlussflug nach Helsinki wiederholte sich das Prozedere.

Die nächste Dienstreise führte mich in südliche Gefilde – Lloret de Mar, Touristenhochburg 70 Kilometer nördöstlich von Barcelona an der Costa Brava. Die Vuelta a Espana, drittwichtigste Rundfahrt in der Welt des Radsports, machte dort am 3. und 4. September 2005 für eine Etappenankunft und ein Einzelzeitfahren Station. Zeit genug, drei mir anvertrauten Athleten Grüße von Humanplasma zu überbringen. Es handelte sich um Max* und Kurt* und einen namhaften italienischen Profi, der bislang in keinem Dossier über die Wiener Plasmapheresestation Erwähnung fand. Die Rückführung des Eigenblutes verlief in allen Fällen komplikationslos. Wie nicht anders zu erwarten. Um mir das Handwerk zu legen, hätte die Guardia Civil, die damals allerdings rechtlich dazu gar nicht ermächtigt gewesen wäre, genau zwei Möglichkeiten gehabt: Zugriff beim Betreten des Hotels oder während der 20 Minuten, in denen ich mit der Rückführung des Blutes bzw. der Entsorgung des verbleibenden Mülls beschäftigt war. Die intravenöse Rückführung nahm, eine Butterfly-Kanüle mit entsprechendem Durchmesser vorausgesetzt, gerade einmal zehn Minuten in Anspruch. Damals machte ich mir noch die Mühe, das Infusionszubehör und die leeren

Blutbeutel auf verschiedene Mülleimer, die mindestens 500 Meter vom Hotel entfernt sein sollten, zu verteilen. Später zerschnitt ich sämtliche Überbleibsel in kleine Stücke und spülte sie die Toilette runter.

Auch diesmal konnte einer der drei kein Kapital aus der Blutauffrischung schlagen. Einige Tage später entdeckte ein Teamfunktionär auf dem Nachtkästchen meines Schützlings ein kleines Fläschchen ohne Etikett und erkundigte sich nach dessen Inhalt. Es war eine 50-Milliliter-Ampulle, die eine Mischung aus Natriumchlorid und Erypo enthielt. So konnte sich Max jeden zweiten Tag eine Mikrodosis EPO mittels Insulinspritze in die Vene jagen, ohne deswegen auffällige Werte zu produzieren. Max, und das spricht nicht unbedingt für seine Cleverness, glaubte, mit offenen Karten spielen zu können, und versuchte sich mit einem »etwas, was alle anderen auch nehmen« aus der Affäre zu ziehen. Seine Ehrlichkeit wurde bestraft, die folgende Etappe fand bereits ohne ihn statt. Ein Fieberschub diente dem Doktor als Begründung dafür, ihn aus dem Rennen zu nehmen.

Was wir daraus lernen? Im Peloton wurde und wird zwar flächendeckend gedopt, aber nicht immer mit aktiver Unterstützung des Rennstalls. Stille Duldung und aktives Wegschauen treten dann zumeist an die Stelle der organisierten illegalen Leistungssteigerung. Das gilt insbesondere auch für jene Verwandlungskünstler, die sich gerade in der jüngsten Vergangenheit als untadelige Dopinggegner hervortun. Ein befreundeter Humanplasma-Kurier berichtete mir von einer solchen Begebenheit aus dem Jahr 2005, als der Teamchef und Eigentümer seiner im Hotelflur ansichtig wurde und die vielsagenden Worte sprach: »Ich will nicht wissen, was ihr macht. Aber lasst euch nicht erwischen.« Es mag sportrechtlich nicht dieselbe Relevanz wie organisiertes, von der Teamführung verordnetes Doping haben, moralisch-ethisch unterscheidet die beiden Varianten aber nicht sonderlich viel. Max scheint jedenfalls an jenem Tag an den Falschen geraten zu sein. Ausnahmen bestätigen die Regel. Eine mögliche Erklärung: Er hatte nicht die Kapitänsrolle inne – wer will sich schon wegen eines Wasserträgers die Finger verbrennen?

Mein nächster Weg in Loret de Mar führte mich 500 Meter weiter Richtung Stadtzentrum. Bernhard Kohl wartete dort schon sehnsüchtig auf ein kleines Präsent von mir: ein paar tausend

Einheiten Erypo, die sicherstellen sollten, dass der Hämoglobinabfall während seiner ersten dreiwöchigen Landesrundfahrt nicht ganz so dramatisch ausfiel.

Im Fall von Max war es einfach dumm gelaufen. Ich hatte mir nichts vorzuwerfen und ging zur Tagesordnung über. Mein Geschäft lief gut, ich war weiter voll auf Expansionskurs. Kein Vergleich mit meinen Anfängen im Frühjahr 2004, als es mit Ausnahme einiger Budapest-Fahrten nichts zu tun gab, ich ganze Tage lang auf der Couch lag und sich unendliche Langeweile meiner bemächtigte. Eigentlich hätte ich mein Studium abschließen können, aber die Motivation nach dem Ende der aktiven Karriere war nicht gerade hoch. Im darauf folgenden Winter 2005/06 ging dann endlich mein Plan, Sport- und Dopingmanagement in einer Person zu vereinen, auf. Die Leichtathletin, die ich dafür auserkoren hatte, musste allerdings erst davon überzeugt werden. Ich zeigte mich äußerst entgegenkommend, sicherte ihr zu, sie gratis mit Dopingmitteln wie Wachstumshormon, EPO oder Testosteron zu versorgen. Sie war eine attraktive Erscheinung, auch deshalb wollte ich sie unbedingt in meinem Team haben. Sex sells, selbst bei Leichtathletik-Meetings, wo es vermeintlich ausschließlich auf die Leistung ankommt.

Die Zeit war gekommen, mit den Großen der Dopingzunft in Konkurrenz zu treten, um das Vertrauen der echten Kapazitäten zu buhlen. Ein solcher fand sich gegen Jahresende 2005 in Wien ein. Ich hatte Toni* unmittelbar nach dessen Humanplasmadebüt kennengelernt und wurde gleich dazu auserkoren, seine zweite Session einzufädeln. Bei Nik und Michael war es Usus, am Abend vor dem Aderlass mit ihren Partnerinnen, Sonia und mir die Wein-&-Co-Filiale am Wiener Stephansplatz aufzusuchen. Und viel, viel später den Würstlstand am Hohen Markt, Labstelle für Nachtschwärmer aller Art. Toni, der durch Nik von Humanplasma Wind bekommen hatte, reiste bei seinem zweiten Wien-Trip ebenfalls am Vortag an, zeigte sich an edlen Tropfen hoch interessiert, vermied es aber tunlichst, unser Tempo mitzugehen. Durchzechte Nächte waren mit seinem Lebensentwurf nicht kompatibel. Vielleicht machte genau das den Unterschied aus zwischen den anwesenden Weltklasseathleten und dem einen, dem Intergalaktischen, dessen Grenze nur der Himmel war. Toni taxierte mich stattdessen, stellte immer wieder gezielte Fragen, wie ich dieses und jenes Bedürfnis befriedigen, dieses und jenes Problem lösen und welcher Kontakte ich mich bedienen würde. Ich legte mich voll ins Zeug und dürfte mich nicht allzu dämlich angestellt haben – es war der Beginn einer mehrjährigen Geschäftsbeziehung und einer Freundschaft, die immer noch aufrecht ist.

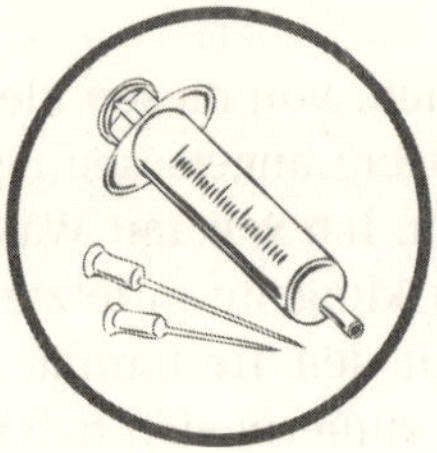

Thanks, Babe!

Das Jahr 2005 hatte sich, von diesen kleinen Turbulenzen abgesehen, nicht so schlecht angelassen. Speziell der 18. Januar geizte nicht mit Reizen. Ich war mit Walter in Salzburg verabredet, doch wie so oft klingelte in letzter Minute das Telefon: Diesmal änderte er nur den Treffpunkt. An seine Worte kann ich mich noch genau erinnern: »Ich hab schon was getrunken, kann nicht mehr Auto fahren. Komm nach Radstadt in das Haus, das du kennst, in dem du im Sommer schon einmal warst!«

Das Haus, das ich kennen sollte, war jenes Mayer-Domizil, das ein paar Monate davor bei meinem ersten Besuch in Radstadt auf Hochglanz gebracht worden war, um den neuen Mieter zu beeindrucken. Was es offenbar tat: Bill war schon eingezogen und wild entschlossen, sich in weiterer Folge in Radstadt zur Ruhe zu setzen. Umso mehr, als der Amerikaner mit der Kindergartenleiterin von Ramsau am Dachstein liiert war. Walter schätzte offensichtlich die Gesellschaft des älteren Herrn, jedes ohnehin recht unregelmäßige Einkassieren der Miete wurde zu einem feuchtfröhlichen Ereignis. So auch diesmal. Als ich eintraf, waren neben Bill und Walter Langlauf-Olympiasieger Christian Hoffmann, dessen Cheftrainer Emil Hoch und Bills auf Besuch weilende Tochter Sonia zugegen. Bei aller Wertschätzung für die üblichen Gesprächsthemen, Trainingspläne and more, an diesem Abend interessierten mich Laktatwerte und Millimol herzlich wenig. Das merkte auch der Rest der Runde, störte nicht weiter und staunte am nächsten Morgen nicht schlecht, als Sonia und ich verlautbarten, hier und jetzt gemeinsam Richtung Italien aufzubrechen. Ich hatte beruflich in der Nähe von Neapel zu tun und meine neue Flamme fackelte nicht lange, mein Angebot anzunehmen, mir unter südlicher Sonne Gesellschaft zu leisten. Sie konnte sich ihren Traum von einer Italienreise schneller erfüllen als gedacht. Wir strandeten schließlich an der Amalfiküste und kamen erst zehn Tage später heim – als Paar, versteht sich.

Ende März kehrte Sonia in ihre Heimat New Hampshire zurück. Aber nur, um den Papierkram zu erledigen, alle Vorbereitungen zu treffen – der große Umzugstermin war schon längst festgelegt, auf den 10. Mai. Sonia hatte natürlich schon auf unserer Italienreise eine Ahnung bekommen, womit ich (auch) mein Geld verdiente. Klarerweise spielte ich mit offenen Karten, obwohl es natürlich ein Leichtes gewesen wäre, den Austausch von Waren in einem Fitnessstudio als Handel mit Nahrungsergänzungsmitteln zu tarnen. Aber warum lügen? Ich schämte mich meines Berufs ja keineswegs. Rückblickend betrachtet dürften meine Machenschaften Sonia nicht so massiv gestört haben, dass sie genug Anlass hatte, augenblicklich die Finger von mir zu lassen. Sie ließ sich ja nicht einmal abschrecken, mich zwei Jahre später zu heiraten. Hätte sie aber im Januar 2005 bereits gewusst, was sie in noch erwarten würde – ich bin mir ziemlich sicher, dass sie in Neapel das nächste Flugzeug Richtung New England bestiegen, notfalls auch gekapert hätte.

Im Prinzip ist schon der Beruf eines Leichtathletik-Managers für sich genommen eine nicht zu unterschätzende Belastung für Zwischenmenschlichkeiten aller Art, die mehr Fundament benötigen als Sex oder Stammtischgespräche. Wenn aber noch die Dopingagenden dazukommen, mutiert der Job zum absoluten Beziehungskiller. Je erfolgreicher ich wurde, desto mehr entwickelte sich mein Business zum logistischen Harakiri. Dutzende Athleten wollten ihre Startplätze organisiert, Flüge und Hotels gebucht, Antrittsprämien verhandelt, Dopingmittel überbracht, manchmal auch verabreicht haben. Sie wollten sich über ihren Trainer beklagen, über ihre Dosierungen diskutieren (»Warum gibst du mir nicht mehr?«), sich über Gott und die Welt austauschen. Ich fühlte mich wie ein Jongleur, dem in nicht vorhersehbaren Abständen immer noch ein zusätzlicher Ball zugeworfen wurde. Mein Gehirn reagierte auf die Reizüberflutung, indem es einen »Spamfilter« zwischen sich und die Umwelt schob. Alles, was nicht von essenzieller Bedeutung war, wurde gnadenlos weggeschaltet oder zwar wahrgenommen, aber im gleichen Augenblick endgelagert und vergessen.

Dumm nur, dass sich dieser Filter irgendwann verselbstständigte und fast nur mehr Berufliches als »essenziell« einstufte. Meine Frau quittierte meine zunehmende geistige Abwesenheit während meiner ohnehin raren physischen Anwesenheiten naturgemäß mit gebremster Begeisterung. Dass sie es trotzdem bis heute an meiner Seite ausgehalten hat, obwohl es zwischenzeitlich noch viel schlimmer kam, erfüllt mich gleichermaßen mit Bewunderung und Stolz. Nun ist die Zeit gekommen, diese Wertschätzung, dieses Vertrauen, dieses Investment in unsere gemeinsame Zukunft zurückzuzahlen. Auf Heller und Groschen, mit Zinsen und Zinseszinsen. Sofern Sonia mir dazu die Gelegenheit gibt.

Eine italienische Reise, Teil 1

Er war ein kalter, trostloser Novembertag des Jahres 2005, als mich Walter Mayer mit dem Vorschlag überraschte, während der Olympischen Winterspiele in Turin für ein paar Tage ebendort sein Gast zu sein. Es kostete nicht viel Überzeugungsarbeit, mich für die Idee zu begeistern. Den Geist Olympias inhalieren, ein paar zünftige Medaillenfeiern im Österreich-Haus – das wäre doch genau meine Kragenweite. Umso mehr, als ich die Gelegenheit bekam, den Österreichischen Skiverband (ÖSV), in der Alpenrepublik als Vorzeigesportverband gehandelt, aus nächster Nähe unter die Lupe zu nehmen. Und wer weiß, vielleicht stellte sich ja in irgendeinem Bargespräch mit irgendeinem Funktionär heraus, dass man dort ausgerechnet auf meine Managementqualitäten gewartet hatte. Schließlich gab es ja auch bisher schon ÖSV-Mitglieder, die mein Know-how, wenngleich auf ganz anderer Ebene, zu schätzen wussten …

Mit Walter bei Olympia. Mit Walter bei Olympia?! Da war doch was.

Midway, Utah, USA. Ein beschauliches Fleckchen Erde, nur ein paar Steinwürfe von den olympischen Langlaufloipen in Soldier Hollow entfernt. Und deshalb naturgemäß heiß begehrt als Homebase während der Winterspiele 2002. Zumal sich das Olympische Dorf etwa 60 Kilometer entfernt in Downtown Salt Lake City befand – und nebenbei um beachtliche 500 Höhenmeter niedriger lag. Keine Option für Ausdauersportler, die im Februar 2002 im Kampf um die Medaillen mitmischen wollten.

Die Beschaulichkeit hatte sich am Morgen, nachdem der Olympischen Flamme der Gashahn abgedreht worden war, jedoch fürs Erste erledigt. Denn eine Putzfrau machte an jenem 1. März 2002 im Hausmüll einer mormonischen Großfamilie einen grausigen Fund: gebrauchte Blutbeutel, Spritzen, jede Menge medizinischer Abfall. Schnell stellte sich heraus, dass in den

Wochen vor dem Großreinemachen anstelle der mormonischen Groß- eine österreichische Kleinfamilie in dem Domizil logiert hatte. Mit Walter Mayer und seiner Frau Gerlinde als »Familienoberhäuptern«. Vieles blieb in der Folge unerforscht, manches rätselhaft. Warum mit Achim Walcher und Walters Sohn Marc Mayer ausgerechnet jene beiden Athleten gesperrt wurden, die das Olympische Dorf als Quartier vorgezogen, also nie in dem verdächtigen Haus genächtigt hatten. Warum jeder einzelne Blutbeutel mit einem Datum versehen war, das mit der Mietperiode nicht übereinstimmte. Walter, der den Fund als Überbleibsel homöopathischer Behandlungen abtat, schwört heute noch Stein und Bein, dass der Abfall in Park City, wo die Langläufer die ersten Tage zur Akklimatisierung verbracht hatten, gefunden und dann in den Hausmüll des Quartiers in Midway geschmuggelt worden sein muss.

Wie dem auch sei: Walter bekam ebenfalls eine Sperre aufgebrummt. Vom Internationalen Olympischen Komitee (IOC) und vom Internationalen Skiverband (FIS). Gegen letztere, lebenslängliche, legte der ÖSV-Langlauf-Cheftrainer erfolgreich Berufung ein, zunächst per einstweiliger Verfügung, bis er Ende Januar 2006, wenige Tage vor Eröffnung der Winterspiele in Turin, recht bekam. Wogegen die FIS wiederum Ende Januar 2006, am letzten Tag der Einspruchsfrist, Berufung einlegte. Die FIS hätte der Richterspruch eine schöne Stange Geld gekostet. Ein Ertappen des mutmaßlichen Doping-Gurus auf frischer Tat in den Bergen um Turin wäre den Ski-Funktionären aus diesem Grund wohl durchaus gelegen gekommen.

Die letztgültige IOC-Sperre (Ausschluss von den Winterspielen 2006 und 2010) hingegen blieb unbeeinsprucht und aufrecht. Und Walter hatte kein Problem mit ihr. Der Verlauf der Formkurve seiner Athleten war ohnedies von langer Hand geplant, diese musste bereits im Vorfeld eines Großereignisses die gewünschte Richtung einschlagen. Die Betreuung an der Loipe konnten andere genauso gut übernehmen. Zunächst wollte er Pragelato und San Sicario, 2006 Austragungsorte der Langlauf- und Biathlonbewerbe, überhaupt fernbleiben. Doch dann beschloss er, einigen Partnern, Gönnern und Sponsoren etwas Gutes zu tun, Tickets und Quartiere zu organisieren, sie an geselligen Abenden mit seinem berüchtigten Erzähl- und Pointenfeuerwerk zu beglücken.

In Absprache mit Emil Hoch, Walters rechter Hand im Langlaufteam, hatten wir im Spätherbst 2005 punkto Quartierwahl vereinbart, einen Sicherheitsabstand von circa 30 Kilometern zu den Wettkampfstätten einzuhalten. Einerseits, um für Walter das Risiko zu minimieren, andererseits, um auch auf mich möglichst wenig aufmerksam zu machen. Umso größer war meine Verwunderung, als mich Walter am 16. Februar am Flughafen Turin abholte und mir mitteilte, dass wir allesamt nur wenige Meter neben dem Langlaufstadion in Pragelato untergebracht seien. Gewissermaßen in der Höhle des Löwen also.

Ich unterließ es zu protestieren. Vielleicht, weil ich ziemlich geschlaucht in Italien angekommen war. Seit Oktober war »The Greatest Race on Earth« gelaufen, eine Marathon-Serie im Staffelformat, wobei jedes der vier Rennen von einem anderen Läufer bestritten werden musste. Ich tingelte mit meinen kenianischen Langstreckenläufern quer durch Afrika und Asien. Auf Nairobi folgte Singapur, auf Singapur Mumbai. Dazwischen Rückflüge, Jetlags, Hinflüge, Jetlags. Zum Abschluss stand am Sonntag, den 12. Februar Hongkong auf dem Programm. Das Reglement wollte es, dass die Hotelkosten inklusive Verpflegung für die Schlussläufer jeder Staffel von der teilnehmenden Mannschaft übernommen wurden. Meine vierte Staffel war nach dem dritten Bewerb in Mumbai chancenlos zurückgefallen und so entschied ich mich kurzerhand zur Selbsteinwechslung, um in Hongkong etwas Geld zu sparen. Außerdem wollte ich ohnehin immer schon einmal die 42.195 Meter in Angriff nehmen.

Mein erster und bisher einziger Marathon hatte es in sich. Bis Kilometer 30 fühlte ich mich ausgezeichnet, lief hochgerechnet einer Zeit von 2:55 Stunden entgegen. Doch bei Kilometer 32 konnte ich kaum noch gehen, bei Kilometer 34 weinte ich zum ersten Mal vor Schmerzen. Irgendwie habe ich die Tortur dann doch durchgehalten und torkelte nach 3:28 Stunden über die Ziellinie. Keine Leistung, auf die man stolz sein konnte. Aber auch keine, wofür man sich schämen müsste. Schließlich hatte ich den Kraftakt ohne ein einziges Training abgespult. Und – man mag es kaum für möglich halten – auf unerlaubte leistungssteigernde Mittel zur Gänze verzichtet.

Zeit zur Regeneration blieb in der Folge wenig, vier Tage später, also am Donnerstag, sollte ich in der Ankunftshalle des Turiner Flughafens aufkreuzen. Und zwar nicht mit leeren Händen, sondern mit einer Art Gegenleistung für den exklusiven Trip zu den fünf Ringen: Zwei Beutel mit Erythrozytenkonzentrat sollten es sein. Wie gewohnt war ich Mittwoch Nachmittag in der Wiener Alserbachstraße 18 bei Schwester Andrea vorstellig geworden. Ab 16 Uhr, das war bei Humanplasma der Beginn des Zeitfensters, das traditionsgemäß zum Auftauen der Konzentrate reserviert war. Zum einen, weil die Plasmapheresestation zu dieser Zeit für den Spenderbetrieb geschlossen blieb, zum anderen, weil Professor Paul Höckers rechte Hand dann besonders leicht disponibel war.

Donnerstag am frühen Abend schließlich bestieg ich die AUA-Maschine nach Turin. Die Blutbeutel hatte ich mitsamt meinem Reisegepäck eingecheckt. Interessantes Detail am Rande: Mein Flugticket, das direkt am AUA-Schalter bereitlag, war vom Österreichischen Skiverband bezahlt worden. Natürlich ohne Kenntnis, wem er da warum zu einer Flugreise verhalf. Walter Mayers Hinweis, mich vor Ort zu benötigen, reichte als Legitimation bei weitem aus. Sportdirektor Markus Gandler erledigte den organisatorischen Teil. Er hatte sich im Vorfeld mit mir wegen der Personalien, die zur Flugbuchung nötig waren, in Verbindung gesetzt. Nach der Ankunft drückte ich Walter die Blutbeutel in die Hand, der geschäftliche Teil meines Trips war hiermit erledigt. Ich weiß bis heute nicht, für wen die Blutbeutel bestimmt waren. Ich vermute, für zwei Athleten einer befreundeten Langlaufnation.

Als ich Jahre später als das personifizierte Böse im österreichischen Sport ins Fadenkreuz der Medien geriet, belustigte mich, dass der 85-Stunden-Aufenthalt in Pragelato gern als »Luxusreise« tituliert wurde. Die Realität sah ein wenig anders aus. In dem alten, nicht gerade liebevoll restaurierten Gemäuer, hausten in diesen Tagen sechs Personen: Walter Mayer, sein Bruder Franz, der für sämtliche elektrischen Installationsbelange verantwortlich zeichnete, der 2008 leider verunglückte Hans Vierthaler, aufgrund seiner Körperform besser bekannt als Dr. Bauch, der gebürtige Weißrusse Viktor Kamotzki, damals akkreditiert als Servicemann des Liechtensteiner Langläufers Markus Hasler, und Hias Steinbacher, der ehemalige Wirt des Golfklubs Schladming. Von den sechs Personen konnten drei durch das Schließen einer Tür ein Mindestmaß an Privatsphäre genießen.

Ich gehörte nicht dazu. Mein aufblasbares Bett stand gleich neben dem von Franz Mayer im Wohnzimmer. Vorzimmer gab es keines, jeder, der unser Mini-Apartment betrat, musste sich den Weg durch unsere Taschen vorbeibahnen. Immerhin handelte es sich bei dem Schlafgemach um ein Zimmer mit Aussicht – auf den Kühlschrank. Der spielte indessen alle Stücke – sofern man nicht hungrig war. Bier-, Wein- und Cola-Liebhaber hingegen kamen voll auf ihre Rechnung.

Die Unterkunft mit dem Charme einer moldawischen Jugendherberge war für meine Zwecke jedoch völlig ausreichend. Schon der erste Weg gleich nach meiner Ankunft führte mich ins Österreich-Haus nach Sestriere, wo mich der ÖOC-Sportdirektor und Ö-Haus-Verantwortliche, Mag. Matthias Bogner, den ich von seiner Zeit als Leistungssportbeauftragter bei »Sport im Heer« kannte, freudig begrüßte und auch ohne Akkreditierung anstandslos einließ. Im ersten Stock zelebrierten die nordischen Kombinierer ihre am Nachmittag fixierte Goldmedaille im Teambewerb. Viel später landete ich in der Diskothek Tabata, der ersten (weil einzigen?) einschlägigen Adresse am Platz. Dort war offensichtlich, dass nicht nur ich Olympia in erster Linie als große Party begriff. Ich erspähte Bode Miller um drei Uhr morgens mit seinem unvermeidlichen Whisky-Cola, Alex Pointner, den Headcoach unserer so erfolgreichen Skispringer, Markus Prock, den ich von einem alten Weggefährten grüßen sollte und verwickelte Hans Knauß in meinem jugendlichen Leichtsinn in eine Diskussion über die Umstände, die ihm im November 2004 bei einer Dopingkontrolle zum Verhängnis geworden waren (der Alpin-Hero war mit einem geringfügig erhöhten Nandrolonwert – kommt Ihnen das bekannt vor? – aus dem Verkehr gezogen worden). In Erinnerung blieb mir, dass der Schladminger auch 14 Monate nach seinem erzwungenen Karriereende noch nicht mit dem Skisport abgeschlossen hatte. »Wenn i heit no foahrn kenntat, tät i's eh alle herpanieren.«

Es wurde also eine lange, feuchtfröhliche Nacht und das Morgengrauen hatte schon lange eingesetzt, als ich auf mein mit Luft gefülltes Nachtlager sank. Mein erster olympischer »Wettkampftag« fiel entsprechend kurz aus. Während ich noch vor mich hin döste, hatten Walters Langläufer ein paar hundert Meter weiter einen Achtungserfolg gelandet. Martin Tauber war über 15 Kilometer klassisch auf Rang acht gelaufen. Mit dieser frohen Botschaft weckte mich Walter mittags und legte gleich den nächsten Programmpunkt fest: Besuch im Biathleten-Quartier in San Sicario, wo er mir den einzigen greifbaren Athleten mit den Worten »Das ist der nächste, um den du dich kümmern musst!« vorstellte. Danach ging's mal wieder ins Österreich-Haus. Walter hatte sich beim dritten Versuch breitschlagen lassen, dem ORF ebendort ein Fernseh-Interview zu geben. Und lieferte, wie sich später herausstellte, so dem IOC den einen Vorwand, 30 Stunden später die Razzien in den Privatquartieren der ÖSV-Langläufer und -Biathleten zu veranstalten.

Den anderen hatte man Ende Januar an den Haaren herbeigezogen, als das deutsche Dopingfahnder-Ehepaar Sven und Christiane Laforce in der Ramsau auf der Suche nach testwilligen Athleten im Keller der gepachteten Mayer-Pension Erzherzog Johann eine vermeintlich für Blutdoping geeignete Maschine sichtete. In Wahrheit war ein altes, ausrangiertes Laktatmessgerät der Marke Biosen 5040 in ihr Blickfeld geraten. Der Unterschied zu einer Blutzentrifuge hätte den Mitarbeitern der schwedischen Anti-Doping-Agentur IDTM jedenfalls auffallen müssen. Wenngleich sie unter beachtlichem psychischen Stress gestanden sein mögen, weil ihnen Walters für ihre Streitbarkeit bekannte Ehefrau Gerlinde durchgehend und lautstark die Meinung geigte. Und das alte Biosen-Gerät in der Tat die Dimension herkömmlicher Laktatmessgeräte bei weitem übersteigt, da es neben der Fähigkeit, den Milchsäurespiegel im Blut zu messen, auch noch den Glucosewert ermittelt. Ein mehr als nützliches Feature, denn Laktat ist eigentlich nur in Relation zum Blutzucker wirklich aussagekräftig. Ein niedriger Glucosespiegel etwa lässt eine geringere Laktat-Produktion im Körper zu, wodurch die gemessenen Werte zu einer fehlerhaften Interpretation führen müssen. Walter ist meines Wissens einer von ganz wenigen Trainern in Österreich, der sich dieses Umstandes bewusst war und ihn in seine Trainingssteuerung miteinbezogen hat.

Die IOC-Funktionäre sahen in Walters bloßer Anwesenheit in Turin und Umgebung eine Konterkarierung des Sinnes der verhängten Strafe (die sich in der praktischen Anwendung ja auf die Verweigerung einer Akkreditierung beschränken musste). Zudem hatte man Gerüchte aufgeschnappt, wonach der Unerwünschte vor Ort persönlichen Kontakt zu seinen Athleten pflegte. Zu dem Zweck, sie mit unerlaubten Mitteln und/oder Methoden zu behandeln, so die unwiderstehliche Logik der IOC-Entscheidungsträger.

An jenem Samstagnachmittag war das heranDräuende Ungemach noch nicht spürbar. Ganz im Gegenteil: Walter wurde hofiert wie in seinen besten Tagen, nicht ein einziger schiefer Blick streifte ihn. Der später wegen des Verdachts der Untreue in Ungnade gefallene ÖOC-Generalsekretär Heinz Jungwirth schäumte nach Walters Fernsehauftritt im Gästebereich des Österreich-Hauses vor lauter Gastfreundschaft förmlich über. »Schön dass du da bist, Walter! Trinken wir ein Achterl!« Die beiden verschwanden in einem Séparée im ersten Stock, wo auch Elmar Oberhauser, damals Hauptabteilungsleiter Sport im ORF, und der damalige ÖFB-Präsident Friedrich Stickler Hof hielten. Als Walter nach zwei, drei Stunden wiederkam, waren auf das »eine Achterl« mal wieder etliche weitere gefolgt. Ich hatte in der Zwischenzeit versucht, mir bestmöglich die Zeit zu vertreiben. Zuerst verfolgte ich das Interview der Langlauf-Abordnung hinter der TV-Kamera, dann den am Gegenhang stattfindenden Kombinations-Slalom der Damen. In weiterer Folge registrierte ich aber sehr wohl, dass meine Anwesenheit für mehr Aufsehen sorgte, als mir lieb war. Selbst aus der Heimat bekam ich am nächsten Tag besorgte Anrufe, ob meine Anwesenheit im Österreich-Haus wirklich der Weisheit letzter Schluss sei.

Nach einer weiteren Partynacht kam ich doch noch zu meinem olympischen Live-Erlebnis. Auf dem Programm stand das Skispringen von der Großschanze. In der offiziellen Kleidung des ÖOC – geborgt von Dr. Bauch – und mit der Akkreditierung des Sportpsychologen, der unsere Adler betreute, schmuggelte mich der Doc der Skispringer ins Stadion. Die Akkreditierung gab ich nach den Checkpoints gleich wieder zurück, konnte aber die Medaillenjagd aus der ersten Reihe verfolgen. Ich war erstaunt, wie leicht es möglich war, sich unberechtigterweise unter die olympische Familie zu mischen. Das Resultat ließ jedenfalls nichts zu wünschen übrig. Morgenstern vor Kofler, Gold und Silber für Österreich!

Das war's dann aber auch schon mit den Glücksmomenten an jenem Abend des 18. Februar 2006. Auf dem Weg in die Pizzeria Pragelato, wo ich mit Walter und seinen Gästen zum Einstimmen auf die nächste Partynacht verabredet war, sah ich schon von weitem das Blaulicht der Polizeiautos. Es beschlich mich ein ungutes Gefühl. Im Ortskern angekommen, wurden meine kühnsten Befürchtungen noch weit übertroffen. Der Einsatz galt der österreichischen Langlaufmannschaft, die nur 30 Meter von uns entfernt Quartier bezogen hatte.

In der Pizzeria traf ich auf Franz und Gerlinde Mayer, den Radstädter Tischlermeister Sigi Scherübl und Hias Steinbacher. Einer jedoch fehlte: Walter! Ich hatte ihn um rund 20 Minuten verpasst. Mit betretenen Mienen schilderten mir die Anwesenden, dass er mit Gerlindes Auto die Flucht ergriffen hatte, nun Richtung Turin unterwegs sei, um sich von da zur österreichischen Grenze durchzuschlagen. Bei einem letzten telefonischen Kontakt war vereinbart worden, dass ihn Gerlinde am darauf folgenden Abend in Kärnten treffen solle. Danach hatte er das Handy abgeschaltet, um nicht geortet werden zu können.

Vor dem überstürzten Aufbruch mussten sich bizarre Szenen abgespielt haben. Die Gruppe hatte im Lokal keinen Platz gefunden, wollte ein anderes Restaurant aufsuchen. Als Walter auf die Straße trat, lief er geradewegs dem Medizinischen Direktor des IOC, Patrick Schamasch, in die Arme. Der überwachte von dort alle Zufahrtswege zu den Österreicher-Quartieren, wich fortan nicht mehr von Walters Seite, brabbelte abwechselnd die Worte »Mayer« und »Carabinieri« in seine zwei Funkgeräte. Einen Moment später registrierte Walter die Blaulichter und zog für sich den einzig möglichen Schluss: »Die wollen mir was anhängen.« Per Telefon beorderte er Chauffeur Hans Vierthaler nach Pragelato, ging ihm entgegen, Schamasch stets im Windschatten. Als Walter zu Dr. Bauch ins Auto stieg, begann ein Wettrennen zum nahen Polizei-Checkpoint, das das Team Mayer/Vierthaler, nicht zuletzt weil motorisiert, souverän für sich entschied. Das Objekt der IOC-Begierde war somit »entwischt« (wobei jede Form der Anhaltung juristisch völlig ausgeschlossen gewesen wäre), ließ seinen Transportminister im Nachbarort mit der Instruktion, sich doch eine Pizza einzuverleiben, aussteigen und steuerte der Heimat entgegen. Leider nicht ganz ohne Zwischenfälle, wie sich später herausstellen sollte.

Dr. Bauch stieß später zu unserer Runde im brechend vollen Restaurant Pragelato, wo wir, möglichst ohne aufzufallen, zwischen Athleten, Trainern und Journalisten aus aller Herren Ländern versuchten, das Geschehene aufzuarbeiten. Ein Ding der

Unmöglichkeit, wie sich herausstellen sollte. Die Dynamik der Ereignisse hatte uns überrollt, es fehlte an den elementarsten Informationen, noch viel weniger überblickten wir die großen Zusammenhänge. Die Stimmung pendelte zwischen Schock, Unverständnis und Wut. Wut auf jene, die diese Aktion gegen Österreichs Sport geplant und ausgeführt hatten. Wohl wissend, dass im Ausdauersport auf diesem Niveau alle mit ähnlichen Waffen kämpfen. Es war eine zutiefst menschliche Regung, in dieser Ausnahmesituation die Schuld zuerst bei den anderen zu suchen.

Klar war, dass wir damit rechnen mussten, dass auch unser Quartier ins Visier der Carabinieri geraten würde (was allerdings erst zwei Tage später in Form einer weiteren Razzia eintrat). Deshalb entschloss sich Walters Bruder Franz – um Missverständnissen vorzubeugen – zu einer Vorsichtsmaßnahme. Er schnappte sich eine große Tasche voll mit homöopathischen Präparaten, die Walter in unserem Haus gebunkert hatte, lud sie in den Kofferraum seines Autos, fuhr auf der Bergstraße rund 30 Kilometer Richtung Turin und deponierte die – nur auf den ersten Blick – verdächtige Fracht in einem Gebüsch. In Pragelato entschloss ich mich derweilen, den für Donnerstag gebuchten Rückflug verfallen zu lassen und per Auto den geordneten Rückzug anzutreten. Ich hatte genug gesehen und wollte keinesfalls noch mehr Aufmerksamkeit auf mich lenken.

Den nächsten Tag verbrachte ich nahezu durchgehend vor dem Fernseher in unserem Apartment. Ich war nach wie vor damit beschäftigt, das Geschehene zu überblicken, und versuchte einzuschätzen, was denn noch alles auf uns zukommen könnte. Inzwischen war durchgesickert, dass es sowohl bei den Biathleten als auch bei den Langläufern verdächtige Funde gegeben hatte, in San Sicario sogar ein mit allerlei dopingtauglichem Material gefüllter Plastiksack aus dem Fenster gesegelt und von den Carabinieri sichergestellt worden war.

Irgendwann am frühen Nachmittag schaute Sportdirektor Markus Gandler vorbei, ich begleitete ihn ins nahe Langläufer-Quartier. Dort waren indessen erste Auflösungserscheinungen spürbar. Die Staffel, deren vier Protagonisten (Jürgen Pinter, Johannes Eder, Roland Diethart, Martin Tauber) in der Nacht davor erst weit nach Mitternacht von den Dopingkontrollen, die auf die Razzien folgten, zurückgekehrt waren, wurde wegen zu großen Rückstandes aus dem Bewerb genommen. Nach dem Bewerb überstürzten sich nochmals die Ereignisse. Mit Emil Hoch und Sprintcoach Roland Diethart, der in der Staffel als Notnagel eingesprungen war, traten zwei weitere ÖSV-Mitglieder unvermittelt die Heimreise an. Während Hoch umgehend suspendiert wurde, stellte der Skiverband Diethарts Abreise als lange geplant dar. Dabei hatte dessen einziger Schützling, Harald Wurm, seinen Einsatz im Sprintbewerb noch vor sich.

Gandler war sichtlich bemüht, sich der Wahrheit anzunähern. Im Zuge unseres Gedankenaustausches berichtete er über etwas für mich Bedrohliches: Ein Carabiniere hatte während der Razzia meine Mobiltelefonnummer in Gandlers Handy getippt um herauszufinden, ob dieser mich in seinem Telefonbuch eingespeichert hatte. Fehlanzeige – der ÖSV-Sportdirektor hatte kurz zuvor die Löschtaste aktiviert. Zufall, Intuition oder ein begründeter Verdacht – ich weiß es nicht. Die Antwort auf die Frage, warum die Beamten so brennend an meiner Nummer interessiert waren, ist mir bis heute verborgen geblieben. Ich hatte in diesen Tagen aber viel mit Walter telefoniert. Vielleicht öfter als alle anderen. Sehr wahrscheinlich, dass die italienischen Behörden Walters Telefon angezapft und dadurch Verdacht geschöpft hatten.

Zurück vor dem Fernseher trudelte abends bereits die nächste Hiobsbotschaft ein. Walter war in Kärnten alkoholisiert in eine Straßensperre der Polizei gerast und verhaftet worden. Die Angelegenheit nahm langsam, aber sicher eine Dimension an, die meine Vorstellungskraft zu übersteigen begann. Wochen später erzählte mir Walter, wie es zu dem Blackout gekommen war. Er hatte sich nahe Venedig mit einem Sixpack Bier und einer Flasche Gin eingedeckt, Ersteres musste noch auf italienischem Staatsgebiet dran glauben. In Kärnten angekommen, suchte er sich im Morgengrauen ein ruhiges Plätzchen, um sich über das Hochprozentige herzumachen. Sein Gelage dauerte, mit diversen Schlafunterbrechungen, bis zum Abend. Trotz der beinahe frühlingshaften Temperaturen wurde es im Auto bald ungemütlich, Walter konterte mit dem Starten des Motors und der Inbetriebnahme der Heizung. Ein Coup, der einer wachsamen Anrainerin nicht verborgen blieb. Die besorgte Dame verständigte bereits drei (!) Stunden später die Polizei, weil sie hinter dem ungewöhnlichen Treiben einen

Selbstmordversuch vermutete. Als die Beamten den Alkoholisierten weckten und irgendwann die Worte »Jetzt homman!« fielen, brannten bei Walter alle Sicherungen durch. Er legte eine weitere filmreife Flucht hin, verletzte dabei einen Gendarm leicht und krachte kurz darauf, nun tatsächlich in Selbstmordabsicht, in eine Straßensperre. Die Ordnungshüter, die ihn aus dem Wrack zerrten, notierten ein »Warum bin ich nicht hin?« als erste Reaktion. Ein wichtiges Detail, das Monate später einen Richter davon überzeugen sollte, Walter in dieser Situation Unzurechnungsfähigkeit zu attestieren. Ironie am Rande: 30 Minuten vor dem verhängnisvollen Weckruf war Gerlinde Mayer ohne es zu bemerken an ihrem eigenen, vor einer Feuerwehrwache geparkten Auto vorbeigefahren. Zu der geplanten Kontaktaufnahme war es gar nicht erst gekommen, Walter hatte in seinem Dusel ganz einfach verschwitzt, sein Telefon auf Empfang zu schalten.

Im Apartment in Pragelato war es inzwischen recht einsam geworden. Franz Mayer war bereits am Sonntag mit Gerlinde abgereist, am Montagvormittag traten Hias Steinbacher und ich die rund neunstündige Heimreise an. Zurück blieben lediglich Dr. Bauch, Kamotzki und ein Neuankömmling: Otto Jung, im Heeressport-Leistungszentrum auf der Linzer Gugl als Kommandant tätig. Darüber hinaus coachte der Vizeleutnant den zweiten am Start befindlichen Sprinter, Martin Stockinger. Jung wurde übrigens noch am gleichen Abend (20. 2.) Zeuge der Razzia in unserem, nunmehr seinem Olympia-Domizil. Er berichtete von beträchtlichen Verwüstungen, unter anderem von aus der Wand gerissenen Holzvertäfelungen. Ein befreundeter Wiener Kripobeamter erläuterte mir später, die Vorgangsweise deute daraufhin, dass sich die Beamten jene Dinge zurückholten, die sie vorher deponiert hatten …

Hias Steinbacher hatte sich also entschlossen, mir auf der Fahrt in die Heimat Gesellschaft zu leisten. In einem Fahrzeug mit ÖSV-Branding, bestückt mit einer ÖSV-Tankkarte, die uns Dr. Bauch kurz vor der Abreise überreicht hatte. Der erste Zwischenstopp galt der versteckten Tasche, die wir zielsicher aus dem Gebüsch fischten und im Auto verstauten. Die weitere Fahrt blieb vorerst ohne Zwischenfälle – bis wir auf dem Parkplatz einer italienischen Raststation aus Unachtsamkeit beinahe unserem Vordermann ins Heck geknallt wären. Davon aufgeschreckt, machten wir uns auf die Suche nach den Fahrzeugpapieren und wurden im Handschuhfach fündig. Nach dem Blick in den Zulassungsschein mussten wir beide schmunzeln. Ein Unfall mit dem Auto eines gewissen Walter Franz Mayer wäre in Italien in jenen Tagen wohl nicht ganz ohne Aufsehen geblieben.

Eine italienische Reise, Teil 2

Zurück in der Heimat wurde erst das gesamte Ausmaß der Misere sichtbar. Das genüssliche Breittreten des Skandals in den internationalen, zum Teil auch nationalen Medien, die scheinheiligen Kommentare der ausländischen Konkurrenz, das Triumphgeheul der IOC-Sittenwächter, dazu noch das klägliche Krisenmanagement von ÖSV und ÖOC. Der Schaden für den österreichischen Sport war noch gar nicht absehbar.

Die Atmosphäre in den ÖSV-Dependancen in Pragelato und San Sicario schwankte in diesen Tagen zwischen Fatalismus und einer Jetzt-erst-recht-Stimmung. Da waren die Funde der Carabinieri, die anfangs kaum jemand zu bewerten und einzuordnen vermochte. Da war die überstürzte Abreise zweier Biathleten (Perner, Rottmann) und zweier Langlauf-Trainer (Hoch, Diethart), die mancherorts klarerweise als Schuldeingeständnis gewertet wurde. Da waren aber auch nordische Athleten, die sich nicht schuldig fühlten, es womöglich auch nicht waren und die ihre Olympiachance wahrnehmen wollten. Den wenigsten gelang es, ihre Leistung unter den gegebenen Umständen abzurufen. Wer will es ihnen verdenken? Sie lebten in Furcht vor neuen Hausdurchsuchungen, raubeinigen Polizisten, deren berüchtigten Leibesvisitationen und einem italienischen Justizsystem, das mit vertrauensbildenden Maßnahmen bislang gegeizt hatte, dem man alles zutraute, auch das Unterschieben falscher Beweismittel. Nach dem Langlauf-Team scheiterte jedenfalls auch die Biathlon-Staffel an der unlösbaren Aufgabe, belegte Rang 17. Unter 17 angetretenen Mannschaften.

So stellte sich die Lage dar, als ich Walters Bruder Franz Mayer am Nachmittag nach meiner Rückkehr zuhause in Radstadt besuchte, um ihm die Tasche mit den homöopathischen Mitteln zu übergeben. Er hatte noch längst nicht sein gesamtes Reisegepäck verstaut und so fiel mein Blick auf eine Kühlbox, in der ich einen Gegenstand erkannte, der mir sehr vertraut war. Ein gefüllter Rotkreuz-Blutbeutel, wie er beim Blutspenden verwendet wird. Die Zuführung des maximal zweieinhalb Wochen gelagerten Vollblutes war, bevor Humanplasma Österreichs Ausdauersportlern unter die Arme griff, ein beliebtes Mittel, um etwas mehr Sauerstofftransportträger in den Blutkreislauf zu bringen. Der Vorteil der Methode bestand auch darin, zwei Wettkämpfe im Abstand von 7 bis 14 Tagen auf höchstem Niveau bestreiten zu können. Die Vollblutbeutel waren zudem bequem zu transportieren und leicht zu lagern.

Es war offensichtlich, dass das gute Stück nach Italien gehörte und entweder im Zuge des spontanen Aufbruchs eine Reise zu viel angetreten hatte oder aber während Franz Mayers Italien-Aufenthalt in Radstadt hinterlegt worden war. Schnell war eruiert, wem die rund 400 ml Vollblut gehörten: einem Langläufer, nennen wir ihn Boris, der seinen großen Auftritt noch vor sich hatte.

Für mich stand völlig außer Zweifel: Ich würde diesen Blutbeutel seinem »rechtmäßigen« Besitzer überbringen – sofern er das wollte, doch davon war auszugehen. Boris* hatte sich diesen Vorrat nach seinem ersten Wettkampf in Turin angelegt, er rechnete mit diesem Beutel, er sollte nicht seine Chancen aufgrund besonderer Umstände, für die er nichts konnte, begraben müssen. Er hatte es verdient, mit gleichen Waffen gegen die ach so saubere Konkurrenz zu kämpfen. So tickte ich damals. Natürlich steckte auch ein geschäftliches Kalkül dahinter. Ich war in dieser Phase noch darauf bedacht, mein Geschäft zu erweitern, neue Absatzmärkte zu erschließen, neue Kunden zu akquirieren. Und was wäre wohl ein überzeugenderes Argument für den Beginn einer Geschäftsbeziehung, als einem Abnehmer seine »Ware« unter denkbar schwierigen, ja gefährlichen Bedingungen pünktlich zu liefern. Ich behaupte, nicht viele hätten sich damals darauf eingelassen, ein paar Tage nach den Razzien mit einem Blutbeutel, der ganz offensichtlich nicht für medizinische Zwecke bestimmt war, in der Region Sestriere aufzukreuzen. Harakiri mit Anlauf nennt man das wohl. Dass mir dieser Kick zusätzlichen Spaß bereitete, will ich gar nicht abstreiten.

Ich nahm also mit Boris Kontakt auf, erklärte ihm die Lage, stieß nach anfänglichem Misstrauen wie erwartet auf großes Interesse und vereinbarte Ort und Zeitpunkt unseres konspirativen

Treffens. Für mich galt es nun, das Risiko weitestgehend zu minimieren. Aber allzu viel konnte ich nicht tun. Eines jedoch war klar: Am Steuer eines PKW mit österreichischer Nummerntafel sollte ich besser nicht auftauchen, also pilotierte ich mein damaliges Auto, einen Ford Mondeo, zum Flughafen Verona, wo ich einen Fiat Idea mit italienischem Kennzeichen angemietet hatte. Wenige Stunden später kämpfte ich mich schon die Serpentinenstrecke zu den nordischen Wettkampfstätten hinauf. Noch am gleichen Abend saß ich etwas außerhalb von Pragelato bei Boris im Zimmer. Er setzte sich die Nadel selbst, das Zusammenstecken der Apparatur erledigte ich. Keine große Affäre bei dieser Art von Beuteln. Man bringt ihn auf Körpertemperatur, hängt das Transfusionsbesteck an, lässt die Luft raus und verbindet dann Butterfly-Nadel und Besteck. Aus den Überbleibseln der Aktion bastelte ich ein kleines Paket, umwickelte es mit Tape und entsorgte die Blutdoping-Rückstände, indem ich sie tags darauf auf der Heimfahrt irgendwo zwischen Pragelato und Turin aus dem fahrenden Auto heraus eine steile Böschung hinunterwarf.

Diesmal nächtigte ich in einem anderen ÖSV-Quartier, wo unter anderem Michail Botwinow, Österreichs einziger Starter im 50-km-Bewerb, und der ihm zugewiesene und mit mir befreundete Arzt Dr. Stefan Hainzl wohnten. Doch auch in der bedeutend komfortableren Bleibe fühlte ich mich zunehmend unwohl. Giorgio, ein den österreichischen Langläufern zugewiesener Native Speaker, war mir schon bei meinem ersten Aufenthalt unangenehm aufgefallen. Und auch jetzt scharwenzelte er ständig um mich herum, fand immer neue Vorwände, um sich im oder außerhalb des eigentlich nur für ÖSV-Offizielle und -Ärzte gemieteten Hauses aufzuhalten. Er hatte sich darüber hinaus in den Tagen davor durch überbordende Kooperationsbereitschaft mit den Carabinieri hervorgetan und den Beamten immer wieder ungefragt vermeintlich Verdächtiges gezeigt. Viel Zeit verbrachte ich aber auch diesmal nicht im Quartier, sondern startete bald zu meiner mittlerweile zur Tradition gewordenen Runde.

Im Österreich-Haus traf ich unter anderem auf die trinkfesten österreichischen Bob-Crews, darunter Nummer-2-Pilot Jürgen Loacker, Hans-Peter Welz, ein umfunktionierter Sprinter und noch dazu mein Jahrgang, den ich aus meiner Grundwehrzeit im Heeresleistungszentrum in der Wiener Blattgasse kannte, und Paradelenker Wolfgang Stampfer. Im Frühjahr 2009 erstaunte mich Letzterer in Zusammenhang mit in meiner Buchhaltung sichergestellten Rechnungen, die auf seinen Namen ausgestellt waren, in der SportWoche mit der Aussage, er habe mich an exakt diesem Abend kennengelernt und kurz darauf mit der Erstellung eines Marketingplans betraut. Da muss mich mein Erinnerungsvermögen wohl im Stich lassen ...

Ein letztes Mal machte ich in Sestriere die Nacht zum Tag. Allerdings mit so viel Nachdruck, dass ich am Morgen den Start des 50-km-Rennens verschlief. Wieder einmal musste Dr. Bauch als Retter in höchster Not einspringen und brachte mich mit überschaubarer Verspätung zur Loipe. Diesmal verschaffte ich mir mit der Akkreditierung eines Servicemannes einer österreichischen Skifirma Zutritt zur „Hochsicherheitszone". Vor mir hatte Hias Steinbacher diese Zutrittsberechtigung seines Bekannten, der bereits abgereist war, genutzt. Nachdem Hias selbst längst wieder in der Heimat weilte, verfügte ich sozusagen über meine eigene Akkreditierung. Zu meiner Überraschung wurde ich kurzerhand von Markus Gandler mit der Aufgabe betraut, an der Strecke zu stehen, Österreichs Starter Michail Botwinow anzufeuern und für alle Eventualitäten einen Ersatz-Stock bereitzuhalten. Bestückt mit einer Armschleife und instruiert vom ÖSV-Sportdirektor, stand ich gerade einmal 50 Zentimeter neben der Loipe. Ein erhebendes Gefühl, wie ich zugeben muss.

Der Langlauf-Marathon in der freien Technik mit Massenstart, vorletzte Medaillenentscheidung der Turiner Winterspiele, entwickelte sich indessen zum Ausscheidungsrennen. Um die 30 Athleten umfasste die Spitzengruppe noch wenige Kilometer vor dem Ziel, am Ende lag der 18. gerade einmal 22 Sekunden hinter dem Sieger. Und 21 hinter der Bronzemedaille. Die sorgte im österreichischen Lager unverhofft für Freudenkundgebungen. Michail Botwinow musste im Massen-Schlusssprint nur zwei Konkurrenten den Vortritt lassen und holte Medaille Nummer 23 für Österreich – eine Wahnsinnsleistung nach all dem Theater. Stefan und ich fielen uns in die Arme, klatschten ab, bei „Boti" flossen Tränen der Rührung. Bester Stimmung machte ich mich auf den Heimweg, brachte auf Wunsch von Markus Gandler noch Viktor Kamotzki zum Flughafen Milano Malpensa, tauschte in Verona das Mietauto gegen meinen Privat-PKW und setzte Stefan Hainzl in Innsbruck ab.

Für Botwinow war also alles nach Wunsch gelaufen. Ebenso wie für Boris. Und für mich? Aus der Sicht des Patrioten ja, aus der Sicht des Geschäftsmannes nein. Boris hatte zwar meine Auslagen in Höhe von 950 Euro für das Leihauto, den Sprit und etwas Essen sofort bei Zustellung abgegolten, die Höhe einer möglichen Prämie aber hatte ich wie gewohnt offen gelassen. Mein Zugang zu dieser Thematik war immer derselbe: Verdient ein Athlet durch mein Zutun (mehr) Geld, dann will ich jenen Anteil haben, den der Sportler für angemessen hält. Ich wollte mich nie wegen ein paar Euro herumstreiten, habe immer auf die Fairness meiner Kundschaft gesetzt. Gerade in Sportarten, in denen sich ohnehin nicht die Welt verdienen lässt.

Als mir Boris Monate später ein Kuvert übermitteln ließ, öffnete ich es mit der mir eigenen Zuversicht, dachte mir: Den zeitlichen und logistischen Aufwand und das eingegangene Risiko wird er doch sicherlich zu schätzen gewusst haben. Und fingerte ganze fünf Hundert-Euro-Scheine aus dem Umschlag heraus – das war alles. Nicht zum ersten Mal machte sich am Ende eines solchen »Geschäftes« Ernüchterung breit.

Das Spiel mit dem Feuer

Olympic Spirit und Nachhaltigkeit – zwei Dinge, von denen das Altherrenkomitee des IOC gar nicht genug bekommen kann. Die Turin-Spiele hatten weder das eine noch das andere zu bieten. Was dran liegen könnte, dass Fiat-Lenker Giovanni »l'Avvocato« Agnelli, der die IOC-Vollversammlung natürlich nur mit der Kraft der Argumente überzeugt hatte, drei Jahre vor der Eröffnung 81-jährig das Zeitliche segnete. Es waren also alle Voraussetzungen erfüllt, dass das lustlos inszenierte Spektakel trotz des ÖOC-Rekordergebnisses von 23 Medaillen schnell der Vergessenheit anheimfällt. Wären da nicht vielerorts die Doping-Kommissionen aus dem Boden geschossen, die sich der Vergangenheitsbewältigung widmeten. Die italienische Justiz leitete Ermittlungen (bzw. das, was sie dafür hielt) ein, das Österreichische Olympische Comité recherchierte mit der ihm eigenen Akribie und beschloss, zwölf ziemlich unbeteiligte Biathlon-Trainer und -Serviceleute in Zukunft nicht mehr für Olympische Spiele zu akkreditieren (um dieses Urteil rechtzeitig vor Vancouver 2010 wieder zu revidieren), der Österreichische Skiverband wiederum gefiel sich darin, sich als Anti-Doping-Bastion zu präsentieren, und betraute Arnold Riebenbauer (Bezirksrichter in Spittal an der Drau), Burkhard Thierrichter (Bezirkshauptmann von Graz-Umgebung), und Robert Wallner (leitender Staatsanwalt in Liechtenstein) damit, vor der eigenen Tür zu kehren.

Und das gleich zweimal. Die Erkenntnisse der ersten Befragungsrunden mündeten in einen Endbericht, der am 31. Mai 2006 veröffentlicht wurde. Von Substanz allerdings keine Spur. Das Gremium kam zu dem Schluss, dass Langläufer Johannes Eder für ein Jahr zu sperren sei, weil sich dieser im Quartier in Pragelato wegen einer Durchfallerkrankung und in Ermangelung der raschen Verfügbarkeit eines Teamarztes eine Kochsalzlösung selbst verabreicht hatte. Was Eder stets zugegeben hatte, was auch gar nicht zu leugnen war, weil ihn Carabinieri während der Razzia auf frischer Tat ertappt hatten. Bemerkenswert:

Im Hinblick auf Walter Mayer kam der Disziplinarausschuss zu der Erkenntnis, dass »nichts darauf hindeutet, dass er in irgendeiner Form vor Ort im Einzelfall oder organisiert Doping betrieben hat«.

Im Mai 2007 wurden die drei Herren ein zweites Mal tätig – wegen neuer Beweisergebnisse aus Italien. Woraufhin bei mir bald das Telefon läutete. Am anderen Ende: Markus Gandler. Der ÖSV-Sportdirektor kündigte an, dass mich die Untersuchungskommission vorladen werde, weil ich in Sestriere und Umgebung als Freund von Walter Mayer gesichtet worden war. Gandler ersuchte mich jedenfalls auszusagen, um Licht ins Dunkel der Kommission zu bringen, und regte gleichzeitig ein Treffen mit mir an, weil er wissen wollte, wie das System funktioniert hat, was also noch alles auf ihn zukommen könne. Kurz darauf trudelte die schriftliche Einladung zur Befragung ein. Ich wählte den 15. Juni als gewünschten Termin.

Ich sagte leichten Herzens zu, obwohl das Gremium nicht die geringste Handhabe gehabt hätte mich vorzuladen. Aber ich fühlte mich absolut unverwundbar. Meine Taktik war sonnenklar: Ich setze mich hin, lüge sie an und gehe wieder. Es war zweifellos ein Anflug von Größenwahn, der mich da ritt, ich hielt mich für den Cleversten und dachte, alle verarschen zu können. Zusätzlich hatte ich an dem Spiel mit dem Feuer Gefallen gefunden und es erfüllte mich sogar ein wenig mit Stolz, in den Überlegungen der ÖSV-Kommission eine Rolle zu spielen. Und für den Fall, dass alle Stricke rissen, würde mich schon jemand beschützen. Ich dachte da im Besonderen an ein damaliges Mitglied der Bundesregierung, das ich mir erlaubte, Mitte Mai 2006 am Flughafen Wien-Schwechat ins Vertrauen zu ziehen. Wissend, dass eine Enttarnung unserer »Tankstelle« nach den olympischen Razzien im Bereich des Möglichen lag. Ich erklärte ihm, dass es Humanplasma gibt, wie das System funktioniert und warum es unbedingt erhalten werden muss. Ich hatte allen Grund zur Annahme, dass meine Erläuterungen bei dem Politiker gut aufgehoben seien, und versuchte daher erst gar nicht, irgendetwas zu beschönigen oder kleinzureden. Warum ich mich so weit aus dem Fenster lehnte? Weil ich von ihm wollte, dass er mich unverzüglich davon in Kenntnis setzt, sollte das Justizministerium gegen Humanplasma aktiv werden. Da er als intimer Kenner der Laufsportszene gilt, musste ich annehmen, dass er bereits vor unserer Unterredung mit der Thematik vertraut war.

Ich fand mich also am 15. Juni 2007 in der Geschäftsstelle des Österreichischen Skiverbandes in Innsbruck ein und harrte der Dinge. Als ich eingelassen wurde, waren lediglich die Schriftführerin und die dreiköpfige Kommission anwesend. Riebenbauer gefiel sich als Wortführer. Und schaffte es in der 35-minütigen Befragung immerhin, mich einmal zu überraschen. Mit der Frage, ob ich eine Maschine namens ACP 215 kenne. AC... wie? Nie gehört. Dabei lag es ja auf der Hand – der Blutbeutel der Firma Haemonetics, der im Quartier der Biathleten gefunden wurde, kann nur über besagte ACP 215 laufen. Eine andere Frage zeugte von weniger Einfallsreichtum. Ich nahm sie als Übung für mögliche künftige Befragungen aber so ernst wie möglich. »Was haben Sie in Turin gemacht?« »G'soffen!« Und: »Nein, von Doping habe ich nichts mitbekommen.« Immerhin: Eine der drei Kernfragen habe ich wahrheitsgemäß beantwortet, und mehr konnte man von mir wirklich nicht verlangen.

Wenn es jemandem gelang, die Gegenseite auf dem falschen Fuß zu erwischen, dann war das ich: Mit der Frage, wie es denn mit einem Fahrtkostenersatz aussehe. Die Antwort fiel in die Kategorie: non-verbale Kommunikation. Um meinen Innsbruck-Ausflug kostendeckend zu gestalten, war ich also faktisch gezwungen, alternative Geldquellen anzuzapfen: Ich begab mich zu einer nahe gelegenen McDonald's-Filiale und drückte dem Nächstbesten, der vorbeikam, eine Ladung EPO in die Hand. Okay, erwischt, es handelte sich um eine geplante Übergabe. Der Kurier übernahm das Päckchen unauffällig und überbrachte es ohne Umschweife meinem Schützling Toni. Manche würden es als dreist einstufen, die ehrwürdige ÖSV-Kommission mit einer Ration EPO im Kofferraum aufzusuchen. Für mich jedoch lag nichts näher, als das Unnütze mit dem Nützlichen zu verbinden.

Klingt alles in allem nach einem sehr gelungenen Ausflug. So kann man sich täuschen. In Wahrheit stellte sich meine Entscheidung, vor der Kommission auszusagen, als mein erster wirklich schwerer Fehler heraus. Offiziell schien ich im Abschlussbericht (der nun doch Walter Mayer, Emil Hoch, Wolfgang Perner und Wolfgang Rottmann Blutdoping vorwarf und deren Ausschluss aus dem Österreichischen Skiverband empfahl) zwar nur als »sonstige auskunftgebende Person« auf, de facto aber kam mein Name von diesem Zeitpunkt an nie mehr aus der medialen Berichterstattung. Die Schuld daran trägt Arnold Riebenbauer, aus meiner Sicht ein Zeitgenosse, der während seiner beruflichen Laufbahn als Richter offenbar nicht ausreichend Gelegenheit bekam, medial präsent zu sein. Riebenbauer rieb jedenfalls jedem, der es hören oder auch nicht hören wollte, unter die Nase, dass ich die große Nummer im österreichischen Dopinggeschehen sei. Wie er zu dieser These kam? Keine Ahnung. Er selbst behauptete einmal, Walter Mayer habe ihm den Tipp gegeben. Ein anderes Mal wiederum, dass ich mich durch meine Reaktionen bei der Befragung selbst verraten habe. Ich soll sogar einen hochroten Kopf bekommen haben. Dabei weiß ich, dass mir Gefühlsregungen dieser Art völlig fremd sind.

Die letzte mir bekannte stellte sich im Spätsommer 2003 ein, als ich im Trainingslager in Memphis weilte. Und das kam so: Ich besuchte ebendort eine mir bekannte Linzer Tennisspielerin, die ihr Apartment mit zwei Mädels teilte. An der Wand hingen Fotos einer Party mit ausschließlich weiblichen Gästen – und einem Stripper. Was mich veranlasste, eine unvorsichtige Aussage zu tätigen: »Da wäre ich gern der Stripper gewesen.« Ein paar Tage später machten wir das Nachtleben der Elvis-Metropole unsicher. Unter dem Vorwand einer privaten Party lockte mich meine Bekannte am frühen Abend zu einem Zwischenstopp in ihre Wohnung. Als wir das Apartment betraten, hörte ich, wie hinter mir die Wohnungstür versperrt wurde und 15 Collegegirls unisono kreischten: »Yeeeeaaah! The stripper is here!« Damals schoss mir das Blut wirklich in den Kopf, das ist verbrieft. Nicht, dass ich mich für meinen Körper hätte schämen müssen, nicht einmal das Sixpack fehlte. Trotzdem zog ich es vor, mich in die winzige Küche zu verziehen, meine Kleider anzubehalten, ein Bier zu öffnen und darauf zu warten, bis der Spuk vorüber war. Man tat mir den Gefallen.

Viel wahrscheinlicher als Walters Illoyalität oder ein unkontrollierter Gefühlsausbruch meinerseits erscheint mir die Theorie, dass Riebenbauer die Ausführungen eines redseligen Langläufers auf die Sprünge geholfen haben. Der kannte mich zwar nicht persönlich, reimte sich aber allerhand wirres Zeug zusammen: Ich sei für die Razzien in Pragelato und San Sicario verantwortlich, hätte selbst den Anstoß gegeben. Selig die Armen im Geiste …

Des Langläufers und in weiterer Folge Riebenbauers Schwatzhaftigkeit bescherte mir jedenfalls einige unruhige Stunden, den einen oder anderen Anruf der Presse und vielleicht auch jenen hohen Besuch, der mich im Januar 2008 ein wenig aus der Contenance brachte. Ich hatte am 2. Oktober 2007 begonnen, das Haus meiner Großeltern umzubauen, stand 14 Stunden täglich auf der Baustelle, hatte jedes einzelne Teil, das verbaut wurde, zumindest einmal in der Hand. Das Projekt machte gute Fortschritte, aber ich konnte im Januar noch mit keiner Klingel am Haustor aufwarten, die Elektroleitungen bahnten sich gerade erst ihren Weg durch die Mauern. Umso mehr fuhr mir der Schreck in die Glieder, als mir im zukünftigen Vorhaus plötzlich eine stattliche Erscheinung gegenüberstand. Was um alles in der Welt will dieser graumellierte ältere Herr mit Schnauzbart auf meinem Grundstück? Einer eingehenderen Musterung des Eindringlings bedurfte es nicht: Den gut gekleideten Herren hatte ich vor viereinhalb Jahren bei der Öffnung der B-Probe von Ambrose Bitok kennengelernt – Dr. Karlheinz Demel. Was hatte er hier verloren – ohne positiven Test, ohne jeden Verdachtsmoment?

»Sie sollen angeblich Eiweiß-Präparate an Athleten verkaufen«, hielt sich der ÖADC-Abgesandte nicht lange mit Höflichkeitsfloskeln auf. Ich benötigte sicher fünf Minuten, bis ich Herr der Lage war. Wir spazierten durch den Rohbau, ich zeigte ihm das nahe Haus des Vaters von ÖLV-Sportkoordinator Hannes Gruber, damals ein Büronachbar von Demel im Wiener »Haus des Sports«. Nach etwa dreißig Minuten hatte Demel offenbar genug gehört, trat den geordneten Rückzug an. So schlecht lügen, wie es mir Arnold Riebenbauer attestierte, konnte ich, wie es scheint, dann also doch nicht. Denn Demel vermerkte in seinem Einsatzbericht, dass er meine Aussagen für absolut glaubwürdig hielt und keine Notwendigkeit für eine Hausdurchsuchung sah. Viel später vertraute er der SportWoche an, dass an jenem Tag Beamte des Landeskriminalamtes Oberösterreich und der Sicherheitsdirektion nur auf sein Signal gewartet hätten, um den geplanten Zugriff durchzuführen.

Der Besuch der Beamten hätte sich unter Umständen gelohnt. Wenn man die Hausdurchsuchung nicht wörtlich genommen und auf das Auto ausgedehnt hätte. Denn dort lagerten, während mich Karlheinz Demel ins Kreuzverhör nahm und listig um sich blickte, satte 180.000 Internationale Einheiten Dynepo im Kofferraum. Frisch importiert aus Slowenien. Dass die Ampullen in einer 12-Volt-Kühlbox im Auto darauf warteten, ihrer Bestimmung zugeführt zu werden, hatte nur zwei Gründe. Erstens: Der Wetterbericht sagte konstante Temperaturen im für die Lagerung idealen Bereich um plus vier Grad Celsius voraus. Und zweitens: pure Faulheit.

Zwischen Steinzeit und Mondlandung

Chaos, das (griechisch χάος) – laut Wikipedia ein Zustand vollständiger Unordnung oder Verwirrung und damit der Gegenbegriff zu Kosmos, dem griechischen Begriff für Ordnung. Mit Ordnung hatte das, was als Kettenreaktion auf die Razzien von Pragelato und San Sicario folgte, tatsächlich wenig zu tun. Eilig einberufene Pressekonferenzen mit grotesken Szenen, Schuldzuweisungen zwischen ÖSV und ÖOC und bisweilen bizarre Wortspenden von Menschen, denen man ein wenig rhetorisches Geschick durchaus hätte zutrauen können. »Austria is a too small country to do good doping«, diktierte Ski-Präsident Peter Schröcksnadel den Journalisten in die Notizblöcke. Ohne zu ahnen, dass er mit diesem Satz weit über seine Regentschaft als ÖSV-Boss hinaus für Heiterkeit und Fassungslosigkeit sorgen würde. Selbst Jacques Rogge, in Gesprächen mit Vertretern des chinesischen Regimes bemerkenswert konziliant und zurückhaltend, gerierte sich als hemdsärmeliger Macher mit markigen Aussagen: »Für mich ist Walter Mayer der Mann, der Doping in Österreich organisiert.« Ein Statement, das das IOC wohl teuer zu stehen gekommen wäre, hätte der Verleumdete nicht im Februar 2007 seine Klage gegen Rogge und WADA-Chef Richard Pound zurückgezogen. Rein zufällig natürlich, nachdem Christophe De Kepper, der Mann fürs Grobe im IOC, Österreich einen Besuch abgestattet hatte. Ein sanfter Wink reichte und die sportpolitischen Größen der Republik erkannten rasend schnell, dass ein juristisches Vorgehen eines Österreichers gegen Rogge eher keinen orkanartigen Rückenwind für die Olympiabewerbung von Salzburg 2014 erzeugen würde. Woraufhin Walter von allen möglichen Seiten bedrängt wurde, die Klage aus Staatsräson fallen zu lassen. Ein gewichtiges Argument. Fast so gewichtig wie die 290.000 Euro, die seine Schulden glattstellten und damit das Radstädter Haus aus den Fängen der Bank befreiten.

Es versteht sich von selbst, dass speziell der Blutbeutelfund in den ÖSV-Quartieren bei Humanplasma in der Wiener Alserbachstraße 18 die Alarmglocken schrillen ließ. Als ich mich nach dem Verbleib des Gefriergutes erkundigen wollte, kam ich nicht mal bis zum Ende der Begrüßung. »Keine Sorge, wir haben alles vernichtet!« Es lag auf der Hand, dass die drei Akteure rund um Humanplasma nicht zur Tagesordnung übergehen konnten. Zwei solche Störfälle binnen zwölf Monaten, da half aller Patriotismus nichts mehr. Der womöglich wichtigste Pfeiler in meinem Doping-Konstrukt wackelte bedenklich. Einen völligen Einsturz konnte ich mit viel Überzeugungsarbeit aber gerade noch verhindern. »Das könnt ihr nicht machen. Für den geht es um die Tour de France. Der ist auf uns angewiesen«, redete ich den Verantwortlichen ins Gewissen. Ich war gezwungen, auf die Tränendrüse zu drücken, denn Argumente zählten nicht mehr. Schließlich verständigte ich mich mit Meixner und Höcker darauf, zu einem neuen, geringfügig erhöhten Tarif von 2000 Euro nur mehr einen kleinen, exklusiven Zirkel zu bedienen. Gerade einmal vier Athleten sollten nach Februar 2006 noch ein letztes Mal in den Genuss der Dienstleistung kommen – Toni, Nik, Michael und Boris.

Für den Rest der Ausdauersportler hieß es: zurück in die Steinzeit! Manche von ihnen konnten das Projekt Humanplasma mit vier Worten zusammenfassen: Außer Spesen nix gewesen. Bernhard Kohl gehörte zu den Bedauernswerten, die sich mehrmals Erythrozytenkonzentrat abzapfen ließen, dafür bezahlten, aber nie auch nur ein einziges rotes Blutkörperchen retour bekamen. Berufsrisiko. Beschweren konnten sich die Betroffenen ohnehin nirgends. Aber das Leben ging weiter, und die Athleten arrangierten sich mit der neuen Situation. Zumal ich ihnen ja immer noch Blutdoping 1.0 anbieten konnte. Jene Variante, bei der man Vollblut abnimmt, im Kühlschrank lagert und binnen zweieinhalb Wochen, ehe der Verfallsprozess und somit das Absterben von Blutbestandteilen einsetzt, rückführt. Das erzielt zwar auch seine Wirkung, allerdings macht die kurze Haltbarkeit des abgenommenen Blutes ein oftmaliges »Durchtauschen« nötig, was letztlich zu einer ziemlich unappetitlichen Panscherei ausartet. Eine Reihe von Nationen arbeitete jahrelang nach dieser Methode, aber für mich war's nicht anderes als ein Slalom zwischen Improvisieren und Dilettieren. So musste ich nach jeder Abnahme die Blutbeutel in Ermangelung eines Schweißgerätes mit Tape abbinden. Dazu die stete Gefahr, dass im Zuge der Rückführung durch eine Verstopfung der Filter alles verklumpt. Ich war am Ende jeder Sitzung einfach nur froh, dass nichts passiert war.

Dass Humanplasma ein Auslaufmodell sein würde, kristallisierte sich schon bei den bedingt erfolgreichen Überredungsversuchen im März 2006 heraus. Immerhin konnte ich die Geschäftsleitung so lange bei der Stange halten, dass die drei Sommersportler ihre Blutbeutel zum jeweiligen Saisonhöhepunkt (zum Beispiel Tour de France, Rad-WM in Salzburg) erhielten, nur Boris hatte schlussendlich das Nachsehen. Denn als in den letzten Wochen des Jahres ruchbar wurde, dass die Plasmapheresestation über kurz oder lang Besuche von Ermittlern erhalten würde, zogen Höcker und vor allem Meixner die längst überfällig gewordene finale Notbremse.

Mich traf die Entscheidung klarerweise nicht unvorbereitet. Und ich war auch nicht von übergroßer Traurigkeit erfüllt, ging ich doch schon seit Wochen mit einer revolutionären Idee schwanger, wie der Verlust zu kompensieren sei: Warum die Maschinen nicht selbst anschaffen und betreiben? Hexerei konnte die Bedienung ja keine sein, ich hatte das Transfusions-Expertenteam lange genug interessiert beobachtet. Je länger ich darüber nachdachte, desto mehr Vorteile kamen mir in den Sinn – noch weniger Mitwisser, weniger Reisen nach Wien, mehr zeitliche Flexibilität. Ich musste nur drei oder mehr Athleten finden, die bereit waren, für diese Form der exklusiven Betreuung die entsprechenden Summen auf den Tisch zu legen. Gleich bei meinen ersten Gesprächspartnern lief ich mit meinen Vorschlägen offene Türen ein. Sowohl Toni als auch Bob* und Bernhard Kohl erklärten sich bereit, die Investitionskosten zu dritteln, was pro Nase immer noch einer Ausgabe von 25.000 bis 30.000 Euro gleichkam. Dafür sicherte ich dem Trio die kostenlose Benutzung der Maschinen zu.

Auch von Humanplasma kam grünes Licht. Nicht auf Anhieb, aber steter Tropfen höhlte den Stein. Meine Hartnäckigkeit ließ keine Zweifel offen, dass ich es tatsächlich ernst meinte. Und so einigten wir uns schließlich auf einen Deal, mit dem alle leben konnten. Ich erhielt von Humanplasma die ACP 215 des US-Herstellers Haemonetics, die das Ery-Konzentrat für den Gefrierprozess vorbereitet und beim Auftauen das Glycerol aus den Blutkörperchen wäscht. Ich bekam außerdem ein Auftaugerät mit dem vielversprechenden Namen Sahara, ein Sterilschweißgerät, eine Abschweißpistole und den Kühlschrank zur Lagerung der Blutbeutel zum Preis von insgesamt 30.000 Euro. Hinzu kamen Verbrauchsutensilien wie Einmalsets für weitere 3000 Euro. Unbezahlbar hingegen war, was ich darüber hinaus erhielt – ideelle Unterstützung durch Einschulungen, simple Hinweise oder ganz unbürokratisches Türenöffnen. Was ich mir bereits bei der Auswahl des geeigneten Blutzellseparators zunutze machte. Denn den konnte Humanplasma aufgrund des permanenten Einsatzes im »Kerngeschäft« nicht so ohne weiteres entbehren. Auf Empfehlung kontaktierte ich die Firma Baxter, die in ihrem Sortiment ein Gerät führte, das für meine Bedürfnisse wie gemacht schien. Alyx hieß das Ding und war für wohlfeile 48.000 Euro zu haben. Um lästige Fragen gleich im Keim zu ersticken, gab ich mich als wirtschaftlicher Mitarbeiter von »Ärzte ohne Grenzen« aus. Ziemlich dreist, mag sein, aber eine Organisation mit diesem untadeligen Ruf schien mir gerade gut genug, um von meinen niederen Motiven abzulenken. Die kleine Notlüge wirkte jedenfalls.

Mit dem Kauf der Alyx ging eine fünfstündige Einschulung einher, für die mich Professor Höcker höchstpersönlich anmeldete und zu der er mich zu meiner Überraschung auch gleich begleitete. Keine große Überraschung, dass die Transfusions-Koryphäe bei den Ausführungen des Baxter-Schulungsbeauftragten Christian Willingstorfer wenig Neues erfuhr und daher weite Strecken des Vortrags dösend verbrachte. Ich hingegen schreckte jedes Mal aufs Neue auf, wenn mich Willingstorfer mit »Herr Doktor« anredete, ließ es aber nach dem x-ten vergeblichen Protest einfach geschehen.

Kompliziert war der Umgang mit der Zentrifuge nun wahrlich nicht und doch musste ich zunächst einmal schlucken, als mich der Baxter-Mann am Ende der Einschulung fragte: »Haben Sie morgen Zeit für eine Einschulung am Patienten?« Hatte ich natürlich. Und so fand ich mich um 10 Uhr in der Wiener Blutspendezentrale des Roten Kreuzes in der Wiedner Hauptstraße ein. Willingstorfer hatte uns mit einem lapidaren »Ich komme mit einem Magister vorbei« angekündigt und genauso wenig förmlich lief dann mein Auftritt ab. Keiner wollte wissen, woher ich kam, wohin ich ging oder gar wer ich war. Der nächstbeste Spendewillige, ein unscheinbarer Herr mittleren Alters, wurde zu meinem Probanden auserkoren. Das Set hatte ich zuvor in aller Ruhe unter

Beobachtung aller Anwesenden bereits eingespannt, die Ärztin traf auf Anhieb die Vene – und dann kam wieder mein Part. Ich agierte, wie es sich für einen Mitarbeiter von Ärzte ohne Grenzen geziemt – souverän. Der Blutspender war rasch abgefertigt, bekam sein Würstel mit Cola und ging seiner Wege. Ich tat es ihm, allerdings ohne Stärkung, gleich. Test bestanden.

Am 30. Januar 2007 hielt ich schließlich meine eigene Alyx in Händen. Streng genommen war es natürlich die Maschine von Bernhard Kohl, Toni und Bob. Trotzdem – ein erhebendes Gefühl. Und ein erster großer Schritt Richtung Unabhängigkeit. Schon drei Tage später war ich wieder in Ausbildung. Diesmal galt es die Bedienung der ACP 215 zu erlernen. Und meine Lehrmeister kamen direkt aus der Praxis – Professor Höcker und Schwester Andrea. Ich hatte ein Zimmer im Hilton Danube am Wiener Handelskai für unsere »Klausur« gemietet und schleppte gerade meine neuen Erwerbungen Alyx, ACP 215 sowie das restliche für das Prozedere benötigte Equipment in das Hotel, als plötzlich ungewöhnlich viele alte Bekannte aus meiner Leichtathletikzeit um mich herumschwirrten. Das geballte Auftreten der Funktionärskaste hatte natürlich einen Grund: Zeitgleich mit meinem Erythrozyten-»Seminar« hatte der Österreichische Leichtathletikverband am gleichen Ort seine Jugendfachwartetagung anberaumt. Ein Grund mehr, ohne viel Aufhebens möglichst rasch im Zimmer zu verschwinden. Dorthin hatte ich Toni bestellt, damit ich den gesamten Vorgang von der Blutabnahme bis zum Einfrieren unter den gestrengen Blicken der Humanplasma-Abordnung am lebenden Objekt simulieren konnte. Mein Talent blitzte von Beginn an auf: Die Verbrauchs-Sets konnte ich sehr bald schneller einspannen als der Großmeister himself.

Ich war also nun der Abnahme des Konzentrats und des Einfrierens mächtig. Zum Eigenblutdoping moderner Prägung fehlte mir aber noch das Beherrschen eines wesentlichen Arbeitsschrittes: Auftauen und Rückführung. Um mich darin sattelfest zu machen, schreckte das bestens eingespielte Duo Höcker/Wagner im März des Jahres 2007 nicht einmal vor einer Reise nach Oberösterreich zurück. Dort hatte ich mittlerweile eine geeignete Bleibe für meine Gerätschaften gefunden. Einem Stammtischkollegen sei Dank. Alyx & Co ruhten nunmehr im Kellerraum seines Büros in Steyrermühl, zu dem nur ich selbst Zutritt hatte. Für die Blutdoping-Aktivitäten platzierte ich das Hightech-Arsenal im ungleich repräsentativeren Warteraum des Hauses, der jedem Wohnzimmer zur Ehre gereichen würde. Was ich in seinen heiligen Hallen so trieb, konnte ich dem Vermieter natürlich nicht auf die Nase binden. Womit auch klar war, dass Abnahmen nur außerhalb der Bürozeiten, genauer gesagt nach 16 Uhr, stattfinden konnten. Was sich im Normalfall einrichten ließ, aber misstrauische Blicke der nebenan lebenden Mutter des Hauseigentümers heraufbeschwor. Wenn sich der Spätnachmittagstermin für meine Kunden als ganz und gar unpassend erwies, lud ich die Maschinen kurzerhand in mein Auto und erbrachte meine Dienstleistung in einem Hotel in Linz oder Salzburg.

Doch zuerst galt es, sich das Handwerk solide anzueignen, das Auftau- und Rückführungsprozedere zu beherrschen, mit den häufig auftretenden Fehlermeldungen der Alyx umgehen zu lernen. Bald nach dem Besuch von Höcker und Wagner hatte ich das Gefühl, für so ziemlich alle Eventualitäten gerüstet zu sein, und lud Toni zur ultimativen Feuertaufe nach Steyrermühl. Auch diese verlief komplikationslos. Ich schloss die Gefrierschranktür hinter dem ordnungsgemäß verschweißten Erythrozyten-Beutel und atmete tief durch. Ein mickriger Schritt für die Menschheit, ein riesiger für mich als Westentaschen-Hämatologen. Wir gaben uns gegenseitig »High Five« und freuten uns diebisch, dass wir ab sofort die effizienteste Form des Blutdopings im Repertoire hatten. Und das ohne jeden Mitwisser, völlig autonom und ohne zeitliche Einschränkungen.

Für meinen wichtigsten Schützling bei der Nordischen Ski-WM in Sapporo kam dieser Durchbruch zu spät. Er hatte schon den halben Winter über »durchgetauscht«, also Vollblut abgenommen, gekühlt, 14 Tage später wieder rückgeführt, postwendend wurde ein neuer Beutel gefüllt, der Zyklus begann von vorn. Für den Flug jedoch musste der Langläufer, Thrombosegefahr hin oder her, den Inhalt des überschüssigen Beutels – etwa 400 Milliliter – in seine Blutbahn leiten und somit im Körper transportieren. Einerseits galten bei Fluglinien seit dem 6. November 2006 verschärfte Richtlinien für Flüssigkeiten im Handgepäck, andererseits war Blutdoping mittlerweile auf dem Radar der Öffentlichkeit und wir wollten keinesfalls ein unnötiges Risiko eingehen. Gleich nach der Landung in Sapporo wurde das im Körper transportierte Blut in einer Art Motel wieder abgenommen, bis zum Wettkampf gelagert und kurz davor neuerlich zugeführt. Da ich meine Leichtathleten während der Hallensaison für einen so langen Zeitraum nicht im Stich lassen konnte, übernahm diese Spezialaufgabe einer meiner besten Freunde, mit dem mich seit unserer gemeinsamen Zeit im Bundessportheim Blattgasse eine Freundschaft verbindet. Er hatte nichts anderes zu tun als zu verhindern, dass der Blutbeutel aus dem Kühlschrank hüpfte oder irrtümlich der Netzstecker aus der Wand gezogen wurde, erhielt dafür ein schönes Taschengeld und vertrieb sich die Zeit mit Skifahren und WM-Schauen. Es dürfte durchaus ein paar unangenehmere Dinge gegeben haben, als für mich Dopinghilfsdienste zu übernehmen.

Bob konnte also aus zeitlichen Gründen noch nicht auf die neue Blutdoping-Errungenschaft zurückgreifen. Für Bernhard Kohl hingegen wäre es problemlos möglich gewesen, im Februar, März und April das Depot für die gesamte Radsaison, zumindest aber für die Tour de France, anzulegen. Warum es nicht dazu kam? Das müssen Sie Toni fragen. Der drängte mich nach unserer erfolgreichen Feuertaufe, ihm das Erykonzentrat in den ersten Monaten exklusiv zur Verfügung zu stellen. Was sollte ich tun? Toni war mein bestes Pferd im Stall. Und schätzte Bernhard Kohl offenbar so stark ein, dass er es bevorzugte, während der »Großen Schleife« lieber nicht mit den gleichen Waffen gegen den Österreicher zu kämpfen. Also musste eine kleine Notlüge her. »Bernhard, wir werden erst nach dem Sommer in der Lage sein, das Erythrozytenkonzentrat einzufrieren. Wir müssen die Tour de France mit herkömmlichen Methoden bestreiten.« Na bitte, war ja gar nicht so schwer. Nicht die feine englische Art, aber offenbar ziemlich glaubwürdig – Bernhard zeigte keine Anzeichen von Misstrauen. Mein schlechtes Gewissen hielt sich in Grenzen. Bernhard war jung, seine Zeit würde schon noch kommen. Er hat sich (ohne von dieser kleinen Episode erfahren zu haben) eineinhalb Jahre später ohnehin gebührend revanchiert.

Eine Notbremsung für den Gipfelstürmer

Und Bernhards Zeit kam. Noch früher als angenommen. In der zweiten Jahreshälfte kristallisierte sich heraus, dass er mein Flaggschiff unter den Athleten, mein Umsatzbringer für das Jahr 2008 sein würde. Ich kannte ihn seit Januar 2005, nachdem ihn mir Jonathan wärmstens empfohlen hatte: »Da gibt es einen talentierten Mann, der gerade einen Profi-Vertrag bei T-Mobile unterschrieben hat, dort aber in Sachen Doping kaum Unterstützung hat. Kümmere dich um ihn, aus dem wird noch was!« Jonathan sollte recht behalten. Unsere zwischenmenschliche Beziehung war in all den Jahren an der Oberfläche geblieben, es gab keine tiefschürfenden Gespräche wie etwa mit Viktor, es blieb im Grunde eine rein geschäftliche Beziehung. Keiner von uns hatte damit ein Problem, nicht aus jeder Geschäftsbeziehung musste eine Freundschaft fürs Leben resultieren.

Kohl war auf den ersten Blick nicht das Talent des Jahrzehnts, nicht einmal in der überschaubaren österreichischen Rad-Community. Ein Bernhard Eisel, auch ein Christian Pfannberger wurden aufgrund ihrer Anlagen weitaus höher gehandelt. Wobei die Definition von »Talent« meist zu eng gesehen gesehen, oft auf ein paar wenige physische Parameter reduziert wird. Aber der junge Mann aus dem niederösterreichischen Wolkersdorf brachte andere Qualitäten mit. Seine Einstellung zum Sport, sein Lebenswandel, seine Bereitschaft sich zu quälen und, wenn nötig, eisern auf sein Gewicht zu achten, seine Belastungsverträglichkeit, Regenerationsfähigkeit und seine geringe Anfälligkeit für Verletzungen machten ihn zu einer vielversprechenden Aktie auf dem Markt der Pedaleure. Und das wusste er. »Konzentriere dich nur mehr auf mich!«, verlangte er ernsthaft irgendwann in der zweiten Jahreshälfte 2007. Fiel mir natürlich nicht im Traum ein, meine Leichtathleten war ich nicht bereit aufzugeben. Das wäre mir wie ein Verrat an »meiner« Sportart vorgekommen.

Kohl hatte, wie jeder Athlet, der das Potenzial eines Siegers erkennen ließ, von Beginn an meinen vollen Service erhalten. Humanplasma war für ihn zwar ein Schlag ins Wasser, dafür erarbeitete ich flugs einen Plan, wie er mit der Abnahme und Rückführung von Vollblut bestmöglich über die Saison 2006 kommen würde. Als »Basisausstattung« versorgte ich ihn mit EPO, Testosteron-Undecanoat, beides natürlich nach exaktem Austesten, und Wachstumshormon. Nach Anlaufschwierigkeiten in der Debütsaison, in der er aber unter anderem als Helfer von Alexander Winokurow in den Bergen Meriten sammelte, ließ sich das zweite Jahr unter meiner Ägide ganz passabel an: 12. bei der Kalifornien-Rundfahrt, 19. bei der Tour de Romandie und schließlich ein in der Szene viel beachteter dritter Platz beim Tour-Aufgalopp Dauphiné Libéré – allerdings hatte ein Teamarzt ein wenig mit Cortison »nachgeholfen«. Es folgten Rang fünf bei der Österreich-Rundfahrt und ebendort der prestigeträchtige Titel des Glocknerkönigs. Dafür ging der zweite Teil der Saison daneben. Bei der Spanien-Rundfahrt stürzte Bernhard auf der 9. Etappe bei der Abfahrt vom Puerto de San Lorenzo in einer Linkskurve über die Leitplanken rund zehn Meter eine steile Böschung hinunter, zog sich dabei schwere Rückenprellungen zu. Ärgerlich, er war vom Team T-Mobile für die Rundfahrt als Kapitän nominiert worden, zum Zeitpunkt der Aufgabe lag er auf dem aussichtsreichen achten Platz. Bei der Heim-WM in Salzburg einen Monat später musste er nach sieben von zwölf Runden aufgeben. Für die Ausrichtung seiner weiteren Karriere waren die Rückschläge ohne Belang, Team Gerolsteiner, der deutsche Konkurrenz-Rennstall zu T-Mobile, hatte bereits am 7. August die Verpflichtung des Österreichers bekannt gegeben. Ausgedealt wurde der Vertrag von Bernhards damaligem Manager Sigi Fröhlich. Immerhin gelang es dem Deutschen, das bei T-Mobile verdiente mickrige Jahresgehalt von 30.000 Euro beinahe zu verachtfachen. Eine Größenordnung, die mir damals unbekannt war. Den Vertrag hatte ich im Übrigen nie zu Gesicht bekommen. Er ging mich auch nichts an, ich war ja lediglich der Dopingbeschaffer, der zehn Prozent der Einnahmen zu erhalten hatte. Wobei – mit dem heutigen Wissen und einem Taschenrechner zur Hand drängen sich schon Fragen auf: War ich zu gutgläubig? Oder hat sich da einfach einer um 10.000 Euro zu meinen Ungunsten verrechnet?

Bernhards Saison 2007 war zur Gänze auf die Tour de France ausgerichtet, er sollte in den Bergen als Co-Kapitän neben Markus Fothen die Kastanien aus dem Feuer holen. Was nur bedingt möglich war – Toni hatte sich nämlich nicht nur ausbedungen, Bernhard vom Einfrierprozess fernzuhalten, er gestand ihm auch nur maximal zwei gekühlte Beutel Ery-Konzentrat für die gesamte Rundfahrt zu. Bernhard verstand es trotzdem, sich in Szene zu setzen. Gleich auf der ersten Bergetappe startete er einen Solo-Fluchtversuch, ließ alle Favoriten stehen, präsentierte seinen Teamsponsor ideal im Kamera-Schwenkbereich. Nur Michael Rasmussen, bis zu seiner Suspendierung durch das Team Rabobank acht Etappen lang im Gelben Trikot, zog nach, versetzte Bernhard einen anerkennenden Klaps aufs Hinterteil und zog allein Richtung Berggipfel davon. »Was der nimmt, möchte ich auch einmal haben«, deponierte Kohl abends im Telefongespräch mit Manager Fröhlich, wie mir dieser in einem Gespräch im Sommer 2009 verriet. Die klassische Reaktion eines Athleten, dem soeben die eigenen Grenzen aufgezeigt wurden. Nach dem Motto: »Wenn einer besser ist als ich, dann hat er den Zugriff auf effizientere Dopingmittel.«

»Nach der Tour ist vor der Tour«, lautete die Devise nach Bernhards 31. Gesamtrang. Für 2008 galt es nun, alle Möglichkeiten auszuschöpfen. Schließlich lief sein Vertrag bei Gerolsteiner aus und es war durchaus angebracht, sich für andere Teams interessant zu machen. Zumal längst erste Gerüchte kursierten, dass die Mannschaft von Hans-Michael Holczer angesichts des Ausstiegs von Sponsor Gerolsteiner und der schleppenden Nachfrage seitens potenzieller Nachfolger mit Jahresende aufgelöst werden sollte.

Sportlich brachen nun die Wochen der Wahrheit an. Für Bernhard Kohl und mich. Vier Beutel mit Erythrozytenkonzentrat bibberten bei minus 80 Grad im Gefrierschrank vor sich hin, auch die Lagerbestände für die üblichen Regenerationsbeschleuniger waren gut gefüllt. Doch Anfang Juni, beim traditionellen Einrollen für die Tour de France, schien sich alles gegen uns verschworen zu haben. Bernhard stürzte beim Einzelzeitfahren am vierten Renntag der Dauphiné Libéré schwer, musste mit Abschürfungen und Prellungen am ganzen Körper w. o. geben. Auch sein Start bei der Tour de France schien ernsthaft gefährdet. Tatsächlich entpuppte sich der Crash als glückliche Fügung. Um die dramatischen Abschürfungen, die umgehend zu Schwellungen der Lymphknoten führten, zu behandeln, durfte er Cortisontabletten schlucken, was ihm zwar ein zweiwöchiges Startverbot eintrug – allerdings in einer Phase, in der ohnehin nur Regeneration und Training angesagt waren. Völlig stressfrei konnte er nun den Ernstfall proben, sich ideal auf die Anforderungen der Tour vorbereiten – indem er sämtliche Bergetappen im Vorfeld zu Trainingszwecken abspulte. Kilometer für Kilometer.

Andere Manager hätten das Flugticket gebucht und ihm eine gute Reise gewünscht. Aber das entsprach nicht meinem Selbstverständnis. Insgeheim wollte ich mich als Europas erfolgreichster Sportmanager etablieren. Ein Ziel, das mir nur dann realisierbar schien, wenn ich nicht nur mehr zu bieten hatte als andere, sondern das Kerngeschäft professioneller und mit mehr Verve als die Konkurrenz abwickelte. So wie ich noch im November meine bulgarischen Sprinterinnen Lalova und Kirilova bei ihrem heimatlichen Höhentraining in Belmeken, nicht gerade als Las Vegas des Balkans verschrien, besuchte, so schien mir die Anwesenheit bei Bernhards Trainingslager angezeigt.

Wir befuhren nicht nur die exakt gleichen Straßen wie der Tour-Tross drei, vier Wochen später, wir schliefen auch in den gleichen Hotels, in denen das Team Gerolsteiner abzusteigen gedachte. Auch auf dem Speiseplan stand Tour-Kost – Müsli-Mix, Kohlenhydratbomben und dergleichen. Dazu gab es abends ein Glas Rotwein für den Athleten – und den Rest der Flasche für mich. Dass sich, abgesehen von den Blutbeuteln, auch seine Maßnahmen zur pharmakologischen Leistungsoptimierung als ähnlich herausstellten, war von meiner Seite so nicht geplant. Bernhard spritze sich jeden Abend fünf Einheiten Insulin und EPO-Derivat CERA. Wobei ich davon ausging, dass er es rechtzeitig absetzen würde. Meinen Segen zur Verwendung dieses Mittels hatte er ohnehin nicht bekommen.

Schon im Frühjahr hatte er mich darauf hingewiesen, dass sich mehr oder minder das gesamte Peloton mit CERA in Schwung bringt. Ich begann umgehend zu recherchieren, und was ich herausfand, wollte mir so gar nicht gefallen. Allein die viel zu lange Halbwertszeit reichte mir schon, um das Präparat als »Teufelszeug« zu brandmarken. Nach den Dynepo-Fällen des Frühjahrs (Susanne Pumper, Lisa Hütthaler) kam für mich kein weiterer Tanz auf dem Vulkan in Frage. Man musste damit rechnen, dass

CERA über kurz oder lang nachweisbar sein würde. »Ich nehme nur ganz wenig«, versuchte mich Bernhard zu beruhigen. Ich wiederum vertraute darauf, dass sich bei ihm die Vernunft durchsetzen würde, je näher die Tour rückte. Ich hielt vier Blutbeutel für absolut ausreichend, um die »Große Schleife« auf höchstem Niveau zu bewältigen. Aber er dachte gescheiter sein zu müssen.

Ansonsten verlangte mir das Trainingslager alles ab. Um Bernhard Ausfahrten im Renntempo zu ermöglichen, musste unser Auto auf den flacheren Passagen oft den Windschatten des Pelotons simulieren, speziell mein rechter Fuß hatte daher Schwerstarbeit zu verrichten. Um das Gaspedal über Stunden nur ganz sanft zu betätigen, sich je nach Bedarf bei etwa 60 km/h einzupendeln, den Hintermann einige Zentimeter hinter der Stoßstange zu halten, braucht es einiges an Konzentration und muskulärer Geschmeidigkeit. Dazwischen sorgte immerhin das eine oder andere Überholmanöver für Heiterkeit. Wenn Bernhard ein paar Serpentinen vor sich einen ambitionierten Hobbyradler entdeckte, legte er regelmäßig noch einen Gang zu, passierte den Reserve-Armstrong in absolutem Renntempo und erntete dafür meist ein entnervtes Kopfschütteln. 20 Kilometer vor dem Ende der dritten und letzten Pyrenäenetappe war es dann Bernhard selbst, der entnervt vom Rad stieg. Eine gebrochene Nabe machte jede Weiterfahrt unmöglich. Die Reaktion von Gerolsteiner zeigte, welch großen Wert die sportliche Führung auf ihren Bergspezialisten legte. Am Tag der ersten Trainings-Alpenetappe stand eine neue Rennmaschine bereit, ein Mechaniker war dafür extra durch halb Europa gejettet.

Am 5. Juli nahm Bernhard in Brest seine zweite Tour de France in Angriff, 3.500 Kilometer und 21 Bergpässe der höchsten, ersten und zweiten Kategorie lagen vor ihm. Und vier Blutbeutel standen bereit, ihm die Tortur zu erleichtern. Den ersten reinfundierte ich ihm in Cholet nach Etappe 4, rechtzeitig vor der Fahrt durch das Zentralmassiv, den zweiten nach Teilstück 7 in Aurillac, zwei Tage vor der ersten Pyrenäenetappe. Alles keine Hexerei, speziell wenn man rechtzeitig an die Quartierliste der Mannschaft kommt und es gelingt, sein Zimmer im gleichen Hotel zu buchen.

Bei der ersten Etappe im Hochgebirge hielt sich Bernhard noch vornehm zurück, doch schon die zweite lieferte den Beweis, dass ich auf das richtige Pferd gesetzt hatte. Die 156 Kilometer am französischen Nationalfeiertag von Pau über den Tour-Giganten Col du Tourmalet hinauf zur Bergankunft ins 1.512 Meter hoch gelegene Hautacam änderten sein und mein Leben nachhaltig. Mit Rang vier auf dieser Pyrenäenetappe lag der Österreicher, der bis dahin selbst in der Heimat einer breiteren Öffentlichkeit völlig unbekannt war, als Gesamtvierter gerade einmal 46 Sekunden hinter dem Gelben Trikot des Australiers Cadel Evans.

Ich befand mich zu diesem Zeitpunkt bereits wieder zuhause in Laakirchen, verfolgte den Gipfelsturm vor dem Fernseher. Und war mit einem Schlag ein gefragter Mann. Im Minutentakt klingelte das Handy, es hagelte Interviewanfragen für meinen Schützling, es regnete Angebote, bei den lukrativen Kriterien nach der Tour präsent zu sein. Bernhards Marktwert für diese »Erntedankrennen« bewegte sich zwischen 7000 und 12.000 Euro, je nachdem, ob er als Träger des gepunkteten Bergtrikots auf den Champs-Elysées ankommen würde oder nicht.

Ich ahnte, dass der Hype nicht abebben würde, schließlich hatten wir noch weitere zwei Blutbeutel auf Lager. Der insgesamt dritte war für Narbonne, drei Tage vor der ersten Alpenetappe, geplant. Da die Geburt meines Sohnes unmittelbar bevorstand, war schon vor der Tour abgemacht, dass mich ein langjähriger Freund vertreten würde. Bernhard hatte schließlich, wenn ich abwesend war, immer selbst Hand angelegt, hatte deshalb reichlich Erfahrung mit Nadeln aller Art und beherrschte die Technik des Rückführens fast ebenso gut wie ich. Ich war daher sehr erstaunt, als ich in seinem späteren Doping-»Geständnis« im Kurier erfuhr, dass mein Kumpel versucht hätte, in die Vene zu stechen, und dabei ein wahres Blutbad angerichtet haben soll. Schöne Geschichte, dramaturgisch einwandfrei, aber fernab der Wahrheit.

Nicht zu bestreiten ist hingegen, dass auch Blutbeutel Nummer drei seine Wirkung entfaltete. Und wie! Auf der 15. Etappe, der ersten vor der Kulisse der Alpengipfel, kletterte Bernhard souveräner denn je – und ins gepunktete Trikot des besten Bergfahrers. Beim Schlussanstieg zum Etappenziel im italienischen Prato Nevoso hielt von den Tour-Mitfavoriten nur mehr Carlos Sastre (ESP) Bernhards Hinterrad, Rang fünf spülte den Shooting-Star auf Platz zwei der Gesamtwertung – sieben Sekunden hinter Leader Fränk Schleck (LUX). Es war der Moment, wo bei mir wieder das Telefon zu schrillen begann. Diesmal mischten sich unter die Bittsteller und Anbieter aber auch ein paar warnende Stimmen. »Hört auf damit! Es wird zu auffällig!«, raunte Bernhards Zentrifugen-Kumpan Toni ins Handy. Da schwang auch Neid mit, keine Frage, aber

Recht hatte er allemal. Ich musste Bernhard bremsen, bevor er als Tour-de-France-Sieger durch Paris rollte. Und ich musste ihm das vor allem irgendwie beibringen. Denn noch am gleichen Abend sollte der vierte und letzte Blutbeutel seiner Bestimmung zugeführt werden. In Cuneo, wo der letzte Tour-Ruhetag zum Aufpäppeln des Hämatokritwertes geradezu einlud. Doch Bernhards Werte, die er täglich mit seinem Messgerät überprüfte, waren top, er fuhr schnell, es bestand keine Notwendigkeit, das Glück über Gebühr herauszufordern. »Hör mal zu, wir sind dort, wo wir hinwollen. Du hast stark aufgezeigt, ein Top-Vertrag ist dir sicher. Lass es uns nicht übertreiben!«, redete ich ihm per Telefon ins Gewissen. Zu Bernhards Ehrenrettung sei festgehalten, dass die Diskussion nicht von langer Dauer war. Er war noch recht geerdet zu diesem Zeitpunkt (das änderte sich erst allmählich nach seiner Rückkehr), fand die Lösung akzeptabel – wir wurden handelseins.

Es steht für mich außer Zweifel, dass Bernhard Kohl mit weiteren 180 Millilitern Erykonzentrat im Blutkreislauf die 95. Tour de France gewonnen hätte. So aber stürmte Carlos Sastre auf der Königsetappe am Fuße der 21 Kehren hinauf nach Alpe d'Huez der Spitzengruppe auf und davon und dem Toursieg entgegen. Bernhards Verfassung reichte aber auch ohne »Komplettservice«, um die beste Gesamtplatzierung eines Österreichers (Adolf Christian, 1957) zu egalisieren. Das mit 25.000 Euro dotierte Bergtrikot war dem damals 26-Jährigen bereits in Alpe d'Huez nicht mehr zu nehmen, seinen dritten Gesamtrang fixierte er mit der besten Zeitfahrleistung seiner Karriere (Rang 9 nach 53 Kilometern im Kampf gegen die Uhr). Ein ruhmreiches Kapitel österreichischer Sportgeschichte war damit im Kasten. Dass es innerhalb von zweieinhalb Monaten völlig neu geschrieben werden musste, war zu diesem Zeitpunkt auch für mich in keinster Weise absehbar.

Der Fall ins Bodenlose

Die österreichischen Gazetten überschlugen sich förmlich mit Superlativen, Lobeshymnen und Vereinnahmungen (»Alle warten auf unseren Super-Berni!«). Und wir begannen, es uns auf Wolke sieben bequem zu machen. Seit der neue Lieblings-Adoptivsohn der Österreicher am Sonntag, den 27. Juli 2008 nach 87 Stunden, 54 Minuten und 5 Sekunden Buckeln und Treten die Ziellinie überquert hatte, lief mein Telefon noch heißer als in den zehn Tagen davor. Wann kommt Bernhard heim? Wo wird er landen? Wann gibt es die Möglichkeit für Fotos und Interviews? Gebetsmühlenartig versuchte ich die Meute mit ausweichenden Antworten auf Distanz zu halten. Bernhard hatte nämlich noch Verpflichtungen im Ausland: Montag den Teamempfang in Gerolstein und Dienstag in Diksmuide (Westflandern) das erste von fünf Radkriterien in Belgien und den Niederlanden, die ihm jeweils 12.000 Euro einbrachten. Der neue Volksheld konnte folglich erst am Mittwoch in der Heimat einschweben, der erste öffentliche Auftritt war für den gleichen Abend beim Radkriterium in Wels geplant.

Wir wollten weder Politiker noch Blasmusik als Empfangskomitee, sondern erst einmal die Taktik für die nächsten Wochen zurechtlegen. Dazu gab es bisher ja wenig Gelegenheit, weil ich wegen der nahenden Geburt meines Sohnes von der Reise nach Paris Abstand genommen hatte. Außerdem gab es da noch diesen einen (vierten) Blutbeutel, der bereits aufgetaut war und den wir keinesfalls achtlos wegwerfen wollten. Ich fuhr daher Mittwoch Vormittag bei der Ankunftshalle des Linzer Flughafens vor, ließ Bernhard einsteigen und düste mit ihm unbehelligt nach Laakirchen. Sonia hatte Spaghetti Bolognese gekocht, wir aßen zu Mittag, anschließend warf ich die Blutzentrifugen an. Business as usual.

In Wels war am Nachmittag dann der Teufel los. ORF-Interview, Pressekonferenz, Autogrammstunde – hätte ich nicht in Bodyguard-Manier das menschliche Schutzschild gemimt, Bernhard wäre wohl weder rechtzeitig zum Start des Kriteriums noch jemals wieder von dort weggekommen. Sportlich wahrte er mit Rang drei jedenfalls sein Gesicht – doch das war, wie bei solchen »Kirmesrennen« üblich, bereits im Vorhinein festgestanden.

Generell war mir daran gelegen, möglichst alle Medienanfragen zu befriedigen, keinen Journalisten, kein Medium vor den Kopf zu stoßen. Schließlich begegnet man sich im Leben immer zweimal. Und es fielen mir eine Reihe von Situationen ein, in denen ein freundlich gesinntes mediales Umfeld ganz praktisch sein könnte. Dass ich Interviews der weniger reichweitenstarken Medien trotzdem nur mehr schriftlich zuließ und selbst beantwortete, dürfte durchaus Usus sein. Ich war binnen kürzester Zeit ja ohnehin in der Lage, die Fragen mindestens so gut zu beantworten wie mein Schützling.

Bernhard hatte die Teilnahme in Wels und an den drei weiteren österreichischen Kriterien in Waidhofen an der Ybbs, Wien und Gmünd noch vor der Tour selbst ausgemacht, allzu viel Spielraum zum Nachverhandeln blieb daher nicht. Trotzdem streifte er zwischen 5000 und 10.000 Euro pro Rennen ein. Hochgerechnet ein ganz netter Stundenlohn. Hinzu kamen zwei neue Sponsoren – Technogym, ein Hersteller von Wellness- und Fitnessgeräten, und Manfred Kiesl, der mit Erybol ein Nahrungsergänzungsmittel für Ausdauersportler auf den Markt gebracht hatte. Der Geschäftsführer von Technogym hatte sich im Übrigen eine Klausel ausbedungen, wonach im Falle einer positiven Dopingprobe die Tranche für das laufende Quartal nicht mehr ausbezahlt werden muss. Eine weitere Einnahmequelle waren mit Plaudereien kombinierte Autogrammstunden, für einen ein- bis zweistündigen Auftritt hatte man zwischen 3000 und 7000 Euro zu berappen. Ein leicht verdientes Kleingeld, für September und Oktober allein wären rund 15 solcher Auftritte vereinbart gewesen. Und hinter den Kulissen wurde eifrig am Vertrag mit dem neuen Rennstall gebastelt. Vier Teams waren in die engere Auswahl gekommen: Quick Step, Garmin-Slipstream, Katjuscha und Silence-Lotto.

Vielleicht war es der zum Greifen nahe Reichtum, der Ruhm oder die Aufmerksamkeit, die ihm zuteilwurden – Bernhard begann aus meiner Sicht in diesen Tagen die Bodenhaftung zu verlieren. Ich merkte es zuallererst an seinem Umgang mit dem anderen Geschlecht, das sich relativ zahlreich bei den Radkriterien einfand. Häufig in Reihe eins und auffallend ausdauernd. Weit über die Zieldurchfahrt hinaus. Das junge Volk hatte etwas Groupiehaftes. Zumindest dürfte es Bernhard so interpretiert haben. Einmal wurde ich Ohrenzeuge, wie er einem jungen Mädchen, das er meines Wissens nie zuvor gesehen hatte, mitteilte: »Du, tut mir leid, das wird heute nix mehr mit uns. Vielleicht ein anderes Mal.«

Nach außen hin war dieser Verlust von Bodenständigkeit nicht zu merken, Bernhard kam bei den Medien und beim Publikum gut an, er war ein gefragter Mann. Und damit auch ich als sein Manager. Unser Plan sah vor, erstens die Saison sportlich würdevoll zu Ende zu bringen. Schließlich stand nach den Kriterien noch die Deutschland-Tour, ein Heimspiel für Gerolsteiner und daher eine bedeutsame Woche für Bernhard, auf dem Programm. Zweitens galt es die Medienanfragen abzuarbeiten und drittens den neuen Vertrag zu fixieren. Erst für die Zeit ab 8. September pflasterte ich seinen Terminkalender mit öffentlichen Auftritten voll. Ein Timing, das es mir immerhin erlaubte, bei der Geburt meines Sohnes anwesend zu sein. Ein ungleich wichtigeres Ereignis als all die »staatstragenden« Anlässe davor und danach.

Punkt zwei und drei der Agenda verliefen zu unserer vollsten Zufriedenheit. Am 22. August unterzeichnete der neue Stern am Radhimmel einen Dreijahreskontrakt beim belgischen Radstall Silence-Lotto. Eine Vereinbarung mit einer derart langen Laufzeit kommt in der Branche nicht allzu häufig vor. Ein weiteres Zeichen dafür, dass man in Bernhard den Mann der Zukunft sah. Zumal man sich auch die bei WADA und UCI (dem internationalen Radsportverband) aufliegenden Blutwerte angesehen hatte und keine Auffälligkeiten feststellen konnte. Man vereinbarte Stillschweigen bis zur Präsentation am 8. September in Wien. Die finanziellen Details blieben auch dort ungenannt. Obwohl sie durchaus Beachtung verdient hätten. Bernhard wurde für 2009 ein Fixum von 750.000, für 2010 von 900.000 und für 2011 von 1,2 Millionen Euro zugesichert. Zusätzlich wurden Prämien festgeschrieben: Für den Sieg bei der Tour de France wäre eine Million, für Rang zwei 400.000, für Rang drei 200.000 Euro fällig geworden, das Bergtrikot hätte 80.000 gebracht, jeder Etappensieg 25.000 Euro. Ähnliche Vereinbarungen, nur auf niedrigerem Niveau, galten für Giro d'Italia und Vuelta a España. Wobei bei der Auswahl des optimalen Arbeitgebers weniger das Geld als die Perspektiven den Ausschlag gaben. Der Deal war auch für mich kein übler, hätte ich doch als Manager für Sport und Doping 15 Prozent der Gesamtsumme (statt bisher zehn) verdient. Was auf die nächsten drei Jahre gesehen ein monatliches Gehalt von 11.875 Euro brutto ergeben hätte. Ohne meine anderen Standbeine berücksichtigt zu haben.

Über den sportlichen Marschplan waren sich Bernhard und ich einig. In den ersten beiden Saisonen hätten wir pharmakologisch-sportmedizinisch kein großes Risiko genommen, wahrscheinlich zwei Blutbeutel bei der Tour de France zugeführt, mehr nicht. Bernhard hätte Evans, mit seinen dann 32 Jahren ein Kapitän mit Ablaufdatum, als Helfer bedingungslos unterstützt, nur im Falle eines Einbruchs des Australiers seine eigene Chance gesucht. Im dritten Jahr jedoch wären wir aufs Ganze gegangen, um schon auf der ersten Bergetappe die Kapitänsfrage zu entscheiden. Bernhard hätte dann zwei Saisonen mehr im Trainingsprozess, zwei Saisonen mehr an Rennerfahrung einbringen können. Die Leistungsexplosion ausgerechnet in dem Jahr, in dem es den neuen Vertrag auszuverhandeln gilt – ein Phänomen, das sich im Radsport sehr häufig beobachten lässt.

Doch noch galt es dem alten Arbeitgeber zu dienen – bei dessen Heimspiel, der (wie sich herausstellen sollte, vorerst letzten) Deutschland-Tour. Motivationstechnisch keine leichte Aufgabe: Die Formkurve war klarerweise schon weit entfernt vom Gipfel, es lohnte sich auch nicht mehr, auf der Ebene der unerlaubten Leistungssteigerung großartig nachzuhelfen. Trotzdem stellte ein Nichtantreten keine Option dar. Immerhin rollte der Prolog (Kitzbühel) und die erste Etappe (Kitzbühel–Hochfügen) über österreichisches Terrain. An Bernhards Chancenlosigkeit änderte das nichts, er befand sich einmal (Etappe 2) in einer Ausreißergruppe, kam aber letztlich nie mit der Zeit des Siegers ins Ziel und beendete das Trauerspiel mit 53 Minuten Rückstand auf Rang 92.

Die Welle der Begeisterung ebbte deswegen klarerweise nicht ab, ein Live-Auftritt im österreichischen Fernsehen leitete das große »Erntedankfest« ein, das mit besagter Präsentation im Radisson SAS Palais Hotel am Wiener Parkring den ersten Höhepunkt erlebte. Der großzügig bemessene Konferenzraum im zweiten Stock platzte aufgrund des ausufernden Medieninteresses aus allen Nähten, bei weitem nicht jeder Journalist konnte sich eines Sitzplatzes erfreuen. Halb so schlimm – für die kurze Inszenierung reichte die Kondition der zum Teil auch aus Deutschland angereisten Schreiberlinge allemal. Zunächst sorgte lautes Schnarchen für Aufmerksamkeit, dann stellte sich Ruhe ein, die Tür öffnete sich, alle Kameras waren darauf eingerichtet, Bernhards Auftritt festzuhalten. Doch der reckte und streckte sich in einem dahinter stehenden Bett, wachgeküsst von zwei aparten Schönheiten, die sich für eine ungestörte Nachtruhe bedankten. Denn Kohl hatte sich mit dem Antischnarchrachenspray von Silence ruhig gestellt. Ein effektvolle Präsentation, wie mir auch lang gediente Reporter-Haudegen bestätigten. Ein Lob, das mich um einige Zentimeter wachsen ließ. Auch die anschließende Pressekonferenz im Beisein des Sportlichen Leiters von Silence-Lotto, Marc Sergeant, verfehlte ihre Wirkung nicht. Von der Präsentation ging es direkt zum Livechat einer österreichischen Tageszeitung. Eine der zahlreichen Fragen zum Thema Doping beantwortete Bernhard so: »Wenn einer betrügt, wird er in der heutigen Zeit auch erwischt.« Eine der Aussagen, die wir uns zurechtgelegt hatten. Völliger Nonsens natürlich, aber in Bezug auf Bernhard entpuppte sich der Satz als selbst erfüllende Prophezeiung.

Noch lagen einige unbeschwerte Tage vor Bernhard: Er vertiefte seine beim Empfang am 3. August in seiner Heimatgemeinde Wolkersdorf geschlossene Freundschaft mit Niederösterreichs Landeshauptmann Erwin Pröll (was ihm nach seinen Doping-Geständnissen nicht zum Nachteil gereichen sollte), fuhr in Nürnberg ein emotionales Abschiedsrennen für das in Auflösung begriffene Gerolsteiner-Team, fungierte als Gastredner bei der Tagung der österreichischen Sportjournalisten, absolvierte Charitys für behinderte und herzkranke Kinder, lernte Thomas Muster im Rahmen der Initiative »Seven Days for Fitness« kennen. Und wurde in der Tiroler Nobelabsteige Stanglwirt im Rahmen der GTM-Trophy hofiert. Bei dieser Wohltätigkeitsveranstaltung für die Franz-Beckenbauer-Stiftung und die Österreichische Sporthilfe ersteigerte der Generaldirektor des Österreichischen Verkehrsbüros eine Wörthersee-Radtour mit Bernhard Kohl für 5000 Euro. Gekommen ist es zu der kleinen Ausfahrt nicht mehr.

Man schrieb den 17. September, als sich erstmals beunruhigende Nachrichten aus Frankreich den Weg in die Radwelt bahnten. Pierre Bordry, Präsident der französischen Anti-Doping-Agentur (AFLD), gab bekannt, 14 als auffällig eingestufte Dopingproben im Labor von Châtenay-Malabry nochmals auf CERA untersuchen zu lassen. Neun Tage später folgte die Präzisierung: Man habe nun einen Bluttest entwickelt, der CERA-Spuren wesentlich treffsicherer nachweisen könne als der Urintest, der unter anderem Riccardo Riccò (Italien) während der Tour de France zum Verhängnis geworden war. Ich nahm die Aufregung nur am Rande wahr, ging ja nach wie vor davon aus, dass Bernhard das Präparat einige Tage vor dem Tourstart abgesetzt hatte.

Auch bei Bernhard konnte ich keine gröberen Panikattacken feststellen. Dazu kannte er wohl meine Meinung zur Ankündigungspolitik der Anti-Doping-Agenturen zu gut. Würde man all die Versprechungen für bare Münze nehmen, müssten, um nur ein Beispiel zu nennen, hunderte Wachstumshormon-Verwender längst überführt und gesperrt sein. Die Statistik hat aber bis Herbst 2010 mit dem englischen Rugbyspieler Terry Newton erst einen einzigen registriert (der sich bald darauf das Leben genommen hat). Noch wesentlich mehr Gewicht hatte aber die Aussage von Tour-de-France-Generaldirektor Christian Preudhomme, der seinem langjährigen Verbündeten im Kampf gegen die UCI, Team-Gerolsteiner-Boss Hans-Michael Holczer, verriet, dass keiner seiner Fahrer im Kreis der Verdächtigen aufschien. Wir kamen daher wie geplant unseren Verpflichtungen nach und nahmen die Einladung zur Aufzeichnung der Sportler-Promi-Millionenshow zugunsten der Österreichischen Sporthilfe am 25. September in Köln wahr. Bernhard spielte gemeinsam mit Ex-Bahnrad-Weltmeister Franz Stocher, der mich, in Anspielung auf den mir vorauseilenden Ruf, fragte: »Kann da mit euch zweien eh nichts passieren?« Ich verneinte und überging die kleine Spitze geflissentlich.

Das Tandem spielte immerhin 20.000 Euro ein, wobei Bernhard bei der letzten Hürde die Hilfe eines Telefonjokers in Anspruch nahm – Gerolsteiner-Teamchef Hans-Michael Holczer klärte ihn auf, dass »in petto« vom italienischen Wort für Brust stammt. Ansonsten war ich vom Auftritt meines Schützlings eher peinlich berührt. Bernhard ließ jede Authentizität vermissen, versuchte mit seichten Pointen zu punkten, klopfte Moderator Armin Assinger anmaßend jovial auf die Schulter, nannte ihn »Assi Arminger« und fand das unheimlich komisch. In der Pause versuchte ich dem Schelm mit viel Fingerspitzengefühl zu verstehen zu geben, dass er ein wenig auf die Humorbremse treten solle. Doch der Westentaschen-Entertainer ließ sich nicht beirren, verwies darauf, dass Assinger die Athleten (neben Kohl quizzten Judo-Ass Ludwig Paischer, die Beachvolleyball-Aushängeschilder Clemens Doppler und Doris Schwaiger, Rapid-Torhüter Helge Payer, die Alpin-Promis Alexandra Meißnitzer und Matthias Lanzinger sowie Paralympics-Sieger Thomas Geierspichler) vor Beginn der Aufzeichnung ermuntert hatte, ruhig ein wenig aus sich herauszugehen. Somit musste ich im Halbscheinwerferlicht der zweiten Reihe der Zuschauertribüne weiterleiden.

Als die Show am 18. Oktober ausgestrahlt wurde, fehlten dann ohnehin einige der Kohl'schen Bonmots – unter anderem jene Passage, in der er seinen sensationellen Aufstieg allein mit dem »Rückhalt seiner Fans« erklärte. Zudem lief eine Einblendung am Bildrand durch, in welcher darauf hingewiesen wurde, dass die Sendung vor Bekanntwerden von Kohls positiver Dopingprobe aufgezeichnet worden war. Eine Kuriosität der österreichischen Fernsehgeschichte. Die einzige Alternative wäre gewesen, das gesamte Sendematerial einzustampfen. In diesem Fall wären der Sporthilfe dank Bernhard allerdings 250.000 Euro an erspieltem Geld und Sponsoreinnahmen durch die Lappen gegangen. Bernhard war aufgrund seiner damaligen Ausnahmestellung als einzigem Sportler zugestanden worden, den Schriftzug der eigenen Sponsoren am Poloshirt anzubringen. Die Sporthilfe ließ sich diese Ausnahmeregelung verständlicherweise aber fürstlich entlohnen. Eine bevorzugte Behandlung wurde Bernhard auch bei der Sportgala »Una Notte Sportiva«, traditionell der Auftakt für den Tag des Sports Ende September am Wiener Heldenplatz, zuteil. Organisator Edi Finger sagte auch noch artig Danke, dass der Vielgerühmte der Gala wenigstens für eine Stunde die Ehre gab, stellte ihm für An- und Abreise sogar einen Transportservice von und nach Wiener Neustadt zur Verfügung. Bernhard hatte angegeben, aufgrund eines Krankenhausaufenthaltes seiner Mutter unabkömmlich zu sein. Meines Wissens erfreute sich die Dame an jenem Tag allerdings bester Gesundheit. Dafür brauchte jemand anderer Zuspruch.

Es war auch die Zeit der großen Sportlerwahlen. Die rund 500 Mitglieder von Sports Media Austria küren traditionell in der ersten Oktoberhälfte die Sieger in den Kategorien Sportler, Sportlerin und Team des Jahres, die dann im Rahmen der Gala »Nacht des Sports« bekannt gegeben und geehrt werden. Das »Sportmagazin« erstellt sein eigenes Ranking und widmet dem Sieger die Coverstory des Mitte Oktober erscheinenden Heftes. 2008 war für beide

Institutionen die Entscheidung sonnenklar – Berni Nazionale musste es sein. Das Sportmagazin lud den Sieger zum aufwändigen Fotoshooting in italienischen Designerklamotten von Torboli. Wofür sich Bernhard gleich erkenntlich zeigte, indem er eine Tasse Kaffee über eine sündhaft teure, weiße Jacke leerte.

Wäre es eine Weste gewesen, hätte man das als »symbolisch« werten können. Aber auch so schwammen Bernhard langsam, aber sicher die Felle davon. Wenn es noch eines Winkes mit dem Zaunpfahl bedurft hätte, erhielt er ihn am 6. Oktober. Die AFLD machte die ersten beiden Namen von CERA-Usern publik: Leonardo Piepoli (Italien) und Stefan Schumacher, Bernhards deutscher Zimmerkollege. Das wirklich Niederschmetternde an der Botschaft war, dass Präsident Bordry die Bekanntgabe weiterer überführter Sportler in Aussicht stellte. Bernhards Stimmung kippte von einem Tag auf den anderen. Bei einer Autogrammstunde am Nachmittag des 6. Oktober stand er völlig neben sich, 24 Stunden später verlor er erstmals gegenüber Journalisten die Contenance. Bei einem Termin im ARBÖ-Fahrtechnikzentrum im 22. Wiener Gemeindebezirk brach es nach der x-ten Frage zum Thema Doping aus ihm heraus: »Lasst mich endlich in Ruhe mit dem Scheiß!«

Mit jedem Tag, an dem zwischen Frankreich und uns Funkstille herrschte, keimte mehr Hoffnung, ungeschoren davonzukommen. Ich befasste sogar einen mir bekannten Energetiker mit der Thematik, legte alle Karten auf den Tisch – und erhielt die gewünschte Expertise: »Energetisch ist alles in Ordnung.« Was immer das hieß. Bernhard, der ganz gern seinem Bauchgefühl vertraute, war derselben Ansicht. »Ich glaube nicht, dass da was kommt.« Er hatte auch längst seine Fassung wiedergefunden, operierte in Interviews gerne mit dem gemeinsam erarbeiteten Satz »Ich kann ganz ruhig schlafen.« Eine Nullaussage, die aber herrlich nach Unschuldslamm klingt.

Das letzte Mal »ruhig geschlafen« dürfte Bernhard in der Nacht auf Montag, den 13. Oktober 2008, haben. Der Tag, an dem die Wahrheit ans Licht kam. Ich hatte gerade zwei Stammtischkollegen im Haus, die sich an meinen Elektroinstallationen zu schaffen machten, als das Telefon läutete. »Wir haben ein Problem«, hörte ich meinen Schützling sagen und wusste sofort, was es geschlagen hatte. »Mader und Schwab (der Manager des Dopingkontrollsystems und der Geschäftsführer der NADA) sind auf dem Weg zu mir.« Ohne jede weitere Information war es nahezu unmöglich, eine vernünftige Verteidigungsstrategie festzulegen. Wir kamen überein, dass es zum jetzigen Zeitpunkt das Vernünftigste sei, alles abzustreiten, zu beteuern, dass man sich die positive Probe nicht erklären könne.

Ich selbst war sehr gefasst, nahm die Nachricht mit stoischer Ruhe zur Kenntnis. Es klingt paradox, aber man stumpft in diesem Business unheimlich schnell ab. Beim ersten Dopingfall, der einen meiner Sportler betraf, hatte es mir noch fast den Magen umgedreht, ich war eine Stunde lang wie paralysiert. Und jetzt ging ich beinahe zur Tagesordnung über. Beinahe aber nur. Um 18 Uhr hatte Bernhard die Nachricht von seinen zwei positiven Tests (vom 3. und 15. Juli, der Zweite also am Tag nach seinem Durchbruch in Hautacam) erhalten und die dazugehörigen, ausschließlich französischsprachigen Papiere überreicht bekommen. Um 19.35 Uhr ratterte eine Eilmeldung über die Austria Presse Agentur – »Radsport: Tour-de-France-Dritter Kohl positiv auf EPO CERA getestet«. Zwei, drei Minuten später hatte ich den ersten Journalisten in der Leitung, der wissen wollte, was Sache ist. »Bernhard hat nichts genommen. Wir können uns die Sache nicht erklären«, lautete meine stereotype Einschätzung der Lage.

Genauso wenig konnte ich mir zunächst erklären, dass die Sache zu diesem Zeitpunkt an die Öffentlichkeit gelangte. Klar, das Mitleid mit Dopingsündern ist begrenzt. Und dennoch: Auch überführte Sportler haben Rechte. Doch die werden in einer Vielzahl von Fällen mit Füßen getreten. Eigentlich ist es ausschließlich dem Athleten vorbehalten, das Vorliegen einer positiven A-Probe (bei der Kontrolle wird die Menge des abgegebenen Urins/Blutes im Verhältnis 2:1 auf A- und B-Flasche aufgeteilt; die B-Flasche wird erst auf Wunsch des Athleten geöffnet, um eine positive A-Probe zu bestätigen oder zu widerlegen) zu kommunizieren. Im konkreten Fall liegt der Informationsfluss auf der Hand. Die Tour de France wird von der Amaury Sport Organisation veranstaltet, deren Eigentümer der Verlag Editions Philippe Amaury ist, der wiederum hinter der französischen Sporttageszeitung L'Équipe steht. Eine der drei Institutionen dürfte jedenfalls so intensive Kontakte zur AFLD pflegen, dass das zeitnahe Hinausposaunen der Skandalmeldung gar keine journalistische Herausforderung mehr darstellte.

Bemerkenswerter als Kohls positive Dopingprobe fand ich die Tatsache, dass bei den Nachtests lediglich drei Fahrer in die Falle gegangen sein sollen. Bernhard hatte von einer flächendeckenden Durchseuchung des Feldes durch CERA gesprochen. Was sich auch mit meinen anderen Informationsquellen deckte. Somit bilanzierte die Tour de France 2008 mit insgesamt sieben Dopingfällen (Rekord!), vier davon wegen des EPO-Derivats. Bei diesen vier handelte es sich um zwei Fahrer eines Rennstalls, dessen Auflösungstendenzen unübersehbar waren (Gerolsteiner), um Riccardo Riccò, dessen auffallend explosive, siegbringende Antritte auf den Etappen 6 und 9 kopfschüttelnd zur Kenntnis genommen worden waren, und um dessen Saunier-Duval-Team- und Zimmerkollegen Leonardo Piepoli, mit 37 nicht unbedingt die Zukunft des Radsports. Man kann es drehen und wenden, wie man will: Auf allzu viel Courage beim Großreinemachen deuten die vier »schwarzen Schafe« nicht hin.

Die österreichische Presse begann sich indessen auch auf mich einzuschießen. Alle längst bekannten, weil nicht verheimlichten Fakten – meine Freundschaft zu Walter Mayer und Manfred Kiesl, meine Bekanntschaft mit der damals gesperrten Ex-Läuferkollegin Susanne Pumper, der zunächst positiv gewertete Dopingtest meines Schützlings Simon Vroemen, mein Aufenthalt in Turin – alles wurde aufs Tapet gebracht und gegen mich verwendet. Tangiert hat mich das alles nicht übermäßig – ich sah noch immer keine nennenswerte Gefahr, enttarnt zu werden. Aber die Messer wurden gewetzt. Ein befreundeter Journalist bekam beim Besuch des bedeutsamsten österreichischen Tennisturniers in der Wiener Stadthalle mit, dass in Journalistenkreisen über mich getuschelt wurde. Fazit: »Jetzt erledigen wir ihn!«

Das Sportmagazin war mit seinem Coverhelden inzwischen ziemlich in die Bredouille gekommen. Der traditionelle Erscheinungstermin, der dritte Donnerstag im Monat, in diesem Fall der 16. Oktober, machte eine Textabgabe am 10. Oktober nötig. Ein Termin, der genau in jene Zeitspanne fiel, in der Kohls Zimmerkollege, aber noch nicht er selbst als Dopingsünder gebrandmarkt wurde. Um der Peinlichkeit vorzubeugen, eine Jubel-Coverstory über den Sportler des Jahres zu publizieren, der mittlerweile als dreister Betrüger entlarvt worden war, entschied man sich zuzuwarten und den Erscheinungstermin nach hinten zu verlegen. Der Abend des 13. Oktober, ein Montag, gab dem

Instinkt von Chefredakteur Fritz Hutter und seinen Mannen recht. Am nächsten Morgen hielt ich mit selbigem in der Autobahnraststätte St. Pölten Kriegsrat. Ich erläuterte ihm die bekannte Position, führte alle Möglichkeiten einer fehlerhaften Auswertung ins Treffen, hielt flammende Plädoyers über die Integrität meines Schützlings. Um ihm im nächsten Moment zu erklären, dass es wohl doch sein könne, dass Bernhard die positive Probe selbst verschuldet hat. Dazwischen lag ein Anruf aus Klagenfurt, in welchem mir der große Dopingsachverständige eröffnete, CERA doch auch noch während der Tour gespritzt und nicht, wie seit Wochen beteuert, vor dem Start abgesetzt zu haben.

Ich konnte so viel Dummheit einfach nicht fassen. So viel Gier, die sich mit Dummheit paarte, um schließlich dieses Fiasko zu produzieren. Die Schlussfolgerung aus dieser Information konnte für mich nur lauten: Flucht nach vorn! Ich beraumte nach Rücksprache mit allen Beteiligten für Donnerstag, 10 Uhr, eine Pressekonferenz an. Am gleichen Ort, an dem sechs Wochen vorher der Kontrakt mit Silence-Lotto einer breiten Öffentlichkeit präsentiert wurde. Ein Kontrakt, der mittlerweile maximal noch Sammlerwert hatte. Völlig logisch, dass es nur eine Frage der Zeit sein konnte, bis Silence-Lotto den Vertrag aufkündigt. Am 16. Oktober hatten wir Gewissheit – Team-Manager Geert Coeman erklärte das Vertragsverhältnis für beendet. In einem Telefonat mit mir meinte er lapidar: »Sehr schade, aber das Leben geht weiter.« Ich versuchte in der Folge sogar noch, ihm mit Max einen anderen meiner Schützlinge schmackhaft zu machen, erntete aber nur ein: »Auf gar keinen Fall!«. Nicht wegen meiner, sondern wegen Max' Vorgeschichte. Als Ersatz für Kohl haben die Belgier übrigens dann Hollands Radtalent Nummer 1, Thomas Dekker, verpflichtet. Eine weise Entscheidung – Dekker hielt immerhin acht Monate länger ohne positive Kontrolle durch. Ihm wurde am 30. Juni 2009 eine nachkontrollierte Probe von Ende 2007 zum Verhängnis. Eine Folge des ach so genialen Blutpasses – die Athleten fühlen sich bemüßigt, auch im Winter durchzudopen, damit die Blutwerte nicht plötzlich aus der Reihe tanzen.

Der Moment der Vertragsauflösung kostete Bernhard 2,42 Millionen Euro – und mich auch noch immerhin 427.500. Ein Glück, dass der damalige Ausnahmezustand, das permanente

Krisenmanagement verhinderte, dass man sich dessen bewusst wurde. Wobei Krisenmanagement ein wenig hochtrabend klingt. Denn ab Mittwoch Nachmittag war auch ich nur mehr Passagier. Es begann damit, dass das Onlineportal des Nachrichtenmagazins News mit durchaus schlüssigen Argumenten ankündigte, Kohl werde bei besagter Medienkonferenz ein Geständnis ablegen. Kein allzu verquerer Gedanke, ein Pressegespräch dieser Art konnte nur zwei Ziele verfolgen: Variante 1 – beharrliches Leugnen mit oder ohne Dolchstoßlegende, Variante 2 – eine Beichte, die das Sündenregister mehr oder weniger offenlegt. Daraufhin gab mir der Radsport-Redakteur der Kronen Zeitung gleich am Telefon Saures, bezichtigte mich, aus der Geschichte nun auch noch Kapital schlagen zu wollen. Meine Einwände zählten nicht, er war besessen von der Vorstellung, ich hätte eine schöne Stange Geld für Kohls Exklusiv-Geständnis im am Donnerstag erscheinenden News eingestreift. Eine Mär, die sich noch lange hielt – obwohl in besagtem Nachrichtenmagazin, mit dem wir vor Auftauchen der positiven Probe ein Bernhard-Kohl-Kochbuch vereinbart hatten, natürlich kein Geständnis erschien.

Nichtsdestoweniger ließ ich mich von Österreichs auflagenstärkster Tageszeitung, die nun ihrerseits darauf pochte, bereits in der Donnerstagausgabe das Geständnis zu veröffentlichen, unter Druck setzen. Ich weiß nicht, welcher Teufel mich ritt, aber ich beschloss nach Rücksprache mit Bernhard Kohl und Sigi Fröhlich, die Pressekonferenz, die eigentlich eine Krone-Befriedungskonferenz war, auf Mittwoch, 19 Uhr, vorzuverlegen. Sogar die Location war so gewählt, dass der aus Innsbruck einfliegende Krone-Redakteur den geringstmöglichen Aufwand in Kauf zu nehmen hatte: ein Hotel am Flughafen Schwechat, das mir von einer Blutrückführung an einen osteuropäischen Sportler bekannt war. Die Liste der eingeladenen Medien füllte nicht einmal eine Visitenkarte. Mit ein bisschen Fantasie konnte man mir sogar strategisches Vorgehen attestieren, bekam doch von jeder Mediengattung ein Flaggschiff die Gelegenheit, Bernhards Worten von Angesicht zu Angesicht zu lauschen: ORF (TV), Ö3 (Radio), Krone (Tageszeitung), News (Wochenzeitschrift), ORF.at (Internet).

Der Hauptdarsteller war vor dem großen Auftritt, zu dem er mit Freundin Tatjana erschien, relativ entspannt, meinte aber bei einem Getränk an der Bar: »Kann schon sein, dass ich ein bisschen weinen werde müssen.« Er hatte offenbar die fünf Seiten, die ihm Sigi Fröhlich verfasst hatte, intensiv studiert und für rührselig befunden. Wir schlossen die Türen, Otto Flum, Präsident des Österreichischen Radverbandes, hatte als Dritter auch noch am Podium Platz genommen und schon konnte das Trauerspiel beginnen. Bernhard war erst beim Verlesen der Seite 2, hatte noch gar keine Gelegenheit gehabt, ob der gehaltvollen Worte seines Ghostwriters Tränen zu vergießen, da wurde der erlesene Zirkel von Eindringlingen gestört. Ein Kamerateam des privaten TV-Senders ATV und ein Schreiberling der Tageszeitung »Österreich« standen plötzlich mitten im Saal. Bernhard unterbrach die Vorlesung mit den an mich gerichteten Worten: »Das kann's jetzt aber nicht sein!« Und ich war mir nicht zu dumm, die Störenfriede hinauszueskortieren. »Sorry, aber das ist der Deal!« Slapstick pur. Der Print-Redakteur protestierte heftig, aber ich ließ mich nicht beirren, verwies alle nicht geladenen Medien des Saales. Eine wahnwitzige Aktion, auf die ich mich heute nicht mehr einlassen würde. Drinnen ging indessen die Lesestunde munter weiter, eine kurze Sequenz wurde sogar vom ORF in dessen Hauptnachrichtensendung »Zeit im Bild 1« live übertragen.

Die Quintessenz des Kohl'schen Vortrages lässt sich mit sechs Worten zusammenfassen: »Ja, ich bin der Versuchung erlegen!« Was nach einem entwaffnend ehrlichen Geständnis klang, war aber nur ein Bruchteil der Wahrheit. Er fabulierte von einem einmaligen Ausrutscher, vom Missbrauch dieser einen Substanz, mit deren Hilfe er den Weg zurück nach dem schweren Sturz bei der Dauphiné Libéré abzukürzen gedachte. In der Mitte seiner knapp fünfzehnminütigen Lesung übermannten ihn trotzdem die Gefühle. Er legte seinen Kopf auf beide Arme und weinte hemmungslos. Übelmeinende orteten Schauspielkunst auf höchster Ebene. Aus meiner Sicht grober Unfug, die Tränen waren hundertprozentig echt. Es wird ihm in diesen Augenblicken wohl schmerzlich bewusst geworden sein, dass er aus eigenem Verschulden vor den Trümmern seiner Karriere, den Trümmern seiner Existenz stand.

Das Rückzugsgefecht

Während Bernhard durch seinen emotionalen Auftritt durchaus Sympathiepunkte sammeln konnte, entlud sich der Drang, den wahren Sündenbock vor den Vorhang zu zerren, zunehmend auf meiner Person. An vorderster Front: der Österreichische Rundfunk, der mich noch am gleichen Abend vor die Kamera bat. Das Interview, das darauf abzielte, meine Kontakte zu einschlägig bekannten Personen herauszuarbeiten, streifte natürlich auch die Frage, was ich denn in Turin so alles gemacht habe. Von meiner Erklärung schienen aber nur die beiden letzten Worte von Belang zu sein: »… und g'soffen!« Diese Sequenz wurde, weil offenbar besonders erheiternd, bis zum Exzess wiederholt. Und in »Sport am Sonntag« in Verbindung mit einem Video breitgetreten, das ein besonders findiger Mitarbeiter des Staatsfernsehens auf YouTube hervorgekramt hatte. In diesem war ich mit nacktem Oberkörper, schwarzer Lederhose, Hut und der Halskette meines Hundes Benson formatfüllend im Bild. In Szene gesetzt von meinem Freund Adam, der in Hollywood üblicherweise bedeutendere Charaktere vor der Kamera hat. Vorbild des recht privaten, in Bierlaune entstandenen Avantgardefilmchens war die MTV-Serie Cribs, in der Promis durch ihre Häuser führen. Der ORF aber nahm das Video zum Anlass, mich in »Sport am Sonntag« als durchgeknallten Typen und Doping-Afficionado darzustellen. Auch eine Variante, Sendezeit zu füllen, ohne sich in die Mühen der Recherche-Ebene begeben zu müssen. Interessanterweise wurde dieses Video auch im »seriösen« Wirtschaftsmagazin ECO wiederholt.

Nach der Anspannung der Pressekonferenz stand mir der Sinn nach Entspannung. Da kam mir das Angebot einer News-Journalistin, jahrelang selbst Leistungssportlerin und somit Insiderin, gerade recht, sie zum Fußball-WM-Qualifikationsspiel Österreich gegen Serbien ins Happel-Stadion zu begleiten. Kein erfreulicher Ausflug – Österreichs Kicker lagen nach 24 Minuten 0:3 zurück und ich fühlte förmlich die Blicke der Schreiberlinge in meinem Rücken. Der Chefredakteur eines Onlineportals sprach aus, was sich vermutlich viele dachten: »Na, du hast Nerven!« Es war der letzte Beweis, dass ein Leben unter der Wahrnehmbarkeitsgrenze von nun an nicht mehr möglich sein würde, dass ich aus dem Lager der Medien, der Sportpolitik, womöglich sogar aus jenem der Exekutive und Judikative jede Menge Gegner zu fürchten hatte, die keine Gelegenheit auslassen würden, um mich, den böser Verführer des armen, bemitleidenswerten Bernhard Kohl, zur Strecke zu bringen.

Aus dem Rückspiegel betrachtet, war das gesamte Jahr 2008, Kohls Zwischendurch-Höhenflug ausgenommen, von Rückschlägen gekennzeichnet. Die ich mehr oder minder gekonnt zu parieren vermochte. Leute mit sechstem Sinn hätten vielleicht die Symbolkraft der Ereignisse treffender einzuschätzen gewusst, darin eine Schlinge gesehen, die sich stetig enger zieht.

Es begann damit, dass mich Humanplasma-Geschäftsführer Rudolf Meixner Ende 2007 ersuchte, die vom Institut erworbene ACP 215 zu zerstören und zu entsorgen. Die Plasmapheresestation war im November erstmals in die Schlagzeilen geraten, als weiterführende Erkenntnisse aus der Arbeit der ÖSV-Untersuchungskommission durchsickerten. Daraufhin wurde WADA-Präsident Richard Pound mit einem Brief an Sport-Staatssekretär Reinhold Lopatka aktiv – im Prinzip war wieder einmal jederzeit mit einem Besuch der Ermittlungsbehörden in der Alserbachstraße 18 zu rechnen. Da die ACP jede Aktivität in ihrem Speicher unauslöschlich aufzeichnet, hätte die Sicherstellung meiner Maschine einen direkten Konnex zu Humanplasma hergestellt. Meixner sicherte mir zu, sich an einem zu beschaffenden neuen Gerät der Firma Haemonetics finanziell zu beteiligen. Ein Angebot, das ich mir nicht zweimal unterbreiten ließ. Auf den Namen meiner Budapest-Connection, Frau Dr. Hildegard, orderte ich für 48.000 Euro bei der Firma Kybermed eine nagelneue ACP 215, den noch offenen Betrag beglichen die Financiers der Blutdopinggeräte anstandslos. Die gebrauchte Maschine ließ ich in unzählige Einzelbestandteile zerlegen, ein kleiner Teil landete im Altstoffsammelzentrum, der Rest in Dutzenden Mülleimern, verstreut über das südliche Salzkammergut.

Die nächste unliebsame Überraschung wartete auf mich im Januar 2008. Ich hatte beruflich in Budapest zu tun, wo meine bulgarischen Athleten ein Trainingslager abhielten, und sah keinen Anlass, besondere Vorsichtsmaßnahmen zu ergreifen, als ich mein Auto zwischen dem Ferenc-Puskás-Stadion und dem Hallenkomplex parkte. Zwei Stunden später kam ich zum Wagen zurück – und fand ihn aufgebrochen vor. Die Diebe interessierten sich nicht die Bohne für Reisepass und Brieftasche, die sich im Handschuhfach befanden, auch nicht für die 12 Kartons voll mit Nike-Sponsorware für meine Athleten, sondern ausschließlich für meinen Laptop. Der wirtschaftliche Schaden tangierte mich nicht übermäßig, dafür umso mehr der Verlust sämtlicher Aufzeichnungen über meine Kunden. Mir war klar: Wenn der Computer in falsche Hände käme, wäre ich geliefert. Und meine Sportler obendrein. Mich fröstelte ob dieser Vorstellung. Im nächsten Moment lief es mir eiskalt den Rücken runter: Was, wenn der Diebstahl gar kein Zufall war? Wenn der Autoeinbruch fingiert war, um möglichst unauffällig an meine Daten zu kommen?

Dateienweise hätte man Einnahmepläne sicherstellen können, Namen, Wirkstoffe, Dosierungen, Rechnungen. Schließlich hatte ich bis zu diesem Zeitpunkt ziemlich akribisch Buch geführt. Unverschlüsselt. Das gewöhnte ich mir nach diesem Schockerlebnis ab. Eine Aufzeichnung aus dem November 2007 hätte zwar keine rechtliche Relevanz gehabt, mir aber im Nachhinein jede Menge höhnische Kommentare eingebracht.

Im Spätherbst saß ich mal wieder im Flugzeug nach Kenia, es galt einmal mehr mit meinem Freund Said Aziz Talente auszusieben. Er legte mir ein junges, nicht unattraktives Ding aus Kiptamok nahe Kapsabet ans Herz. Sie lief vorzugsweise 400 Meter, sollte aber auf die Mittelstrecke umgepolt werden, war zweifellos talentiert, aber noch keine 18 Jahre alt. Ich hatte meine Entscheidung schnell getroffen: »Sie soll noch einen Winter trainieren, für die Freiluftsaison nehme ich sie.« Wer zu spät kommt, den bestraft ein anderer Manager. In diesem Fall Marc Corstjens. Er hielt nicht so viel von behutsamem Aufbau und sollte letztlich recht behalten. Schon während der Hallensaison lag es auf der Hand, dass mich mein Zögern eine Stange Geld kosten würde. Die ganze Tragweite meiner Fehlentscheidung wurde bei den Sommerspielen von Peking manifest, als die dann 18-Jährige mit der Goldmedaille um den Hals vom Podest lächelte. Ihr Name war Pamela Jelimo, die erste kenianische Olympiasiegerin über 800 Meter. Sie gefiel sich darin, auch danach Salz in meine Wunden zu streuen, knackte den Jackpot in Höhe von einer Million Dollar für Siege bei allen Meetings der Golden

League und trommelte in Zürich die 800 Meter mit der drittschnellsten je gelaufenen Zeit herunter (1.54,01). Auf den Rekord für die Ewigkeit, aufgestellt 1983 von der, charmant formuliert, ein wenig burschikosen Jarmila Kratochvílová, fehlten nur mehr 73 Hundertstel.

Es war eine unruhige, aber gleichzeitig auch aufregende Zeit, der Hausumbau schritt, wenn nicht gerade ein Dopingjäger wie Dr. Demel nach dem Rechten sah, zügig voran. Sonia und ich hatten uns für die Zeit, in der die Baustelle unbewohnbar war, in einem alten Bauernhaus eingemietet. Die Altbäuerin war keine Geringere als die Mutter der früheren FP-Infrastrukturministerin Monika Forstinger. In dieser Zeit erhielt ich den nächsten Schuss vor den Bug. Mitte Februar 2008 machten Zeitungsmeldungen die Runde, Athleten hätten sich unter dem Vorwand, eine notwendige medizinische Leistung zu beziehen, Dopingmittel verschreiben lassen und die Kosten über die Versicherung abgerechnet. Völliger Nonsens zwar, aber als die Uniqa-Versicherung als mögliches geschädigtes Unternehmen gehandelt wurde, war es für mich an der Zeit, meine Zelte in Steyrermühl abzubrechen. Schon um meinen Stammtischkumpel nicht in Gefahr zu bringen. Alyx, ACP 215 & Co brauchten also dringend einen neuen Unterschlupf.

So frei und ungebunden, wie ich mir das ausgemalt hatte, war ich in Sachen Blutdoping in diesen Wochen und Monaten jedenfalls nicht. Was nicht hieß, dass irgendeiner meiner Schützlinge zurückstecken musste. Es bedurfte eben nur einer noch ausgeklügelteren Planung und Logistik. Wenn aber dann auch noch höhere Gewalt ins Spiel kam, wurde es eng. Wie an jenem 29. Februar 2008. Ich hatte ein Treffen mit Bernhard Kohl auf meiner Baustelle in Laakirchen vereinbart. Doch wer nicht pünktlich kam, war ich. Schuld daran trug Emma. Natürlich keine langbeinige Schönheit, sondern ein Wintersturm, der eine Spur der Verwüstung durch Oberösterreich gezogen hatte. Sonia, im vierten Monat schwanger, und ich hatten gerade das Frühstück beendet, als das Chaos über uns hereinbrach. Vom übernächsten Haus hatte der Orkan einen Teil des Daches abgedeckt, die Eternitplatten in die Luft und durch unser Fenster geschleudert. Wir kamen mit dem Schrecken davon: Fernseher und Kühlschrank, die in unserer unmittelbaren Nähe standen, waren übersät mit Splittern, die sich mit Rohgewalt ins Holz gebohrt hatten. Nach den Aufräumungsarbeiten waltete ich doch noch meines Amtes – mit vierstündiger Verspätung.

Es war nicht dieses Horrorerlebnis, sondern die vorzeitige Fertigstellung unseres rundum erneuerten Hauses, die uns bewog, bereits am 22. März auszuziehen. Meine Gerätschaften jedoch ließ ich bis zum Ende des Mietverhältnisses am 30. April zurück. Und nutzte die urige Umgebung noch für die eine oder andere Abnahme. Wodurch ich die alte Dame ziemlich gegen mich aufbrachte. Sie erwischte mich zwar nicht in flagranti, fand aber Anfang April ein verwendetes Verbrauchs-Set, das ich, auch diesmal aus Faulheit, zurückgelassen hatte. Ich kann der Dame ihre heftige Reaktion nicht verübeln, so ein gebrauchtes Blutdoping-Equipment wirkt überall und jederzeit als Appetitzügler. Die Bäuerin war so außer sich, dass sie mir über ihren Sohn ausrichten ließ, ich möge mich, auf gut österreichisch, »schleichen«.

Die Maschinen wanderten daraufhin, wie schon von Mitte Februar bis 22. März, zu einem Kumpel. Es muss einer meiner hellen Momente gewesen sein, als ich beschloss, keine Athleten in dessen Haus zu »behandeln«. Angesichts des Mitteilungsbedürfnisses eines Bernhard Kohl hätte sonst wohl ein weiterer Wegbegleiter seine Hilfsbereitschaft mit einer Zeugenaussage vor Gericht bezahlen müssen. Längst war in mir der Entschluss gereift, nach einer endgültigen Lösung für das Equipment zu suchen. Es musste eine eigene Wohnung her, zu der niemand anderer Zutritt hatte, die jederzeit benützbar war, am besten in einer Großstadt, wo man vielleicht nicht ganz so exponiert der ungezügelten Neugier der Nachbarn ausgesetzt war. Ich sah allerdings nicht ein, dass ich für die laufenden Kosten dieser vier Wände aufkommen sollte. Die Teilhaber an den Zentrifugen waren aber ohnehin erstaunlich leicht zu überzeugen. Wahrscheinlich hatte sich auch ihre Begeisterung in Grenzen gehalten, permanent zu immer neuen Locations in der oberösterreichischen Provinz gekarrt zu werden.

Fündig wurde ich schließlich in der Linzer Pferdebahnpromenade. Das Mietverhältnis begann zwar offiziell erst am 1. August, ich handelte aber mit dem Vormieter aus, die Wohnung bereits ab Ende Juni benützen zu dürfen. Eine Couch, ein Kühlschrank, ein Fernseher und massig Platz, um das gesamte Blutdoping-Equipment liebevoll zu drapieren. Ich war am Ziel.

Dachte ich. Aber ich hatte nicht mit der Umtriebigkeit des österreichischen Gesetzgebers gerechnet. Am 8. August 2008 trat nämlich eine erste Novelle des Anti-Doping-Bundesgesetzes vom 29. Juni 2007 in Kraft, die die Weitergabe von Dopingmitteln und Blutdoping erstmals unter Strafe stellte. Maximaler Strafrahmen: 3 Jahre. Die Novelle kam nicht unvermittelt, aber ich war durch die Geburt meines Sohnes und die Ausschlachtung der Kohl'schen Leistungsexplosion auf ganz andere Dinge fokussiert, bekam die bedrohlichen Neuigkeiten nur am Rande mit oder nahm sie einfach nicht ernst. Was sollte auch groß passieren? Die wenigen Personen, die von dem kleinen Apartment in Linz-Urfahr Kenntnis hatten, waren ein paar Sportler, ich und meine Frau, auf deren Namen die Wohnung lief. Und die sie nie betreten hat. Weit und breit also keiner, der auch nur im Entferntesten Interesse gehabt hätte, das Projekt durch eine unbedachte Äußerung zu gefährden. Und doch wurde mir langsam klar, dass – zu meinem großen Ärger – ein weiteres Mal Handlungsbedarf gegeben war. So kam es am 24. September, nach nur drei Monaten, zur Abschiedsvorstellung in der Pferdebahnpromenade. Drei Athleten galt es zu verarzten, darunter Bernhard Kohl. Mein Pech, es sollte mir juristisch betrachtet in weiterer Folge zum Verhängnis werden.

Auch wenn sich alles in mir sträubte – ich musste das Equipment außer Landes schaffen, wollte ich rechtlich auf der sicheren Seite sein. Erschwernisse und Mehrkosten brachte der Standortwechsel in jedem Fall mit sich. Doch wo ließen sie sich am ehesten begrenzen? Ich brauchte Zeit zum Nachdenken und Recherchieren, stellte die Gerätschaften erst einmal bei einem meiner Schützlinge in Slowenien ab. Länger als geplant, denn das Krisenmanagement im Fall Kohl nahm mich über Wochen zur Gänze in Anspruch. Erst Mitte Dezember 2008 konnte ich mit einer langfristigen Lösung aufwarten. Meine Wahl fiel auf Budapest, einerseits, weil ich mich dort schon leidlich auskannte, die Fluganbindung gut und das Preisniveau für Mietwohnungen noch halbwegs annehmbar war. In der Damjanich utca Nr. 58 fand sich ein Objekt ganz nach meinem Geschmack. Kein Schmuckkästchen, aber die Wohnung erfüllte ihren Zweck. Für meine übliche Basisausstattung mit Bett, Fernseher, Kühlschrank (zum Einkühlen von Cola, das sich als Stärkung nach der Abnahme großer Beliebtheit erfreute) war bereits gesorgt, die 200 Euro schienen mir absolut gerechtfertigt. Die Vermieterin, der ich mich als Tierarzt vorgestellt hatte, war von meiner Anspruchslosigkeit begeistert und so besiegelten wir unser Geschäft per Handschlag und Unterschrift.

Einem raschen Einzug stand nichts im Weg. Nur meine Auto, das sich 300 Meter von der Wohnung entfernt einen Platten zugezogen hatte. Halb so wild im Normalfall, doch in ganz Budapest ließ sich für meinen Ford Kuga kein passender Ersatzreifen auftreiben. Ich verließ Ungarn schließlich mit einem Leihwagen, lud tags darauf bei meinem Ford-Händler einen passenden Ersatzreifen ein und düste nach Slowenien, wo ich die Zentrifugen plus Zusatzmaterial in den Kofferraum stopfte. Die Sorglosigkeit vergangener Tage war dahin, ich machte sogar einen großen Bogen um Österreich – für den Fall, dass sich irgendwelche Ermittler für meine Fracht interessierten. Ich nahm also die direkte Route von Slowenien nach Ungarn und landete zielsicher in – Kroatien. Ein genialer Schachzug, fürwahr. Ich war mit all meinem nicht ganz alltäglichen Gepäck aus der Europäischen Union ausgereist und musste, noch schlimmer, wieder zurück. Am Grenzübergang zeigte ich meinen Pass, wurde durchgewinkt, nur ein Fingerdruck trennte mich vom freien Güter- und Personenverkehr. Doch die Schranke wollte sich partout nicht öffnen. Schon sah ich im Rückspiegel die Grenzbeamten näher kommen. Auch das noch! Interessiert beäugten sie meine Mitbringsel, ich rechnete mit dem Schlimmsten. Aber es handelte sich offensichtlich um keine Dopingsachverständigen, meine Erklärung, veterinärmedizinisches Gerät nach Budapest zu schaffen, reichte vollauf, um meine Weiterfahrt zu erwirken. Der Rest der Reise verlief zur Abwechslung ohne Zwischenfälle.

Ein paar Tage später, am 22. Dezember, befand ich mich schon wieder auf dem Weg nach Budapest. Diesmal per Miet-Lieferwagen. Auf der Ladefläche thronte der Kühlschrank, der seit dem Beginn meiner Blutdoping-Karriere in der Garage eines Freundes in Laakirchen geparkt war. Ärger hatte er genug damit, pfiff das Ding doch fallweise bei Temperaturen unter minus 78 Grad so unangenehm laut, dass selbst die Nachbarn aufmerksam wurden. Der Abschiedsschmerz hielt sich somit in Grenzen. Hätte ich beim Zurückschieben nicht seine Dachrinne verbogen, es wäre wohl ein Freudentag für meinen Kumpel gewesen.

Jene ungarische Bekannte, die mir den Tipp für die Wohnung gegeben hatte, empfing mich bereits an meiner neuen Adresse. Der Gefrierschrank hatte Dimensionen, die es selbst einem Anabolika-Junkie mit Stiernacken und Muskelbergen verunmöglicht hätten, das Teil in Eigenregie mehr als ein paar Meter vom Fleck zu bewegen. Apropos Dimensionen: In weiser Voraussicht hatte ich ein Maßband mitgenommen, um zu prüfen, wie das sperrige Monstrum am besten in meine Wohnung gelangen könnte. Mehrere Kontrollmessungen führten mir vor Augen: gar nicht. Man konnte ihn drehen und wenden, wie man wollte, durch die Türöffnung hätte das Gerät nie und nimmer gepasst. Nun war guter Rat teuer, denn im Gefrierschrank befanden sich gut und gern zehn oder zwölf Blutbeutel – und die waren seit bald sieben Stunden von jeder Stromversorgung abgeschnitten. Die Temperatur durfte unter keinen Umständen auf über minus 40 Grad steigen, das Erythrozytenkonzentrat müsste sonst binnen kürzester Zeit verbraucht, sprich rückgeführt, oder entsorgt werden. Meiner Bekannten kam der rettende Gedanke: Dr. Hildegard. Ich rief die Mikrobiologin an und stand binnen 20 Minuten vor ihrer Tür. Klar fand sich in ihrer Garage noch ein Plätzchen in unmittelbarer Nähe einer Steckdose. Die Spontan- wurde zur Dauerlösung. Bis zum Verkauf des Gefrierschrankes im November 2010 durfte ich gegen einen kleinen Obolus ihre Garage benutzen. Wofür ich auch der SOKO Doping danken muss. Ich hatte bei der Anschaffung der ACP 215 nämlich aus Gedankenlosigkeit nicht nur Dr. Hildegards Namen, sondern auch die tatsächliche Adresse angegeben. Der Kaufbeleg befand sich in meinen Akten. Vorstellig ist bei meiner guten Fee aber nie jemand geworden. Man hielt Namen und Adresse offenbar für einen Fake. Gut für jene acht Sportler, die ihre Erykonzentrate zum Zeitpunkt meiner Verhaftung in diesem Gefrierschrank gelagert hatten.

Alles, was Recht ist

Bernhard Kohl hatte sich seine Misere selbst zuzuschreiben. Ich wünschte, ich könnte das über all meine Schützlinge sagen, die in die Dopingfalle tappten. Es war zwar eine außerordentlich kleine Zahl, aber für einen, der sich professionell mit dem Thema Dopingmanagement beschäftigt, ist jedes einzelne Ereignis dieser Art eines zu viel, weil für den eigenen Ruf nicht gerade förderlich. Da tut es dann auch nichts zur Sache, dass man sich lange Zeit gewehrt hatte, die betroffene Sportlerin überhaupt als Kundin aufzunehmen. Wie im Fall von Lisa Hütthaler.

Ich pflegte ab dem Jahr 2005 einen einigermaßen regen Austausch mit Dr. Andreas Zoubek, jenem Arzt am St.-Anna-Kinderspital, der später als »Irondoc« in der Triathlonszene amtierte, Kolumnen verfasste und, teils aus einem Helfersyndrom heraus, teils, weil er die Nähe zu den Top-Profis suchte, gerne und mitunter ungefragt Ratschläge erteilte und vielleicht ein paar Beschaffungen tätigte, die seinem Ruf als untadeligem Mediziner nicht zuträglich waren. Besagter Dr. Zoubek, selbst Hobby-Triathlet aus Leidenschaft, hatte damals die Idee des »99ers Pro-Team« geboren – ein Grüppchen leistungsorientierter Triathleten, das sich durchaus in Richtung eines professionellen Niveaus orientieren sollte. Ich war auserkoren, um Sponsoren an Land zu ziehen, Lisa wiederum sollte in die Rolle des sportlichen Flaggschiffes schlüpfen. Woraus nichts wurde, weil sie anderswo etwas mehr Bares zugesagt bekam. Trotzdem blieben Zoubek und Hütthaler in Kontakt, und der Mediziner legte sie mir in regelmäßigen Abständen ans Herz. Ich aber zierte mich. Was sollte ich mit einer 40. in einem Weltcup-Triathlon – ihr zu Platz 20 oder 30 verhelfen? Im Mai 2007 schließlich war die Festung Matschiner sturmreif geschossen. Ich nahm Lisa auf, eigentlich, um Zoubek einen Gefallen zu tun. Einen Arzt mit seinem Renommee, seinem Wissen und seinen Zugängen stößt man nicht mutwillig vor den Kopf. Außerdem machte es mittlerweile wenigstens ansatzweise auch sportlich Sinn, Lisa zu unterstützen. Sie war nämlich von Olympiasiegerin Kate Allen als Edeldomestikin angeheuert worden, sollte als herausragende Radfahrerin die notorisch schwache Schwimmerin Allen an das Hauptfeld heranführen. Auch bei den Sommerspielen in Peking. Denn Allens Kopfsponsor Red Bull hätte sich eine erneute Goldmedaille eine schöne Stange Geld kosten lassen. Mit einem entsprechenden Anteil für Lisa. Doch die musste sich zunächst einmal für Olympia qualifizieren, auf Kosten von Eva Dollinger oder Tania Haiböck, die vom Leistungsniveau aber über sie zu stellen waren. Bisher.

Ich traf Lisa also zur Bestandsaufnahme im Linzer Hotel Schillerpark. Und wurde, wie so oft, belogen. Vielen Athleten war es einfach unangenehm, die wahren, ziemlich hohen Dosierungen bekannt zu geben, die sie ihren Körpern bisher angetan hatten. Wobei bei so mancher Athletin die maskulinen, kantigen Züge ohnehin schon sehr viel verrieten. Sie schämten sich, dass trotz dieser massiven Eingriffe von außen keine besseren Leistungen herausgeschaut hatten. Lisa hatte in ständiger Angst vor Kontrollen gelebt, das musste aufhören. Ich schraubte ihr Standardprogramm radikal herunter, um nur ja nicht mit den Grenzwerten in Konflikt zu geraten. EPO bzw. Dynepo gab's im Trainingsalltag überhaupt nicht mehr, erst in den vier bis sechs Wochen der unmittelbaren Wettkampfvorbereitung wurde diese Waffe eingesetzt. Dafür kamen die Blutzentrifugen ins Spiel, die wir nach Saisonende im Herbst zum Glühen brachten. Sechs Beutel mit Erykonzentrat lagen für die Saison 2008 bereit. Dafür hatte Lisa große Anstrengungen in Kauf genommen. Einmal bestand sie darauf, ich solle ihr, weil es gerade in ihren Trainings- und Wettkampfplan passte, die doppelte Menge abzapfen, also 720 Milliliter Erykonzentrat. Sie hatte kurz davor zwei Beutel retour bekommen, trotzdem war mir nicht ganz wohl bei der Sache, darum rief ich sie auf der Heimfahrt jede halbe Stunde an, um zu fragen, ob es ihr noch gut gehe. Die Saison 2008 war also geritzt: Zwei Beutel lagen für die Vorbereitung im April, zwei für die ersten beiden Rennen, die sie in Topform abspulen wollte, und zumindest zwei für Peking bereit.

Dumm nur, dass Kate Allen bzw. ihr Ehemann und Manager Marcel Diechtler die Kooperation mit Lisa noch 2007 aufkündigte. Die ersten Versuche, wie etwa bei der WM 2007 in Hamburg, waren fehlgeschlagen, weil sich Lisa schon beim Schwimmen 28

Sekunden Rückstand auf die gebürtige Australierin eingehandelt hatte. 2008 wäre Hütthaler als Windschattenspenderin schon viel geeigneter gewesen, wie die Platzierungen 16, 23 und 10 in den ersten drei Weltcuprennen zeigten. Doch da war die Olympiasiegerin bereits aus dem Lager der Verbündeten ins Lager der Gegner gewechselt. Beim ersten Aufeinandertreffen am 6. April in New Plymouth (Neuseeland) kam es zu allem Überdruss auch noch zu einer verhängnisvollen »Feindberührung«. Allen stürzte nach einer Radkollision mit meinem Schützling, büßte drei Zähne ein, zog sich Rippenprellungen sowie schwere Abschürfungen zu und brach sich einen Daumen. Das nennt man wohl ein Desaster.

Umso mehr, als Lisa 15 Tage vor dem Crash eine positive Dopingprobe abgegeben hatte – die aber erst am 8. Mai publik wurde. Als sie mir die Hiobsbotschaft via Telefon überbrachte, war ich sprachlos. »Das gibt es nicht«, lautete meine einzige Reaktion. Allmählich fand ich meine Fassung wieder und beendete das Gespräch abrupt, um sämtliche anderen Athleten zu warnen. Eine Vorgangsweise, die mir Lisa heute noch vorwirft. Aber es war die einzig logische: Ihr konnte ich in diesem Moment nicht mehr helfen – aber eine Reihe anderer Sportler vor einer positiven Dopingprobe bewahren. Lisas Leben war durch den Schock aus den Fugen geraten, beim nächsten Telefonat hörte ich ihren damaligen Freund im Hintergrund schluchzen, er nehme die gesamte Schuld auf sich und Lisa wiederholte immer wieder: »Ich will wieder Sport machen!« Ich hatte zweifellos ein schlechtes Gewissen. Als Dopingmanager hätte ich wissen müssen, dass Dynepo mittlerweile nachweisbar war. Ich zweifelte nach wie vor daran: Ein WADA-Report hatte unmissverständlich festgehalten, dass die beim Test verwendeten Antikörper fälschlicherweise zu positiven Befunden führen können. Und zwar in 10 bis 15 Prozent aller Fälle. Trotzdem – ich hatte die Zeichen der Zeit übersehen oder, genauer gesagt: Ich wollte sie einfach nicht wahrhaben. Lisa hätte aber auch eine sofortige Notbremse nach dem ersten durch Dynepo verursachten positiven Dopingtest nichts mehr genützt: Jener der Marathonläuferin Susanne Pumper wurde am 17. April veröffentlicht, einen knappen Monat nach Lisas Kontrolle.

Nachdem mir meine slowenische Dynepo-Quelle glaubhaft versichert hatte, dass sie aus Deutschland nur Originalprodukte aus Apotheken und Krankenhäusern bezog, ein Versehen auszuschließen sei, lag unsere Verteidigungslinie auf der Hand: den Test in Zweifel ziehen, das Labor angreifen. Ich halte das Nachweisverfahren bis heute für absolut unsicher. Seit Anfang 2008 haben es Fahnder auf vier positive Fälle durch Dynepo gebracht – obwohl halb Wintersport-Deutschland und wohl auch der halbe Rest der Welt mit dem Mittelchen hantiert hat. Es gab Rechtsanwälte, die unserer Argumentation gefolgt sind, die relevanten Anti-Doping-Institutionen hingegen taten so, als seien sie über jeden Zweifel erhaben.

Ein paar Tage nach der positiven A-Probe eröffnete mir Lisa, dass sie plane, den Fall durch ein wenig Bakschisch aus der Welt zu schaffen. Sie habe von einem Triathlonkollegen gehört, der eine oder andere Mitarbeiter des Anti-Doping-Labors in Seibersdorf sei für solche kleinen Erkenntlichkeiten zu haben. Sie sei bereit, dafür eine Rücklage von 20.000 Euro aufzulösen. Ich versuchte ihr ohne Umschweife mitzuteilen, dass ich den Plan für eine Schnapsidee hielt, und appellierte nicht nur einmal an sie, sich den Unterschied zwischen Sportgerichtsbarkeit und Strafrecht vor Augen zu führen. Ich hatte nicht den Eindruck, dass ich mit meinen Worten zu ihr durchdrang, war darauf gefasst, dass sie ihr Vorhaben in die Tat umsetzen würde. Was am 22. Mai, dem Tag, an dem die B-Probe geöffnet wurde, prompt geschah. Es dürfte sich rasch herauskristallisiert haben, dass Lisa an die Falsche (wenn es denn überhaupt eine/n Richtige/n gegeben hätte) geraten war. Die Mitarbeiterin meldete den Bestechungsversuch umgehend, die B-Probe bestätigte die A-Probe, die Sperre und eine Anzeige waren ihr damit sicher.

Dass meine grundsätzliche Stoßrichtung, die Validität von Tests und die Unfehlbarkeit von Dopingkontroll-Labors anzuzweifeln, durchaus Sinn machte, zeigen zwei andere Beispiele. Das erste: Kaisa Varis. Die finnische Langläuferin, die den Dopingfahndern 2003 bei der WM in Val di Fiemme ein erstes Mal ins Netz gegangen war, wurde am 6. Jänner 2008 in Oberhof positiv auf Dynepo getestet. Ihr Partner und Trainer, Kari-Pekka Kyrö, wusste ebenfalls um das wackelige Fundament, auf dem der Test beruhte, und schaltete den niederländischen Biochemiker Douwe de Boer, der später auch Tour-de-France-Suspect Alberto Contador beriet, ein. Nach Durchsicht der Profile empfahl de Boer, gegen das Testergebnis Einspruch zu erheben, was am 1. März geschah. Zwei Wochen später war Varis sportrechtlich gesehen reingewaschen, das Verfahren wegen eines Formalfehlers zu den Akten gelegt. Der Fauxpas bestand darin, dass das Dopingkontroll-Labor in Lausanne verabsäumt hatte, die Athletin oder einen Vertrauten zum Öffnen der B-Probe zuzulassen. Ein Anfängerfehler par excellence. Es gab jedenfalls schon Labors, die wegen geringfügigerer Vergehen von der WADA mit dem Entzug der Akkreditierung bedroht wurden. In diesem Fall aber geschah so ziemlich gar nichts. Was manch Böswilligen auf die Idee bringen könnte, man habe den Formalfehler bewusst begangen, weil man wusste, dass man mit der Beweisführung nicht durchkommen werde.

Beispiel zwei betrifft einen meiner Schützlinge: Simon Vroemen. Der 3000-m-Hindernis-Spezialist hatte am 11. Juni 2008 beim Meeting in Cottbus als 39-Jähriger mit Jahresweltbestzeit die Qualifikation für die Olympischen Spiele in Peking geschafft. Nachdem jeder niederländische Athlet seinem nationalen Olympischen Komitee vor der Nominierung einen negativen Dopingtest vorlegen muss, fragte der Olympiasechste von Athen gleich bei den Veranstaltern an. Doch die winkten ab: Vroemen war nicht zur Kontrolle ausgelost worden, ein zusätzlicher Test sei nicht verfügbar und überhaupt viel zu teuer. Drei Tage später durfte er dann doch noch seine Pflicht erfüllen – in Amsterdam. Das böse Erwachen folgte auf dem Fuße: In seiner Probe wurden Spuren eines Metaboliten von Metandienon gefunden – jenes gut nachweisbaren anabolen Steroids, das man mindestens sechs Wochen vor dem Wettkampf absetzen muss, um dort mit Sicherheit clean zu sein. Für ihn und mich ein Schock – in der Form von Cottbus wäre Vroemen in Peking absoluter Medaillenkandidat gewesen. Vroemen, im »normalen« Leben im Dienste internationaler Ölfirmen tätig, für die er nach Probebohrungen die Größe von Ölfeldern errechnet, verlangte die Öffnung der B-Probe und entsandte als Vertrauensmann einen befreundeten Spezialisten für isoelektrische Fokussierung. Der Mikrobiologe wurde im Dopingkontroll-Labor in Köln Zeuge einer gruseligen Begebenheit. Als der relevante Zacken den Grenzwert nicht überschritt, soll ein Labor-Mitarbeiter manuell nachgeholfen haben. Aus Angst, im Falle einer Nicht-Bestätigung die WADA-Akkreditierung zu verlieren. Am 17. Juli ging die Nachricht von der positiven B-Probe um die Welt, doch weder Vroemen noch sein Kollege ließen, Nachweisbarkeit hin oder her, die Sache auf sich beruhen. Am 29. Jänner 2010, also eineinhalb Jahre später, wurde ihm vor dem Niederländischen Sportgericht recht gegeben. Die Analyse im Kölner Labor sei »fehlerhaft« gewesen. Es gelang, den Experten nachzuweisen, dass Vroemens Asthmaspray beim Zerfall denselben Metaboliten produziert. Ein später und ausschließlich moralischer Sieg, seine Olympiachance konnte ihm kein Gericht der Welt zurückgeben.

Wie man sich gegen die Absurditäten im Alltag eines Spitzensportlers zur Wehr setzt, hat auch Michael Rasmussen vorexerziert. Der Däne, für den ich 2006 vergeblich versuchte, einen gut dotierten Startplatz bei österreichischen Kriterien auszuhandeln, wurde 2007 nach der 16. von 20 Tour-de-France-Etappen als überlegener Leader von seinem Team Rabobank aus dem Rennen genommen. Und das kam so: Gegen Rasmussen waren während der »Großen Schleife« Vorwürfe laut geworden, er habe sich – je nach Quelle – zwei- oder dreimal einer Dopingkontrolle entzogen, indem er seinen Aufenthaltsort zu kurzfristig bekannt gab. Der Bergtrikot-Gewinner von 2005 und 2006 begründete die Versäumnisse mit dem langen Postweg zwischen Mexiko, von wo seine Frau stammt, und Dänemark. Seine Glaubwürdigkeit wurde allerdings durch einen italienischen Journalisten erschüttert, der Rasmussen in der fraglichen Zeit beim Training in den Dolomiten gesehen haben wollte. Offenbar eine vertrauenswürdige Quelle: Die Information gelangte ins Board of Directors von Teamsponsor Rabobank, von dort erging die Weisung an Teammanager Theo de Rooij, den Spitzenreiter hochkant rauszuwerfen. De Rooij befand sich gerade im Mannschaftsbus auf der Fahrt vom Zielgelände ins Hotel, schloss sich während eines Telefonats im hinteren Teil des Mannschaftsbusses ein, während der Rest des Teams überschwänglich den Gewinn der Tour de France (es folgten nur mehr Flachetappen und ein Zeitfahren) feierte. Der Rest des Teams – Etappensieger Rasmussen wurde nach der Siegerehrung mit anschließender Pressekonferenz per Helikopter nachgeflogen. Als der Tourheld im Quartier eintraf, erhielt er von de Rooij unter vier Augen anstelle einer Streicheleinheit eine nicht nur sprichwörtliche Abreibung verpasst, Rauswurf inklusive. Bizarr: Die beiden sportlichen Leiter Erik Breukink und Erik Dekker (einer dürfte Kenntnis von Rasmussens Geheimtraining in den Dolomiten gehabt haben, weil er ihn dort besuchte) wussten zu diesem Zeitpunkt nichts von Rasmussens Eliminierung und wollten den Gelb-Träger umarmen, als der de Rooijs Zimmer wie ein geprügelter Hund verließ.

Einer der größten Tour-de-France-Skandale hatte, nicht ganz unerwartet, ein juristisches Nachspiel. Rasmussen wurde für zwei Jahre gesperrt, das Team sprach die fristlose Entlassung aus, weigerte sich, auch nur eine Prämie auszuzahlen. Dafür kassierten Teamkollegen und Mechaniker mächtig ab. Exakt jene Summen, die ihnen im Falle eines Toursieges versprochen worden waren. Daraufhin klagte auch Rasmussen seinen Siegesbonus plus den entgangenen Verdienst, den er als Tour-de-France-Gesamtsieger bei diversen Kriterien hätte einstreifen können, ein. K.-o.-Sieger gab es in diesem Showdown bisher keinen: Man traf sich immer wieder in der Mitte, mal schlug das Pendel zugunsten des einen, dann wieder zugunsten des anderen aus. Unterm Strich wechselten aber einige hunderttausend Euro den Besitzer. Was uns einmal mehr eines vor Augen führt: Wer sich wehrt, hat mehr vom Leben.

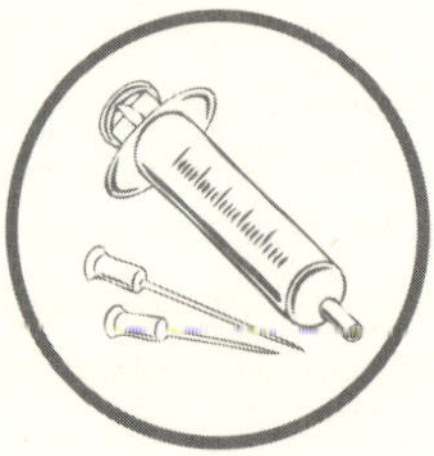

Verraten und verkauft

»Es dreht sich alles nur mehr ums Radfahren!« Da konnte mein US-Sprinter Ernest Wiggins noch so beleidigt sein, sich meine bulgarischen Stars noch so zurückgesetzt fühlen – nach dem spektakulärsten Dopingfall der österreichischen Sportgeschichte war noch einige Zeit nicht daran zu denken, zur Tagesordnung überzugehen. Zu umfangreich waren die Aufräumarbeiten nach dem Doping-Erdrutsch. Man stelle sich vor: Um ein Haar wäre ein Dopingsünder zu Österreichs Sportler des Jahres 2008 gewählt worden. Genau genommen wurde er es sogar, weil die Wahlperiode vor dem 13. Oktober zu Ende gegangen war. Also blieb der Journalistenvereinigung Sports Media Austria nur eines übrig – die Stimmen für Kohl einfach auszusortieren, zu streichen. Nutznießer war Skispringer Thomas Morgenstern, der dadurch auf Rang eins rutschte. Dass weder Bernhard noch ich bei der Gala erwünscht waren, verstand sich von selbst. Wenn es stimmt, dass über uns, wie mir zugetragen wurde, auch ein Hausverbot verhängt worden ist, fände ich das aber doch reichlich übertrieben.

Bernhard stand der Sinn damals ohnehin mehr nach Urlaub. Und am 1. November ging es los – für 16 Tage auf die Malediven. Die Ansprüche waren noch dem des neuen Radhelden angepasst. Hin und zurück in der Business-Class, mehr oder minder eine eigene Insel, Apartment mit Glasboden über dem Meer, Kostenpunkt für zwei Personen: 17.993,06 Euro. Jeder Leistungssportler hat schließlich das Recht auf ein Trainingslager zur aktiven Erholung. Entsprechend relaxt und voll Tatendrang kehrte der Sonnenanbeter heim. Unser Verhältnis lockerte sich, wirtschaftlich gab es ja nicht mehr viel anzubahnen und umzusetzen. Wobei die ein, zwei Autogrammstunden, die unmittelbar nach dem Geständnis angesetzt waren und nicht abgesagt wurden, ein erstaunlich positives Feedback lieferten. Bernhards Hauptaugenmerk lag nun auf der Einvernahme durch die Rechtskommission der NADA am 24. November, die er mit Sigi Fröhlich bestritt, der ihm auch sein Plädoyer verfasste. Wir waren guten Mutes, dass er mit 18 statt 24 Monaten davonkommt, dass sich sein »Geständnis« in irgendeiner Form bezahlt macht. Dass er eine Saison pausiert, bei der Österreich-Rundfahrt 2010 wieder am Start steht und sich dort gleich für höhere Aufgaben empfiehlt. Doch das Gremium um den Vorsitzenden der NADA-Rechtskommission Gernot Schaar schluckte den Köder nicht. Bernhard ließ alle Fragen über Hintermänner unbeantwortet, nannte auch nicht jene Personen, von denen er CERA bezogen hatte. »Lieber bring ich mich um, als dass ich das tue«, hat er mir im Vorfeld der Verhandlung gesagt. Er wollte die Ärztin, die er um das Präparat angebettelt hatte, verständlicherweise nicht in die Bredouille bringen. Die Rechtskommission zeigte sich unerbittlich, brummte Bernhard die vollen zwei Jahre Sperre auf.

Anfang Dezember 2008 traf ich den gefallenen Radstar noch ein letztes Mal in Klagenfurt. Wir vereinbarten, unsere Athleten-Manager-Beziehung aufzulösen – mangels Geschäftsfeldern, wenn man so will. Ich kann es nicht erklären, was genau mich hellhörig machte, aber mein Bauchgefühl sagte mir, dass etwas mit meinem Gegenüber nicht stimmt. Bernhard erzählte im Beisein von Freundin Tatjana davon, dass er Werbeflächen für City-Fahrräder verkauft, dass er plant, ein Buch zu veröffentlichen. Und irgendwann kam die Sprache auf die Blutzentrifugen. Er legte mir nahe, die Geräte zu verkaufen, damit mir wenigstens etwas übrig bleibt. Ganz beiläufig stellte er die Frage, wo sich die Maschinen eigentlich befänden. »In Bratislava«, log ich instinktiv.

Am 4. Dezember informierte ich die Medien per Presseaussendung über die Beendigung unseres Arbeitsverhältnisses. Mit der Reaktion hatte ich allerdings nicht gerechnet. »Typisch: Jetzt, wo es nichts mehr zu holen gibt, lässt er ihn fallen wie eine heiße Kartoffel«, lautete der Grundtenor der Meldungen. Längst hatte sich die Meinung verfestigt, ich würde mich durch meine Tätigkeit auf Kosten der Sportler über Gebühr bereichern. Zu gerne würde ich wissen, ob auch nur einer meiner Athleten jemals eine derartige Aussage getätigt hat.

Wie es mit Bernhard weiterging, kann ich nur mutmaßen. Ich schätze, sein »Spezi«, Landeshauptmann Erwin Pröll, wird ihn zu Staranwalt Dr. Manfred Ainedter vermittelt haben, man wird ihm vielleicht Hilfe beim Aufbau einer neuen Existenz für den Fall zugesagt haben, dass er sich den Behörden anvertraut, den Hintermann ans Messer liefert. Was er dann ja auch gründlich getan hat. Möglicherweise sogar als registrierter Informant. Seine neuen Einflüsterer scheinen ihm jedenfalls eine Menge Bärendienste erwiesen zu haben. So auch zu Beginn des Jahres 2009, als ihn niemand hinderte, bei der ORF-Satireshow »Wir sind Kaiser« aufzutreten. Die Seher waren sich weitgehend einig – selten zuvor ist ein Sportler im Rahmen eines Fernsehauftritts so vorgeführt und erniedrigt worden.

Die Treibjagd auf mich wurde munter fortgesetzt. Plötzlich wagten sich Figuren aus meiner Vergangenheit aus der Deckung, die ich zum Teil schon fast vergessen hatte. Stefan B. etwa, der ehemalige Snowboarder und spätere Möbelpacker aus Scharnstein, den ich nach einer durchzechten Winternacht in Laakirchen bei mir aufnahm, weil ich fürchtete, er würde in seinem Zustand irgendwo im Freien oder im Auto erfrieren. Wir konsumierten ein paar Zirbenschnäpse, ich verabreichte ihm auch noch eine Vitamin-B12-Spritze gegen den Kater am nächsten Morgen (das Präparat leistet auch Grundwehrdienern und Collegestudenten in den USA gute Dienste, wenn es darum geht, positiven Cannabis-Tests zu entgehen), plauderte aus dem Nähkästchen, erklärte ihm die Sicomed-Problematik, die soeben Österreichs Sportlandschaft erschütterte, und stellte zur besseren Illustration ein paar Ampullen auf den Tisch. Am nächsten Morgen waren mein Gast und zwei der Fläschchen verschwunden. B. muss sie zuhause gehortet haben und sah seine Stunde im Herbst 2008 gekommen, als er den Oberösterreichischen Nachrichten die heiße Ware in Verbindung mit nicht minder heißen Infos anbot. Ich konnte deren Veröffentlichung mit einer Klageandrohung gegen B. gerade noch verhindern. Auch Leichtathlet Martin Steinbauer sah sich veranlasst, die Beobachtungen, die er 2003 in meinem Kühlschrank in der Blattgasse gemacht hatte, jedem auf die Nase zu binden.

Die weitaus größere Bedrohung aber ging von Lisa Hütthaler aus. Noch im Sommer 2008, also in Erwartung einer zweijährigen Sperre und einer Strafe wegen versuchter Bestechung, fragte sie bei mir an, ob denn nicht jetzt die ideale Zeit gekommen sei, neue Erybeutel zu produzieren. Dabei hatten wir noch zwei übrig! Auch ein interessantes Detail zum Thema, wie Sportler ticken. Als die Verfahren näher rückten, sie ebenfalls Anwalt Ainedter verpasst bekam (sein Vorgänger hatte Lisa ohnehin an den Rand des Ruins gebracht), sie von allen Seiten unter Druck gesetzt wurde, war schnell klar, dass ihr das Hemd näher als der Rock sein würde. »Ins Gefängnis gehe ich sicher nicht«, lautete ihr Credo. Und schüttete den Ermittlern prompt ihr Herz aus, als die noch nicht einmal dabei waren, ihre Geschütze in Stellung zu bringen.

Ich war in ihre Schritte und Entscheidungen nicht eingebunden, es war ihr vermutlich auch untersagt, mich auf dem Laufenden zu halten. Gut so, wer weiß, ob ich gewisse Anlässe sonst so unbeschwert hätte genießen können. Wie das Sportland-Gschnas, eine Traditionsveranstaltung am Faschingssamstag 2008 in Laakirchen. Einige Eingeweihte fragten, wo denn meine Verkleidung geblieben sei, als ich in Krankenschwester-Kluft und dazugehörigen Utensilien die Szene betrat. Ganz schön frech. Aber als ich meine Spritze im mitgebrachten Fässchen Zirbenschnaps immer wieder aufzog und dann zur Abwechslung einmal nicht intravenös verabreichte, wich der Spott schnell stiller Dankbarkeit. Für viel Gelächter sorgte mein Aufeinandertreffen mit einem Grüppchen Hobbyradler, das sich in gepunktete Tour-de-France-Bergtrikots geschmissen hatte, auf denen zu lesen stand: »Berni Kohl – mit der Spritze an die Spitze.« Auch sie bekamen natürlich ihr Zirbendoping.

Abseits meiner Verpflichtungen war ich vollauf damit beschäftigt, meinen durch Kohls Ausfall erlittenen Verdienstausfall einigermaßen zu kompensieren. Da die Blutdopingmaschinen bei weitem nicht mehr ausgelastet waren, begann ich, die Dienstleistung vermehrt auch anderen Athleten zur Verfügung zu stellen. Leichtathleten und Langläufer waren die Nutznießer, unter anderem aus Österreich, Slowenien, der ehemaligen Sowjetunion. Je nach Standing, Herkunft und Sportart zahlten die Blutspender von 1000 Euro aufwärts, bekamen dafür auch noch das unvermeidliche Glas Cola spendiert. Wäre Doktor Fuentes in jener Zeit aktiv gewesen, er hätte mich glatt wegen meiner wettbewerbszerstörenden Dumpingpreise verklagt. Unter meinen neuen Kunden befanden sich auch vier spanische Leichtathleten, nicht gerade No-Names, würde ich sagen. Sie waren von meiner Methode hin und weg. Während einer unserer Sessions in Budapest fragte der Frechdachs aus dem Quartett: »Stefan, warum kaufen wir die Maschinen nicht in Spanien und bauen dort ein Business auf? Binnen einer Woche hätten wir die Hälfte der Fußballer des FC Barcelona auf unserer Kundenliste.« Reine Spekulation natürlich. Ich antwortete dem Ehrgeizling so, wie ich hochtrabende Angebote immer abgeschmettert habe. »Weißt du, ich brauche kein Haus an der Côte d'Azur.«

Es hätte mir auch gar nicht ins Konzept gepasst. Ich war im Winter 2008/09 mehr denn je darauf fokussiert, mein eigentliches Business als Leichtathletik-Manager voranzutreiben. Und es ließ sich gut an, ich war drauf und dran, neben meiner Florida-Connection Ernest Wiggins weitere US-amerikanische Athleten ins Boot zu holen. An der Dopingfront operierte ich ganz bewusst mit angezogener Handbremse, hatte die Zahl meiner KlientInnen sukzessive reduziert. Das pharmakologische Begleitprogramm organisierte ich nur mehr für eine Handvoll befreundeter AthletInnen. Im Grunde war ich es leid, für oftmals zweitklassige Protagonisten und marginale Gewinnaufschläge mit illegalen Substanzen im Kofferraum durchs Land zu tingeln, mich einem Risiko auszusetzen, das sich auch durch die Beteiligung an den Einkünften niemals rechnete. Über kurz oder lang sollte das einträgliche Geschäft mit den Blutzentrifugen mein einziger Berührungspunkt zur Dopingthematik werden. Den Abschied von der Chemie konnte ich kaum erwarten, denn beim Eigenblutdoping konnte ich auch in moralischer Hinsicht keine Fehler und Risiken entdecken.

Womöglich beschäftigten mich gerade diese Gedanken, als ich am 26. Februar 2009, vom ersten Prager Hallensportfest heimkommend, von der Lindacher Bundesstraße in den Laakirchner Ortsteil Stötten abbog. Und mir genau dort an der Kreuzung ein Fahrzeug mit Linzer Kennzeichen ins Auge stach. Wir Stöttener sind extrem sensibel für Fremdkörper aller Art, für Autos, deren Herkunft sich uns nicht erschließt. Weil uns die Nähe zur Autobahn schon die eine oder andere Einbrecherbande eingebrockt hat. Am nächsten Tag stand an der gleichen Stelle ein anderes Vehikel. Bald darauf häuften sich derlei Beobachtungen auch mitten in unserer Siedlung, zum Teil nur 200 Meter von meinem Haus entfernt. Manchmal parkten die Eindringlinge der Einfachheit halber auch gleich auf dem Grundstück eines Nachbarn. Einmal sogar drei Tage hindurch. Die dort wohnhaften Kinder begannen sich zu fürchten, worauf sich der Hausbesitzer erdreistete nachzufragen, welchem Zweck das Campieren auf seinem Grundstück diene. Einer der drei Herren im Fahrzeuginneren ließ sich immerhin zu einer ebenso knappen wie lässigen Antwort herab: »Verkehr zählen!« Ein launiges Kerlchen, das Trio Infernal parkte auf einer kaum frequentierten einspurigen Gemeindestraße. Am dritten Tag riss der Schwester des Hausbesitzers der Geduldsfaden, sie drohte, unverzüglich die Polizei zu alarmieren, sollten die Wegelagerer nicht augenblicklich vom familieneigenen Grund und Boden verschwinden. Die Beamten der Sondereinheit für Observation taten ihr den Gefallen.

Ein paar Tage später erhielt ich einen Anruf von meinem Autohändler. »Stefan, das Bundeskriminalamt war da. Du solltest besser einmal vorbeischauen.« Was ich postwendend tat. Im Autohaus angekommen, eröffnete mir mein Freund, die Beamten hätten sich erkundigt, wie ein Peilsender an einem Ford Kuga anzubringen sei. Als wir mein Gefährt per Hebebühne hochhievten, mussten wir nicht lange suchen. Hinten links befestigte ein Magnet das mit einem Aufkleber des Innenministeriums versehene Stück, das meine Fahrtwege mittels GPS übermitteln sollte. Dem Fahrzeug meiner Frau wurde dieselbe Ehre angetan. Keine angenehme Situation natürlich, und trotzdem konnten wir uns ein Schmunzeln nicht verbeißen. Dass die Beamten der SOKO Doping beim nächstgelegenen Ford-Händler, bei dem noch dazu mein Fahrzeug geleast wurde, vorstellig werden und so überhaupt nicht damit rechnen, dass Menschen eins und eins zusammenzählen können, das hatte was.

Mit der Peilsender-Aktion war klar: Die Ermittler fuhren das ganz große Programm, um meiner habhaft zu werden. Es erklärte auch, warum seit einigen Tagen so viele Telefonate nach nur vier Sekunden abbrachen, das Krachen im Hörer zum permanenten Ärgernis wurde. Der Feind hörte mit. Konnte er ruhig, ich hatte es mir von jeher zur Gewohnheit gemacht, substanzielle Gesprächsthemen weder fernmündlich noch per Mail abzuhandeln. Weil den SOKO-Ermittlern beim Mithören meiner belanglosen Telefonate scheinbar gar so fad wurde, kam ab 4. März auch noch ein IMSI-Catcher zum Einsatz. Der hatte den Zweck, meinem Wertkarten-Mobiltelefon die letzten Geheimnisse zu entreißen. Bloß, dass es ein solches nie gab. Die SOKO-Ermittler waren von der fixen Vorstellung beseelt, dass es irgendwo ein Kommunikationsinstrument geben müsse, mit dessen Hilfe ich meine Machenschaften anbahne, koordiniere, exekutiere. Leider nein. Dafür konnten die wackeren Männer mit Hilfe des Catchers sämtliche Telefonate der Nachbarschaft mithören. Mit Sicherheit auch ein sinnvoller Zeitvertreib. Geklärt waren nun auch die zahlreichen Flüge eines Hubschraubers des Innenministeriums über mein Grundstück. In meiner Akte fand ich später ein gestochen scharfes Foto meines Hauses aus der Vogelperspektive und schloss messerscharf, dass das Bild nicht von einem österreichischen Spionagesatelliten stammen könne. Die Beamten erklärten mir auf meine Frage, dass das eine Aufnahme von Google Earth wäre. Merkwürdig: Die Google-Earth-Version stammt von 2002, das Foto aber zeigte mein 2007/08 umgebautes Haus mit neuem Dach. Hatten die SOKO-Leute damals gar schon ein schlechtes Gewissen, so viel Steuergeld sinnlos zu verpulvern?

Die Fremden waren in Laakirchen rasch das Stammtischgespräch Nummer eins. Niemand wollte sie so recht hier haben, aber man lernte mit ihnen zu leben. Auch ich, denn in meiner Bewegungsfreiheit fühlte ich mich nicht eingeschränkt. Musste ich zu Erykonzentrat-Abnahmen nach Budapest, pilotierte ich mein Auto nach Wien, stellte es in Erdberg in die Park-and-Ride-Garage, ließ mich per Taxi zum Flughafen kutschieren und bestieg dort ein Leihauto, mit dem ich drei Stunden später vor meiner Budapester Wohnung vorfuhr. Mein Handy ließ ich klarerweise in der Parkgarage zurück, um nicht geortet werden zu können.

Genauso hielt ich es auch am 23. März 2009. Zwei spanische Athleten hatten sich angesagt, ich organisierte die Abnahmen und führte sie durch. Keine besonderen Vorkommnisse. Sieht man davon ab, dass am Vorabend Walter Mayer verhaftet worden war. Und dass das meine letzten Aktivitäten in Sachen Doping waren, wie sich herausstellen sollte. Tags darauf flog ich von München über Washington nach Orlando. Ich besuchte meinen Schützling Ernest Wiggins am Stützpunkt seines Trainers Dennis Mitchell in Clermont, Florida. Und hatte berechtigte Hoffnungen, meinen Kundenstock von bis dahin rund 30 Athleten quantitativ auszubauen und qualitativ aufzuwerten. Bis zu den Morgenstunden des 27. März, als ich mich schon kurz nach dem Aufwachen über die 15 verpassten Anrufe wunderte. Ein Blick ins Internet lieferte die Erklärung: Lisa Hütthaler war mit ihrer Wahrheit an die Öffentlichkeit gegangen, beschuldigte Dr. Zoubek und mich, sie mit Dopingpräparaten beliefert zu haben. Ein paar Monate später versicherte sie mir per Mail, dass ich ihr hundertprozentig glauben könne, dass sie niemals wollte, dass sich die Dinge so entwickeln. Ich war ihr nicht böse, auch wenn sie trotz ihrer Rehaugen etwas Berechnendes an sich hatte. Nach dem Motto: Wenn ich untergehe, nehme ich noch jemanden mit. Ich wusste, dass man sie unter Druck gesetzt hatte. Dass man ihr Versprechungen gemacht hatte. Sie war psychisch und wirtschaftlich am Ende, klammerte sich an jeden Strohhalm. Ihre Berater und vermeintlichen Freunde in den Medien und im Justizapparat haben sie benutzt. Und nebenbei dem Anti-Doping-Kampf schwer geschadet. Denn nach den Fällen Kohl und Hütthaler wird sich jeder überführte Sportler davor hüten, ein Geständnis abzulegen, Hintermänner zu nennen, Netzwerke aufzudecken. Mit Leugnen und Schweigen, das steht seither unzweifelhaft fest, fährt man ungleich besser. Lisa Hütthaler hingegen wird auch 2011, drei Jahre nach ihrem positiven Dopingtest, wieder Stammgast in den Verhandlungssälen sein.

Lisas Aussagen hatten für mich zuallererst eine Konsequenz: Mein USA-Geschäft war mit einem Schlag zunichte gemacht. Ernest hatte einen Anruf seines Trainers erhalten, dass er mich im Umkreis seiner Athleten nicht mehr zu sehen wünsche. Damit war auch Ernests und meine Zusammenarbeit Geschichte. Der Muskelberg, der meines Erachtens mit Doping nie etwas am Hut gehabt hatte, erholte sich von dem Schock nicht mehr, schlägt sich heute mit Gelegenheitsjobs durch. Was mich an der Sache maßlos störte, war, dass mit Dennis Mitchell mal wieder einer mit Steinen warf, der die längste Zeit im Glashaus gesessen war. Der Staffel-Olympiasieger von 1992 wurde sechs Jahre später wegen erhöhter Testosteronwerte für zwei Jahre gesperrt. Mit seiner Erklärung schaffte er es spielend in die Auflistung der dümmsten Doping-Ausreden am Ende dieses Buches: Eine wilde Sex-Nacht und reichlich Bierkonsum hätten für den erhöhten Testosteronspiegel gesorgt. Doch auch seine Ehefrau Damu Cherry, Olympiavierte 2008 über 100 Meter Hürden, hat die weiße Weste bereits abgeben müssen, wurde 2003 für zwei Jahre aus dem Verkehr gezogen. Grund: Norandrosteron-Spuren im Urin. Müßig zu erwähnen, dass Frau Cherry von Mitchell trainiert wird.

Walter Mayer verhaftet, ich seit einem Monat observiert, dazu Hütthalers Aussagen – es lag auf der Hand, dass es nun ans Eingemachte geht. Zumal Bernhard Kohl einen weiteren Unsicherheitsfaktor darstellte. Ich versuchte, diese Gefahr einschätzbar zu machen, rief ihn vom Flughafen in Tampa an und fragte, ob ich mich auf ihn verlassen könne. »Ja, sicher« , erhielt ich als Antwort. Ein Mann, ein Wort.

Einen kurzen Moment dachte ich darüber nach, in den Vereinigten Staaten zu bleiben. Nach New Hampshire zu fliegen, in die Heimat meiner Frau. Sonia und Simon nachkommen zu lassen. Hier eine Existenz aufzubauen. Ich hatte mich in Amerika immer wohl gefühlt ... Ach was, davonlaufen löst die Probleme nicht. Ich reiste sogar einen Tag früher als geplant zurück, behielt die kleine Änderung aber für mich, um Zeit zu gewinnen, mich mit meinem Anwalt abzusprechen, und um einige Vorkehrungen vor der drohenden Verhaftung zu treffen. Es war ein kalter Märztag und die alten Rechnungen und Einnahmepläne spendeten wohlige Wärme.

»Das ist aber schon entwürdigend!«

In meinen ersten Stunden als Untersuchungshäftling war ich der Star. Egal, wo ich im Anhaltezentrum Linz hinkam, um irgendwelche Formalitäten zu erledigen, egal, welcher Aufseher zu mir in die Zelle stapfte, permanent wurde ich mit Fragen bombardiert. »Wie ist das denn im Leistungssport wirklich? Tun die Fußballer das auch? Und die Skifahrer?« Das Thema elektrisierte. Am wissbegierigsten war jener Uniformierte, der mir am Tag meiner Verhaftung nach einem elendslangen Verhör das Abendessen brachte. Die Plauderei dauerte, bis ein Kollege nach nahezu drei Stunden aufgebracht zur Tür hereinkam. »Wo bist du denn die ganze Zeit? Wir suchen dich schon überall!« Es war 23 Uhr.

Nur bei den Beamten der SOKO Doping, die ganz erpicht darauf waren, mich zum Reden zu bringen, zeigte ich mich zugeknöpft. Dabei ging es schon auf der Fahrt von Laakirchen nach Linz recht locker zu, man bot einander das Du-Wort an. Mit einem der beiden Beamten verband mich sogar eine gemeinsame Bekanntschaft. Meine Ex-Freundin, ebenfalls im Dienste der Polizei, und er hatten die ersten Jahre als Uniformierte gemeinsam am Posten in Gmunden verbracht. Dennoch gab ich deutlich zu verstehen, dass es eine Aussage nur im Beisein meines Anwaltes Franz Essl geben würde. Nach einer kurzen Besprechung mit ihm begann die Vernehmung um 9.36 Uhr. Fünf Stunden und zehn Minuten später waren die Ermittler nicht viel klüger. Ein paar unbedachte Äußerungen sind mir in der anfänglichen Nervosität rausgerutscht, im Wesentlichen aber mussten die SOKO-Leute zur Kenntnis nehmen, dass sie aus mir nicht viel rausbekommen, wenn ich es nicht will.

Am nächsten Morgen versuchten es die Beamten mit einer neuen Taktik. »Dein Anwalt ist ein Volltrottel«, pflaumte mich Vernehmer Schwarzenbacher im Vorfeld der nächsten Vernehmung an, »der schadet dir nur. Sag uns, was du weißt.« Netter Versuch. Und so subtil. Und darüber hinaus inhaltlich völlig falsch. Franz Essl ist ein Strafverteidiger mit jahrelanger Erfahrung, der weiß, wie man mit solchen Situationen umgeht. Hätte ich zu 100 Prozent auf ihn gehört, wäre manches vielleicht anders gekommen. In der Tat wollte ich der SOKO aber ein paar Hilfestellungen geben – natürlich ohne mir zu schaden. Ich wollte den Beamten erklären, wie das System funktioniert, damit sie die für ihre Ermittlungen richtigen Schlüsse ziehen. Warum auch nicht? Krank, pervers und neuerdings auch kriminell war diese Parallelgesellschaft allemal. Und für mich gab es ohnehin kein Zurück. Außerdem: Wenn mich Athleten ans Messer liefern, denen ich nichts getan habe, außer ihren Wunsch nach einem professionellen Dopingmanagement zu erfüllen – warum sollte ich nicht darauf hinweisen, dass ich bei weitem nicht der einzige »Böse« in diesem ganzen verlogenen Haufen bin? Auf das Niveau, andere zu denunzieren, habe ich mich damals und auch später ohnedies nie herabgelassen.

Auch wenn die SOKO-Beamten das in unserem informellen Gespräch gerne anders verstanden hätten. Schwarzenbacher und seinen Kollegen Schropp ein wenig ins Vertrauen zu ziehen, ihnen durch das Erklären von Zusammenhängen die Arbeit zu erleichtern, ihnen Blutdoping näherzubringen, entpuppte sich ohnehin als folgenschwerer Fehler. Die beiden hatten nichts Besseres zu tun, als nach dem Gespräch eine Aktennotiz, angereichert mit ihren persönlichen Interpretationen, anzufertigen. Doch damit nicht genug: Die Aktennotiz fand auch in dem Verfahren gegen mich Verwendung, der Inhalt wurde fast so gewertet, als wäre es ein von mir unterschriebenes Protokoll. Ich habe mit dem österreichischen Justizapparat einige absonderliche Erfahrungen gemacht, aber ein informelles Gespräch, eine nicht autorisierte Aktennotiz vor Gericht zu verwenden, war wohl die jenseitigste. Das Schlimmste daran: Außer ein paar Journalisten hat es niemand als anstößig empfunden. Wie mir ein befreundeter, lang gedienter Kripo-Beamter später verriet, handelte es sich um eine gängige Praxis, Geständnisse zu entlocken, wenn man auf »legalem« Weg nicht mehr weiterkommt.

Nachmittags wurde ich ins berüchtigte »Graue Haus« in Wien-Josefstadt überstellt. Österreichs größte und meist überbelegte Justizanstalt, untergebracht im Landesgericht für Strafsachen Wien, war am 24. März 1950 Schauplatz der letzten Hinrichtung, die ein österreichisches Gericht verfügte. Der zweifache Raubmörder Johann Trnka wurde im Galgenhof gehängt.

Die Hausordnung ist noch heute gewöhnungsbedürftig. Als ich am späteren Nachmittag in der Justizanstalt Josefstadt eintraf, waren weder der »Check-in« noch eine ärztliche Untersuchung möglich. Völlig logisch, es war ja auch schon der Nachtdienst im Amt – seit 14 Uhr. Ich wurde daher in einer sogenannten Zugangszelle untergebracht. Ein schmuckes Kellerverlies, sogar mit Fenster. Nur Essen konnte keines mehr kredenzt werden – Nachtdienst, klar. Auch bei der geistigen Nahrung wurde ich kurzgehalten – meiner Bitte um Lesestoff wurde in Form einer drei Tage alten Ausgabe der Zeitung Österreich entsprochen. Na ja, besser als Selbstgespräche zu führen. Morgens um sechs wurden die Lichter aufgedreht – danach ging alles ruck zuck. Aufnahme der Personalien, ärztliche Untersuchung (währenddessen wollte der Herr Doktor zur Abwechslung wissen, wie das denn eigentlich sei im Spitzensport), Gespräch mit dem sozialpsychologischen Dienst (das damit endete, dass mir die Psychologin ein Sudoku-Rätselheft schenkte), Empfang der Hygieneartikel, der Bettwäsche und des Geschirrs, Kontrolle der Schuhe und Kleidung – und natürlich die obligate Dusche.

Dabei fiel mir ein klein gewachsener Mann mit langen rosa Kniestrümpfen und rosa Hemd auf, der noch wesentlich deplatzierter wirkte als ich. Er brauchte trotz der barschen Aufforderung des Beamten (»Meinl, ausziehen!«) eine halbe Ewigkeit, bis er sich endlich seiner Unterhose entledigt hatte. Mit hilfesuchendem Blick wandte er sich an mich. »Das ist jetzt aber schon entwürdigend!« Ich konnte ihm nicht widersprechen, empfand Mitleid. Ich dachte, dass der arme Kerl nach einer durchzechten Nacht in irgendeiner Form mit dem Gesetz in Konflikt gekommen sein musste. Sein Anzug hatte Klasse, aber er selbst sah ziemlich gerädert aus. Dabei hatte es an der ausufernden Vernehmung gelegen, zu der er freiwillig aus Großbritannien eingeflogen kam.

Dann wurde ich meiner Zelle in Trakt AB1 zugewiesen. Na ja, Luxusherbergen sehen anders aus. In dem Raum befanden sich ein großer Fernseher – und sieben andere Häftlinge. Als die Tür zufiel, wurde ich mit einem »Servus, Matschiner« empfangen. Mein Ruf war mir offenbar vorausgeeilt. Ich hatte die Begrüßungszigarette noch nicht einmal fertiggeraucht, da stand der Aufseher schon wieder im Zimmer. »Matschiner, zusammenpacken!« Ich wurde in den Trakt C4 geleitet und auf dem Weg dorthin gefragt, ob ich einverstanden sei, mich ein wenig um einen Insassen zu kümmern, ein wenig auf ihn aufzupassen. Wenn es Probleme geben sollte, könnte ich ohnehin läuten. Das Schild an der Tür zur Zelle 29 offenbarte ein wenig präziser, welchen Inhalt meine Mission haben würde: »Suizidgefahr«. »Großartig, jetzt darf ich auch noch den Seelsorger spielen«, dachte ich ob dieser »Strafverschärfung« erzürnt. In der Zelle kauerte der kleine Mann, den ich vorhin in der Dusche getroffen hatte. Zu meiner Schande muss ich gestehen, dass ich ihn immer noch nicht richtig zuordnen konnte. Erst allmählich dämmerte mir, dass es sich um DEN Meinl handelte, um Julius Lindbergh Meinl V., der wegen des Verdachts auf Anlegerbetrug und Untreue inhaftiert worden war.

Es hatte nicht den Anschein, als sei mein Zellennachbar mit den Verrichtungen des täglichen Lebens übermäßig vertraut, deshalb fragte ich, ob ich ihm das Bett überziehen solle. »Wenn es Ihnen nichts ausmacht«, kam als Antwort. Auch sonst kümmerte ich mich beflissen um meinen »Schutzbefohlenen«, schnitt ihm seine Scheibe Brot – gar kein so einfaches Unterfangen, wenn man ein Messer ohne Schneide benutzen muss – und hörte mir geduldig sein kulinarisches Wehklagen an. »Ich hätte nie gedacht, dass ich einmal so etwas essen würde.« Die Suizidgefahr schien mir nicht allzu virulent, von der Rolle war der Banker aber allemal, er schluckte Beruhigungs- und Schlafmittel, fand nachts trotzdem keine Ruhe. Ich versuchte, seine sinistren Gedanken zu vertreiben, wollte ihn zu einem Spaziergang auf dem Gefängnishof animieren – ohne Erfolg. Dafür traf ich am Weg zu einem Treffen mit meinem Anwalt Alfons Eduard Alexander Antonius Maria Andreas Hubertus Christoph Mensdorff-Pouilly, einen adeligen Fasanen- und Entenzüchter, der wegen Verdunklungsgefahr in Zusammenhang mit dem Verdacht der falschen Zeugenaussage im parlamentarischen Eurofighter-Untersuchungsausschuss in Haft genommen worden war. Der Ehemann der ÖVP-Politikerin Maria Rauch-Kallat steckte mir eine aufmunternde Botschaft für meinen Zellenkumpanen zu. »Er tut mir ja so leid, weil er so hilflos ist.«

Hilflos schien mir auch der Gutachter zu sein, mit dem sich Meinl auseinanderzusetzen hatte. Der Aufsichtsratsvorsitzende der Meinl-Bank kam von den Unterredungen stets völlig entnervt zurück. Der Tenor blieb immer derselbe: »Jetzt habe ich versucht, ihm vier Stunden lang zu erklären, was der innere

Wert eines Unternehmens ist. Er hat es nicht verstanden! Aber es wundert mich nicht. Ich kenne ihn, er ist zweimal bei der Steuerberaterprüfung durchgefallen.« Ich konnte seine Verzweiflung nachempfinden, beschlich mich bei Vernehmungen der SOKO oder der Staatsanwaltschaft doch auch immer wieder das Gefühl, einen chinesischen Dialekt zu sprechen. Meine Gegenüber glauben trotz mehrfacher Erklärungen zum Teil bis heute, beim Blutdoping werde EPO in die Erybeutel gepumpt, damit sich das Blut mit Sauerstoff anreichern könne.

Im Falle meines Zellengenossen kristallisierte sich alsbald heraus, dass seine Freilassung nur eine Frage der Zeit sein würde. Besser gesagt, eine des Geldes. »Das ist aber schon viel, was die da als Kaution wollen«, begann Meinl ein kleines Ratespiel. »Wie viel wollen sie denn – eine Million?«, stieg ich drauf ein. »Schon mehr«, antwortete der Landwirt und Bezieher von EU-Agrarsubventionen (angeblich 34.500 Euro im Jahr 2008). »Zweistellig?« – «Schon mehr.« Ich gab's auf, das Rätsel löste sich kurz darauf ohnehin von selbst. Julius, wir waren mittlerweile per Du, kam von einer weiteren Befragung zurück und baute sich vor mir auf. »Stefan, du wirst nie erraten, was ich gerade getan habe!« Ich setzte meine erwartungsvollste Miene auf. »Ich habe gerade 100 Millionen Euro bezahlt.« Sprach's, grinste, legte sich auf das Bett und schloss die Augen. Binnen 51 Minuten trudelte das Sümmchen auf dem Gerichtskonto ein, kurz darauf auch die Bestätigung, dass es nicht zurückgeordert werden kann. Aber es war bereits ein paar Minuten nach 14 Uhr: Enthaftung unmöglich, weil – richtig – bereits die Nachtschicht begonnen hatte. Wir tauschten noch Mailadressen aus, verabschieden konnte ich mich am nächsten Tag nicht mehr, meine dritte Vernehmung war für den Vormittag des 3. April anberaumt. Als ich zurückkam, war mein millionenschwerer Wegbegleiter bereits in Freiheit.

Ich hatte mittlerweile meine Strategie geändert, legte ein Teilgeständnis ab. Ich gab zu, neben Kohl und Hütthaler acht weitere AthletInnen mit verschiedensten unerlaubten Substanzen versorgt bzw. unerlaubte Methoden angewendet zu haben, listete alles vollständig auf, Sportler A – EPO, Wachstumshormon, Insulin; Sportler B – Blutzentrifuge, EPO und so weiter Ich fügte aber hinzu, dass all diese Machenschaften den Zeitraum bis 8.8.2008 (Inkrafttreten des novellierten Anti-Doping-Gesetzes) betrafen, sich meine Aktivitäten danach ausschließlich auf das

Ausland konzentrierten. Der Hintergedanke war, dass ich für weitere Loyalitätskundgebungen à la Kohl und Hütthaler gewappnet sein musste. Wer auch immer umfiel, ich konnte für mich in Anspruch nehmen, das Delikt bereits gestanden zu haben. Ohne Namensnennung des Athleten natürlich. Eine im Nachhinein unnötige Vorsichtsmaßnahme, denn der Rest meiner Klientel hielt dicht. Die Beamten der Sonderkommission scheiterten bei den Zeugenvernehmungen kolossal, wurden oft nach Strich und Faden belogen, mit völlig belanglosen Antworten abgespeist und konnten nichts dagegen tun. Da ich nicht nur die Zeugenaussagen aus meiner eigenen Akte kenne, schätze ich den Prozentsatz an Falschaussagen bei Vernehmungen im Zusammenhang mit Doping im Hochleistungssport auf nahezu 100 Prozent. Eine ernüchternde Erfahrung, nachdem die Fahnder in der Fitnessstudio- und Breitensportszene beachtliche Erfolge verbuchen konnten. Nicht ganz zufällig, das Milieu ähnelt der Suchtgiftszene. Und dort hatte das Gros der Ermittler über Jahre einschlägige kriminalpolizeiliche Erfahrung gesammelt. Mit Leuten, die für eine Woche weniger im Gefängnis ihre Großmutter verkaufen. Der Sport hingegen spielt in einer anderen Liga. Es hätte einer intensiveren Recherche bedurft, stattdessen war man auf den schnellen Erfolg aus, auf das Präsentieren von Namen, vielleicht hielt man dem zweifellos vorhandenen politischen Druck einfach nicht stand.

Am Nachmittag des 3. April warf ich Schwarzenbacher und Schropp als Zeichen meines guten Willens noch ein Goodie hin. Obwohl sie, entgegen allen Vereinbarungen, eine weitere Vernehmung ohne meinen Anwalt durchführten. Die beiden Sheriffs hatten es auf meine Maschinen abgesehen. »Wir wissen ja eh, in welcher Stadt sie stehen. Es ist nur eine Frage der Zeit, bis wir sie finden. Wenn du es uns sagst, fiele ein wichtiger Grund für die Untersuchungshaft weg – die Gefahr der Tatbegehung.« Dieses »Wissen« kam mir verdächtig vor, ich willigte ein, ließ mir aber den Namen der Stadt auf ein Stück Papier kritzeln, tat es meinen Verhörmeistern gleich, dann tauschten wir. Auf meinem Zettel stand die Wahrheit, auf ihrem »Bratislava«. Zufälligerweise jene Metropole, die ich Anfang Dezember Bernhard Kohl (und niemand anderem) genannt hatte. Am gleichen Abend begegnete ich meinem früheren Schützling gleich noch einmal. Ich hatte mittlerweile gegen Gebühr ein TV-Gerät in der Zelle installieren lassen und sah einen Ausschnitt jener Pressekonferenz, die Kohl, natürlich vollkommen zufällig, am Abend nach meiner Verhaftung im Café Landtmann auf der Wiener Ringstraße gegeben hatte. »... und dann hat man ihn ja jetzt endlich festgenommen«, hörte ich Kohl sagen und sah ihn ein wenig verunsichert in die Kamera grinsen. Woher diese Genugtuung in seiner Mimik, in seinen Worten kam, ist mir rätselhaft. Vielleicht hat er sich damit sein Fremdkapital verdient, mit dem er später einen Rad-Store im Süden Wiens eröffnete. Vielleicht die Bürgschaft dafür, wer weiß?

Die SOKO-Mannen jedenfalls trotteten mit meiner Budapest-Information von dannen, mussten noch den Wohnungsschlüssel organisieren, den ich ohne dessen Wissen bei meinem Vater in Salzburg deponiert hatte, trafen trotzdem noch am gleichen Abend in meiner Wohnung in der Damjanich utca im Stadtteil Pest ein. Eine beeindruckende Performance, die großes motorsportliches Talent erkennen ließ. Oder den gar nicht billigen Einsatz eines Polizeihubschraubers. Ob bei all der Hast überhaupt noch die Zeit für ein Rechtshilfeansuchen an Ungarn blieb? Zeit zum Hinzuziehen der Budapester Kollegen? Schließlich nahmen die Beamten zwei Maschinen an sich, die sich auch mit viel Fantasie nicht dafür eigneten, auch nur ein einziges Gesetz in Ungarn zu verletzen, und brachten sie auf österreichisches Territorium. Ich gehe natürlich davon aus, dass sämtliche Vorschriften eingehalten wurden. Und freute mich mit der Sonderkommission, die ihren »Fund« als großen Erfolg verkaufte. Die Freiwilligkeit meiner kleinen Hilfestellung wurde geflissentlich unter den Teppich gekehrt.

Warum ich mich überhaupt auf die Sache einließ, die mir – welch Überraschung – keinen einzigen Tag U-Haft ersparte? Reines Kalkül. Ich hatte ein paar Blicke in die Ermittlungsakten werfen können und dort Namen von Personen und einer Firma entdeckt, die so gar nicht für die Beamten bestimmt waren. Lisa Hütthaler hatte ihrer Schwatzhaftigkeit zum falschen Zeitpunkt freien Lauf gelassen. Mein Fehler, ich hatte sie einmal zu einer Abholung von Verbrauchsmaterial zu diesem Wiener Unternehmen geschickt. Erwartungsgemäß stießen die Beamten auch auf die Kaufbelege meiner Maschinen. Und damit auf den Namen und die Adresse von Dr. Hildegard. Mit ein wenig kriminalistischem Gespür würde man beides zumindest überprüfen. Und in weiterer Folge den Spezialkühlschrank mit den Erykonzentrat-

Beuteln von acht Sportlern finden. Das galt es um jeden Preis zu verhindern, obwohl die Identifizierung aufgrund der verwendeten Decknamen so gut wie unmöglich gewesen wäre. Um die Athleten zu überführen, hätten die Ermittler von mir die Namen und von den Sportlern das Blut zum Abgleich benötigt. Eine Konstellation, die es in dieser Form nie gegeben hätte. Trotzdem opferte ich mein Arsenal an Maschinen, hoffte, dass die Sache auch in Ungarn so viel Medienecho erzeugt, dass Dr. Hildegard aufmerksam wird und die entsprechenden Vorkehrungen ergreift. Eine weitere unnötige Vorsichtsmaßnahme. Ich hatte die Beamten über- und Frau Hildegard unterschätzt. Der brisante Kühlschrankinhalt war zu diesem Zeitpunkt schon längst vernichtet.

Mir war ohnehin rätselhaft, welche Strategie Ermittler und Justiz verfolgten, ob sie hin und wieder zumindest miteinander kommunizierten. Seit Wochen wurden Walter Mayer und ich als Achse des Bösen gehandelt. Aber im »Grauen Haus« unternahm in den vier Wochen, in denen wir unter einem Dach logierten, kaum jemand irgendwelche Anstalten, uns voneinander fernzuhalten. Die angestrebte räumliche Trennung von vermuteten Komplizen wurde, wie in vielen anderen von mir beobachteten Fällen, permanent ignoriert. Das erste Aufeinandertreffen in der Vernehmungszone wusste man noch zu torpedieren, aber vom dritten Tag an unterhielten wir uns täglich. Unter filmreifen Umständen: Ich sonnte mich in der Nähe seines Zellenfensters, das nur wenige Meter vom Spazierhof entfernt lag, machte Dehnungsübungen, nahm mit einem »Woitl – bist du da?« Kontakt auf und schon lief die Kommunikation von seinem Fenster aus in den Hof ungestört. 20 Minuten genehmigten wir uns täglich, einmal sogar eine volle Stunde, informierten uns über den Stand der Dinge beim jeweils anderen, berieten über die mediale Darstellung nach unserer Entlassung und vieles mehr.

Vom Standard im Gefängnis war ich eigentlich positiv überrascht. Stockbett, Toilette, Waschbecken – ein Hotel im kenianischen Hochland hatte oft nicht einmal das zu bieten. Und dort war ich nicht nur einmal freiwillig abgestiegen. An den Tagesablauf gewöhnt man sich auch. Um 6 Uhr gehen die Lichter an, um 7 erfolgt der Weckruf via Lautsprecher: »Alles aufstehen, das Frühstück kommt!« Wenn selbiges um 7.20 Uhr eintrifft, sollte man tunlichst das Bett verlassen haben, um 9.20 steht der Hofspaziergang auf dem Programm, um 11 Uhr das Mittagessen, um

14 Uhr wird durch die kleine Öffnung in der Tür das Abendessen gereicht, einer Raubtierfütterung nicht unähnlich. Um 14 Uhr, weil da, jawohl, der Nachtdienst beginnt, die Türe ab diesem Zeitpunkt bis 7 Uhr morgens verschlossen bleibt. Keine Schikane gegenüber den Häftlingen, einfach nur organisatorische Notwendigkeit. Durch den Abbau vieler Planstellen reicht der Personalstand nicht mehr, um den gesamten Tag in Vollbesetzung abzudecken. Mein Fernsehnachmittag begann um 16.30 Uhr mit »Hör mal, wer da hämmert«, fand seine Fortsetzung mit »Die Nanny«, drei Folgen von »King of Queens«, »Mein cooler Onkel Charlie« und glitt dann langsam ins Hauptabendprogramm hinüber. Immerhin konnte man neun Kanäle sehen – und mitunter auch hören. Wenn nicht gerade der moslemische Teil der Häftlinge seine Gebete gen Mekka richtete. Wobei man das beim Fernsehen noch lieber in Kauf nahm als um fünf Uhr morgens ...

Mein Gefängnisalltag mag ein wenig langweilig klingen – die Entbehrungen, die ein Leistungssportler auf sich nimmt, sind meines Erachtens jedenfalls schwerer zu ertragen. Ich hätte mich richtiggehend entspannen können – wäre da nicht die Trennung von der Familie gewesen. Wenigstens hatte mir meine Frau ein paar Fotos ins Gefängnis geschickt. Von meinem Kleinen, von sich und eines, auf dem ihre Mum mit meinem Sohn abgebildet war. Ich war wohl der einzige Häftling, der ein Foto seiner Schwiegermutter in der Zelle hängen hatte. Auch die Sorgen um das Erfüllen aller Verpflichtungen, die ankommenden Athleten aus Kenia, die betreut werden wollten, bereiteten mir schlaflose Stunden. Aber gut, ich gehe davon aus, dass die meisten Insassen ihren Aufenthalt nicht in vollen Zügen genießen können.

Auch das Freizeitangebot konnte sich durchaus sehen lassen: Es gab die Möglichkeit, Fußball, Badminton und Schach zu spielen, es existierten eine Diskussionsgruppe, eine Bibliothek auf Rädern und ein Fitnessraum, den ich fast täglich und meistens allein frequentierte. Eine elegante Variante, wie man die Zahl der Dusch-Sessions, die eigentlich nur Montag und Donnerstag vorgesehen waren, signifikant steigern konnte. Auch in meiner Zelle gelang es mir tadellos, meine körperliche Fitness zu erhalten, ja sogar zu verbessern. Eine Stunde lief ich täglich auf und ab, acht Schritte in die eine, acht in die andere Richtung. Genug, um den Puls auf dem Fettstoffwechselniveau von 120 zu halten.

So erträglich ich mir meinen Alltag im »Grauen Haus« eingerichtet hatte, so trist erlebte ich den Strafvollzug als Beobachter. Auf der Seite der Beamten regiert Frust über die starren Hierarchien, den nicht vorhandenen Handlungsspielraum, die prekäre Personalsituation. Ich habe nur zwei Ausprägungsformen erlebt, wie diese Frustration bewältigt wird. Die einen flüchten sich in den Alkohol, die anderen ins Krafttraining. In ein Krafttraining, das über das gesunde Maß weit hinausgeht. Meine Athleten wären mit den Tagesdosierungen einzelner Aufseher mehrere Wochen ausgekommen.

Die Situation der Häftlinge stellt sich noch viel erschütternder dar. Drogen sind allgegenwärtig, Substitol (ein Morphin, das das Verlangen nach Opiaten einschränkt) findet reißenden Absatz, aus Apfelsaft wird Alkohol vergoren. Zwischen den Zellen herrscht reger Tauschhandel, auch während des Nachtdienstes, denn Kontrollgänge sind selten. Tabak, aber auch Nachrichten werden dabei an Zahnseide befestigt und mittels eines einen Meter langen Blasrohres an den Mann gebracht. Der Ausländeranteil liegt bei etwa 75 Prozent, der Alltagsrassismus, sowohl unter den Beamten als auch unter den heimischen Häftlingen, feiert fröhliche Urständ. Einer der Letztgenannten gefiel sich darin, über mehrere Tage nächtens um vier aufzustehen und minutenlang »Aaaaaahhhhmeeeed« zu brüllen. Nachdem sich der Schreihals später geoutet hatte, nannte er uns den Grund für seine Verhaltensauffälligkeit: »Ich wollte nur zeigen, dass auch ich alle aufwecken kann, wenn ich will. Ganz ohne Gebet!« Die interne Hierarchie folgt relativ einfachen Prinzipien. Je besser und aufwändiger das Verbrechen organisiert war, dessen man sich schuldig gemacht hatte, desto höher ist der Status des Kriminellen innerhalb der Gefängnisgemeinschaft. Versicherungsbetrüger rangieren demnach an der Spitze, ganz unten reihen sich all jene ein, die ein – womöglich auch noch schwächeres – Individuum geschädigt haben.

Auch die Besuchssituation stellt kaum jemand zufrieden. Jeder Häftling hat Dienstag und Donnerstag Anrecht auf privaten Besuch im Ausmaß von je einer Stunde. Man sitzt sich mit Telefonhörern gegenüber, eine trennende Glasscheibe verhindert Berührungen. Zudem nimmt zumeist ein Gerichtspraktikant als Zuhörer Platz und schreitet ein, wenn das Gespräch nicht erlaubte, sprich die Strafsache betreffende, Themen streift. Das größte

Ärgernis aber bilden die langen Wartezeiten auf Freiwerden eines der zehn verfügbaren Plätze. Bis zu drei, vier Stunden sind keine Seltenheit. Nur der Rechtsbeistand darf sich ohne Zeitlimit in einem eigens dafür vorgesehenen Zimmer mit seinem Mandanten ohne Zuhörer beraten. Gut, dass mein Vater die Anwaltskarriere eingeschlagen hat. Dadurch konnte ich wenigstens von einem Familienmitglied unbegrenzten Besuch empfangen.

Zweifellos neigt man dazu, während einer so langen U-Haft ein bisschen eigen zu werden. Bei mir hat sich das unter anderem darin geäußert, dass ich ein paar Minuten länger im Gefängnis blieb als nötig. Am Vormittag des 7. Mai erfuhr ich von meiner unmittelbar bevorstehenden Entlassung; um 10.45 Uhr eröffnete mir die Richterin, ich könne die Haftanstalt unter den Auflagen verlassen, einer geregelten Arbeit nachzugehen und die Ermittlungen nicht zu behindern. Erfreulich, aber ich hatte den ganzen Vormittag dem panierten Dorsch, der fürs Mittagessen angekündigt war, entgegengefiebert und wollte ihn mir, nur weil sich irgendjemand bemüßigt gefühlt hatte, gerade jetzt meine Entlassungspapiere zu unterschreiben, nicht entgehen lassen. Was bei etlichen Mitinsassen für heftiges Kopfschütteln sorgte. Um 11.55 Uhr, mit reichlich Sicherheitsabstand zur Nachtschicht, verließ ich schließlich nach 36 Tagen doch noch die Justizanstalt Josefstadt. Ich wurde von meiner Frau empfangen, der Trennungsschmerz vom »Grauen Haus« war in jenem Moment verflogen.

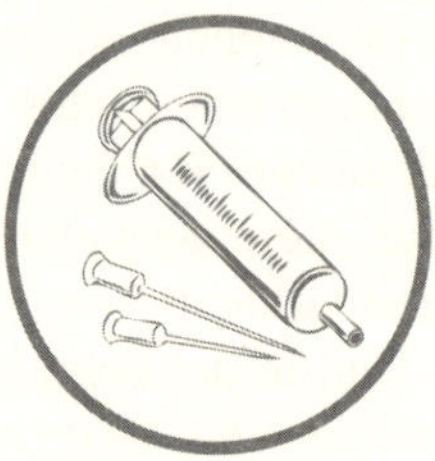

Free at last

Als ich die Justizanstalt hinter mir ließ, lungerten ein paar Journalisten in der Nähe des Ausganges herum, ein Hobby-Fotograf schoss trashige Bilder aus dem Hinterhalt - ich hatte mit Schlimmerem gerechnet. Wir konnten unbehelligt die Heimreise antreten. Äußerlich trug ich Gelassenheit zur Schau. Die angespannte finanzielle Lage, die ungewisse Zukunft mit dem Damoklesschwert des Strafverfahrens über mir - ich ließ mir nichts anmerken. So ist es auch zu erklären, dass ich am zweiten Tag nach der Entlassung für ein befreundetes Pärchen auf unserer Terrasse den Entertainer gab, meine Gefängniszeit als eine einzige Aneinanderreihung von Anekdoten präsentierte. Und dann auch noch, quasi als ultimative Pointe der Vorführung, unserer Bekannten auf ihren Wunsch hin die Zeckenschutzimpfung verabreichte. Sie hat es nicht bereut, ich beherrschte das schmerzfreie Injizieren perfekt, weil ich mir, im Gegensatz zu vielen Ärzten, die nötige Zeit dafür nahm.

Mein Pokerface hatte ich mir über viele Jahre angeeignet. Emotionen zu zeigen, vor allem solche, die Rückschlüsse auf die eigene Schwäche zuließen, hatte ich mir längst abgewöhnt. Es erleichterte mir auch das permanente Lügen gegenüber Ermittlern, Medienleuten, lästigen Fragestellern aller Art. Es galt, um jeden Preis stark zu sein. »Männliches Rollenverhalten« nennt man das vermutlich. Diese Stärke, diese gespielte Souveränität hatte mir beispielsweise in der Leichtathletik-Szene den Ruf des arroganten Schnösels eingetragen. Und in der Folge den des kalten, berechnenden Managers, der seine Schützlinge des eigenen Vorteils wegen mit Doping vollpumpt. Ich sehe mich als sensiblen Charakter, viel sensibler als selbst viele meiner Freunde ahnen. Seit meiner Enthaftung erlaube ich es mir denn auch, diese für viele unbekannte Seite vermehrt zum Zug kommen zu lassen.

Anlass, mich zuhause zu vergraben, sah ich trotz der wenig ruhmreichen jüngsten Vergangenheit aber nicht. Während meiner viermonatigen Kinderkarenzzeit, die sich direkt an die

Untersuchungshaft anschloss, arbeitete ich, wie seit 2003 üblich, für einen Tag beim Stadtfest in Laakirchen mit und hatte nicht das Gefühl, dass sich die Leute den Hals verrenken, um einen Blick auf den Kriminellen hinter der Bar zu erhaschen. Meine beruflichen Aktivitäten im gastronomischen Bereich erfüllten aber weniger den Zweck der »Resozialisierung«, sie hatten vielmehr rein wirtschaftliche Hintergründe. Mein Verdienst lag in den Jahren davor sicher weit über dem österreichischen Durchschnitt, meine Ausgaben aber auch. Die berufsbedingten Reisen zu Meetings und Großereignissen, die Hotels, das Auto, das angesichts der zigtausenden gefahrenen Überland-Kilometer kein Kleinwagen mit 70 PS sein konnte. Hinzu kam, dass ich bei der Festsetzung der Höhe der Kreditraten mein erwartetes Einkommen aus Bernhard Kohls Silence-Lotto-Vertrag einfließen ließ. Entsprechend schnell kam ich in Bedrängnis, als für ein paar Wochen die Einnahmen ausblieben und ein neuer Job aus den im Vorwort angeführten Gründen ausblieb. Speziell mein Vorsprechen bei einer großen Personalvermittlungsagentur öffnete mir die Augen. Meine Betreuerin war hellauf begeistert von mir, meinen Qualifikationen und Erfahrungen, erklärte mir, dass sie mich unter einem Minimum von 80.000 Euro Jahreseinkommen keinesfalls vermitteln werde. Ihre Euphorie ebbte allerdings merklich ab, als ich ihr von der kleinen juristischen Spaßbremse erzählte. Ich habe nie wieder etwas von ihr gehört ...

Nachdem die Jobsuche ungeahnt hohe Hindernisse für mich bereithielt, wandte ich mich der nächstliegenden Erwerbsquelle zu: einer Kellnertätigkeit in meinem Stammlokal »Gutenberg« in Laakirchen. Womit sich bis zu einem gewissen Teil das Angenehme mit dem Nützlichen verbinden ließ. Es blieb damit noch ausreichend Zeit, an neuen Geschäftsideen zu feilen. Eine konkretisierte sich im Winter 2009/10 und endete in einer geschäftlichen Partnerschaft zwischen meinem Nachbarn in Laakirchen und mir. Es lief auf eine revolutionäre Konservierungsmethode für erstklassige, im Nordwesten der USA wachsende Eierschwammerl (Pfifferlinge) hinaus. Bis dahin nicht gerade meine Domäne, aber man lernt schnell, wenn es sein muss. Im Juni 2010 gründeten wir die Olympic Global Trade LLC, eine Gesellschaft mit beschränkter Haftung mit Sitz in Belfair, Washington. Die Namensgebung sollte daher nicht als Verbeugung vor den tugendhaften Errungenschaften der olympischen Bewegung interpretiert werden, vielmehr liegt ihr die Olympic Peninsula westlich von Seattle zu Grunde. Ein Gedankengang, den 1364 Firmen vor uns auch schon für sich zu nutzen verstanden.

Das Kerngeschäft unserer Firma befasst sich mit der amerikanischen Spitzmorchel, der Morchella elata, die sich im Frühjahr als erstes Lebewesen auf den semisterilen Böden im Nordwesten der USA, die durch die im Herbst davor erloschenen Waldbrände entstanden sind, ansiedelt. Im Gegensatz zu der in Sumpfgebieten Asiens wachsenenden Morchel zeigt sie keinerlei Schädlingsbefall. In Kombination mit unserer Kaltluft-Trocknungsmethode entsteht erstklassige Qualität ohne Ablaufdatum. In Europa bedarf es allerdings noch einiger Überzeugungsarbeit, man ist die asiatischen Dumpingpreise gewöhnt – und die mindere Qualität. Durch Sekundärschädlingsbefall zerfallene oder aufgrund der Trocknungsmethode der Asiaten ausgesporten Morcheln können aber auf Dauer kaum im Sinne des Kunden sein.

Wir setzen außerdem auf blanchierte und blockgefrorene Eierschwammerl aus Oregon und Washington, die wir in Mengen von 20 bis 30 Tonnen zu Zeiten liefern können, in denen es in Europa keine Frischware gibt. Hinzu kommen Winterpilze wie Semmelstoppelpilz oder Trompetenpfifferling, weiters Waldpilzmischungen, jeweils aus Oregon, Washington und Nord-Kalifornien sowie Western Greens, Grünzeug für dekorative Zwecke, das für Blumenmärkte bestimmt ist. Zum Beispiel Salal, das rund um den Regenwald auf der Olympic Peninsula wächst, Beargrass, Huck, Rush und Fern aus Oregon und Washington. Zukunftsmusik ist die Sparte Meeresfrüchte, die wir in Kooperation mit Indianerstämmen, für die es keine Fangquoten gibt, beackern wollen. Im Puget-Sound etwa findet man Gooey Ducks (Elefantenrüssel-Muscheln, die aufgrund des Schutzes heimischer Arten leider nicht in die EU importiert werden dürfen) und Austern in Hülle, Fülle und bester Qualität.

In manchen Momenten bin ich ziemlich froh, eine fundierte wirtschaftliche Ausbildung genossen zu haben. Womöglich ist es genau das, was meine Fantasie bei der Konzeptionierung und Umsetzung potenzieller Geschäftsmodelle beflügelt. Manchmal allerdings stolpere ich auch einfach nur über Optionen mit Gewinnpotenzial. Wie heuer in Portland, Oregon, als ich bei einem Autohändler eines Mercedes 280 SL Pagode ansichtig wurde. Ein 1970er-Baujahr, Cabrio mit Hard- und Soft-Top, der erste Direkt-

Einspritzer von Mercedes, 170 PS, 200 km/h Spitze. Ich kratzte die 20.000 Euro zusammen, ließ mir das gute Stück einpacken und organisierte den Transport nach Österreich, wo ich den Oldtimer mit Original-Ersatzteilen bestückte, liebevoll restaurierte, bis er wieder wie neu aussah. Eine Anfrage bei der zentralen Kraftfahrzeug-Zulassungsstelle ergab, dass in Österreich derzeit vier Limousinen dieser Bauart den Straßenverkehr bereichern. Der Verkauf wird also zweifellos ein verkehrshistorisches Ereignis.

Eine mühevolle Kleinarbeit, die mir viel Freude bereitete. Sport, Doping, Sportmanagement, Dopingmanagement – ich hätte wohl wenige Gedanken an mein früheres Leben verschwendet, hätte es dieses Buch nicht gegeben. Und die Welt da draußen, die mich immer und immer wieder mit meiner Vergangenheit konfrontierte. In der ersten Zeit hagelte es Interviewanfragen, ich hätte ein paar Wochen lang aus jedem deutschen Magazin und jeder TV-Talk-Show grinsen können. Tat ich aber nicht, ich hätte ja doch nur immer weiterlügen müssen. Einige haben das respektiert, andere Interviews, die keine waren veröffentlicht. Eine Ausnahme machte ich lediglich für Deutschlands Doping-Journalisten Nr. 1, Hajo Seppelt. Für seine Dokumentation »Geheimsache Doping«, die zum Start der Leichtathletik-WM 2009 in der ARD ausgestrahlt wurde, stellte ich mich für zwei Teilaspekte zur Verfügung: Meine »Kooperation« mit mitteleuropäischen Anti-Doping-Instituten und die Unterstützung eines namhaften deutschen Läufers mit Designersteroiden. Das Interview vor Salzkammergut-Kulisse brachte mir am 15.8. meine fünfte Einvernahme durch die SOKO Doping ein.

Ich meldete mich nur zu Wort, wenn mir der Kragen platzte, ich die Verlogenheit nicht länger ertrug. Wie nach Bernhard Kohls sich ständig ändernden Annäherungen an die Wahrheit. Am Tag meiner Verhaftung (31.3.) erklärte er in Geständnis Nummer 2, seit 2005 zu dopen und damit quasi durch mich dazu gekommen zu sein, am 25. Mai revidierte er in Geständnis Nummer 3, in dessen Rahmen er seinen Rücktritt vom Leistungssport verkündete, diesen Zeitpunkt auf 2001. Kohl wollte keine Namen anderer Sportler in der Öffentlichkeit nennen, gegenüber den Ermittlern hat er sie sehr wohl ausgeplaudert. Sodass sämtliche Namen über diesen Umweg ohnehin an die Öffentlichkeit gelangen mussten. Er denunzierte die einen, etwa Gerolsteiner-Teamarzt Mark

Schmidt, als Mitwisser (was Kohl laut rechtskräftigem Gerichtsbeschluss nicht mehr darf), die anderen schonte er. Wie zum Beispiel eine jener Personen, die ihn vor meiner Zeit mit Dopingmitteln versorgt hatte. Offensichtlich ein zu guter Freund seines Trainers. Im Juli musste ich ihn via Medien dann doch einmal daran erinnern, dass er auch selbst Präparate weitergegeben bzw. die Weitergabe organisiert hat. Wie etwa Dynepo, das ein Freund von mir Kohls Gerolsteiner-Teamkollegen Markus Zberg in Rosenheim übergeben hatte. Die Aussage brachte mir eine weitere Beschuldigteneinvernahme am 30. 7., einen Rüffel von Ermittler Schwarzenbacher (»Kaunst du net endlich die Gosch'n hoitn? Wir wollen an Endbericht schreiben!«) und eine Klageandrohung von Gerolsteiner-Teamchef Holczer ein. Er nötigte mich auf diesem Wege, den Namen des (mittlerweile zurückgetretenen) Fahrers bekannt zu geben.

Ansonsten tat sich nicht rasend viel bis zur Zustellung der Anklageschrift im Juni 2010, die, vermutlich durch verbeamtete Eilboten überbracht, keine 14 Monate nach dem Ende der Untersuchungshaft bei mir eintraf – abgesehen von dem einen oder anderen Treffen mit NADA-Geschäftsführer Schwab, dessen Kooperationsangebote ich dankend ablehnte. Ende 2008 war ich derjenige gewesen, der der Anti-Doping-Agentur und Klaus Lipp von der Sektion für Umweltkriminalität im Bundeskriminalamt, wo der Anti-Doping-Kampf früher angesiedelt war, Angebote zur Zusammenarbeit unterbreitete. Weil ich gröberes Unheil vom österreichischen Sport abwenden wollte. Auf allzu viel Interesse bin ich damals nicht gestoßen. »Super, ich hab nur leider keine Zeit und melde mich, wenn ich was brauche«, wimmelte mich Lipp ab.

Je näher die Verhandlung rückte, desto zuversichtlicher wurde ich. Es lagen bereits erste Urteile gegen Dealer aus der Bodybuilder- und Freizeitsportlerszene vor. Einige waren mit substanziellen Mengen mehr oder minder auf frischer Tat ertappt und trotzdem nur zu Geld- und bedingten Haftstrafen verurteilt worden. Wie konnte da in meinem Fall in den Medien ernsthaft mit einer Ausschöpfung des Strafrahmens von drei Jahren spekuliert werden? Ein Restrisiko blieb natürlich. Ich war der erste halbwegs prominente Name, der nach dem Anti-Doping-Gesetz belangt wurde. Da lag es natürlich im Bereich des Möglichen, dass man bei all dem politischen Druck, bei all dem öffentlichen Interesse ein Exempel statuieren wollen würde. Mein Anwalt versicherte mir aber, dass ein solches Urteil vor der nächsten Instanz nie und nimmer halten würde.

Der erste Prozesstag war für den 12. August 2010 anberaumt. Schauplatz: der Verhandlungssaal 203 im Wiener Landesgericht für Strafsachen. Einer der größeren im Haus, denn das Medieninteresse wurde als beachtlich eingestuft. Drei Kamerateams, Fotografen, Journalisten bevölkerten die Gänge, Letztere danach auch die Zuschauerplätze. Als ich mein Gesicht zu einer grinsenden Grimasse verzog, erreichte das Blitzlichtgewitter eindrucksvolle Dimensionen – man rate welches Bild am nächsten Tag in den Zeitungen erschien! Ein Blick in die Augen von Richterin Martina Spreitzer-Kropiunik sollte mir Aufschluss geben, worauf ich mich einstellen müssen würde. Was ich sah, gefiel mir nicht. Sie schien mit einem derartigen Medienrummel nicht vertraut, wirkte unsicher. Das barg für mich die Gefahr, dass sich Frau Rat durch eine möglichst scharfe Gangart Autorität verschaffen wollen würde. Meine schlimmsten Befürchtungen wurden in den ersten Verhandlungsstunden noch übertroffen. Aber es war auch mein Fehler. Als Unbescholtener hatte ich keine Erfahrung damit, welcher Grad an Untertänigkeit vor Gericht gefragt ist. Ein hoher, wie ich jetzt weiß. Einmal passte ihr mein Tonfall nicht, dann meine Körperhaltung. »Setzen Sie sich gefälligst ordentlich hin!« Dabei kämpfte ich auf der harten, für Kleinwüchsige dimensionierten Holzbank bald mit starken Rückenschmerzen. Verdammt noch mal, ich war Leistungssportler. Ich habe ein Recht darauf, dass mir alles weh tut. Egal, was ich tat oder sagte, was ich nicht tat oder nicht sagte, die Richterin hatte etwas zu bekritteln. »Glauben Sie, dass Sie hier ein gutes Bild abgeben?« Ich wusste es nicht, dachte aber, dass es hier um Wahrheitsfindung gehen sollte.

Schon die ersten Minuten des Prozesses ließen mich an der Sinnhaftigkeit des Schauspiels zweifeln. Die Staatsanwältin verwechselte gleich in ihrem Eröffnungsplädoyer meine beiden Maschinen. Es ist mir schon klar, dass die Materie für Außenstehende schwer zu durchschauen ist – aber, bei allem Respekt, sie hatte eineinhalb Jahre Zeit, um sich darauf vorzubereiten. Und solche Menschen hatten in diesem Saal Macht über mich! Auch die Richterin schien mir in der Materie nicht ganz sattelfest zu sein. Was dazu führte, dass sich die Verhandlung immer wieder an völlig nebensächlichen Detailfragen festbiss. Wer finanzierte die Blutdopingmaschinen? Für meine Schuld oder Unschuld irrelevant. War Olympiasieger Christian Hoffmann am 3. August 2008 mit einer Flasche Wein in meiner Wohnung in der Linzer Pferdebahnpromenade? Wen interessiert's? Erstens hätte dieses Treffen fünf Tage vor Inkrafttreten des Anti-Doping-Gesetzes stattgefunden und zweitens waren die Maschinen laut Protokoll an diesem Tag nicht einmal in Betrieb. Wenn es nur darum ging, mir eine persönliche Bekanntschaft mit Hoffmann nachzuweisen – die habe ich nie bestritten. Wie könnte ich auch? Christian war auch bei meiner Hochzeit 2007 zu Gast.

Frau Mag. Spreitzer-Kropiunik schien über mein Handeln jedenfalls empört zu sein. Dass ich Sportler durch die Weitergabe von Dopingmitteln gesundheitlich gefährdet hätte (was Kenner der Materie ganz anders sehen), vor allem aber, dass ich mich beim Kauf der Alyx-Maschine als Mitarbeiter von »Ärzte ohne Grenzen« ausgegeben hatte. Um die Richterin ein wenig für mich einzunehmen, sagte ich später zu, das 48.000-Euro-Gerät dem Roten Kreuz zu spenden. Übel nahm ich ihr allerdings, dass alle ausreden durften – nur mein Anwalt Franz Essl und ich nicht. Das gab der Verhandlung den Touch eines Schauprozesses, wie einige Journalisten in der Pause anmerkten. Auch Hajo Seppelt, extra aus Deutschland eingeflogen, zeigte sich bestürzt ob der einseitigen Verhandlungsführung.

Wenigstens sorgte ein bisschen Situationskomik für Heiterkeit. Eine Libelle hatte sich an diesem heißen Hochsommertag durch ein geöffnetes Fenster den Weg in den Verhandlungssaal gebahnt, drehte oberhalb der Staatsanwältin ihre Runden. »Das finde ich jetzt aber nicht so gut«, quittierte Frau Mag. Weinberger den »Luftangriff« mit leicht nervöser Stimme. Das Tierchen ließ Gnade walten und suchte sich einen Zuschauerplatz an der Decke.

Nachdem eine Menge Zeugen (Michael Rasmussen, Christian Hoffmann, Lisa Hütthaler, Markus Zberg, Pietro Cauchioli) entschuldigt oder unentschuldigt ferngeblieben waren, stand die Aussage von Bernhard Kohl im Mittelpunkt des ersten Verhandlungstages. Er bestätigte, dass ich bei der Weitergabe von Dopingmitteln lediglich minimale Aufschläge auf meinen Einstandspreis gemacht hätte, gab aber gleichzeitig zu Protokoll, mir in den drei Jahren unserer Zusammenarbeit 50.000 bis 70.000 Euro für Dopingmittel bezahlt zu haben – exklusive seines Beitrages zu den Blutdopingmaschinen. Ich attestiere ihm keine böse Absicht – aber das Errechnen dieser Summe kann nur auf dem Fehlen aller arithmetischen Grundkenntnisse beruhen. Hätte er die Dosen von EPO, Wachstumshormon, Insulin, Testosteron & Co, die sich damit beschaffen ließen, konsumiert, er würde keinesfalls mehr unter den Lebenden weilen. Selbst bei großzügiger Kalkulation kann Bernhard unmöglich mehr als 3000 Euro pro Jahr für das »Begleitprogramm« ausgegeben haben. Kohls Aussage barg für mich einiges an Sprengkraft. Würde die Richterin sie für bare Münze nehmen, wäre meine No-Profit-Argumentation ad absurdum geführt.

In die Bredouille, allerdings mit weitaus mehr Berechtigung, brachte mich mein Ex-Schützling auch wegen seiner Schilderungen des 24. September 2009. Er berichtete von einer Blutabnahme am frühen Nachmittag, gab meine Erzählungen zum Besten, wonach es bei einer der beiden Abnahmen unmittelbar davor zu Komplikationen gekommen war, legte Rechnungen mit diesem Datum aus dem Raum Linz vor. Zudem bestätigte die automatische Aufzeichnung der Alyx diese Angaben. Ich jedoch hatte angegeben, das Blutdoping-Equipment zu diesem Zeitpunkt längst in Slowenien und damit außerhalb des Wirkungsbereiches des Anti-Doping-Gesetzes bei einem Athleten untergestellt zu haben, der die Geräte offenbar in Eigenregie bedient hatte. Erstaunlich allerdings, dass der die gleiche Benutzer-ID eingab wie ich in all den Monaten davor und danach – »OJ«. Was keine Reminiszenz an den umstrittenen Football-Star O. J. Simpson sein sollte, sondern für Otto Jung stand. Keine Ahnung, warum mir in diesem Zusammenhang ausgerechnet die Initialen des Vizeleutnants am Heeresleistungszentrum Linz eingefallen waren. Aufwarten konnte ich mit je einem Ein- und Ausreisestempel der Republik Serbien, datiert mit 22. und 25. September, ich erklärte meine dortige Anwesenheit in Begleitung meines Schützlings Ernest Wiggins mit Promotionaktivitäten für das Leichtathletik-Meeting in Belgrad. Meine rastlose Reisetätigkeit hatte weiteren Erklärungsbedarf zur Folge – die Kreditkartenabrechnung wies am 23. eine Zahlungsaktivität an einer slowenischen Tankstelle aus. Ich hätte natürlich einfach zugeben können, die Abnahmen durchgeführt zu haben. Es hätte das Strafmaß vermutlich sogar verringert. Das wäre aber gegen meinen sportlichen Ehrgeiz gewesen.

Die angebliche gesundheitliche Gefährdung meiner Kunden war ein Lieblings-Steckenpferd der Richterin und eine wichtige

Grundlage dafür, mich auch wegen Verstößen gegen das Arzneimittelgesetz zu belangen. Am Ende des ersten Verhandlungstages kündigte sie an, ein entsprechendes Gutachten anfertigen zu lassen. Was daraus wurde – niemand weiß es. Es könnte natürlich sein, dass die Richterin davon Abstand nahm, nachdem ihr jemand geflüstert hatte, wie viel Zeit es in Anspruch nehmen würde, wie viel es kosten könnte und welche Erkenntnisse zu erwarten seien. Eine erste Expertise lag ohnedies schon vor. Universitätsprofessor Dr. Leopold Öhler war von der Staatsanwaltschaft beauftragt worden, die gesundheitlichen Folgen von Blutdoping auszuarbeiten. Seine Einschätzung wurde in der gesamten Verhandlung mit keiner Silbe erwähnt. Womit klar sein dürfte, zu welchem Schluss er gekommen war. Das Gutachten hatte übrigens 2440 Euro gekostet. Ein weiteres Mal wurde nicht gerade sorgsam mit Steuergeld umgegangen.

Der zweite Verhandlungstermin wurde für 11. Oktober festgesetzt. Same time, Same station. Spreitzer-Kropiunik wollte den Zeugen genügend Vorlauf geben, um ein Erscheinen möglich zu machen. Was mit Ausnahme von Lisa Hütthaler naturgemäß jeden kalt ließ. Man mag es mir nicht als Missachtung des Gerichtes ankreiden – aber auch ich hätte es beinahe nicht in den Gerichtssaal geschafft. Ein Heurigenbesuch im schmucken Würmla war am Vorabend ein wenig eskaliert. Immerhin hatte ich meine August-Lektion gelernt und der Richterin bereits vor Verhandlungsbeginn etwaige Streck- und Dehnmanöver zur Entlastung meiner Bandscheiben angekündigt und darum gebeten, diese nicht als Despektierlichkeit zu werten.

Frau Rat geruhte diesmal einen etwas weniger ruppigen Stil an den Tag zu legen. Womöglich aufgrund der Pressemeldungen nach der Auftaktverhandlung. Im Mittelpunkt standen diesmal die Aussage von Lisa Hütthaler, die für mich zum überwiegenden günstig ausfiel (was ihr sofort als Versuch, mich zu schützen, ausgelegt wurde), breiter Raum wurde auch der besagten, nicht autorisierten Aktennotiz der Ermittler Schwarzenbacher & Schropp eingeräumt. Der Nachmittag stand dann nochmals im Zeichen des 24.9.2008. Die Schlinge zog sich stetig enger, es war offensichtlich, dass ich im Begriff war, einen aussichtlosen Kampf zu führen. Nicht nur, weil ich mir eingestehen musste, dass das nächstliche Aufwärmprogramm beim Heurigen Heigl nicht die allerbeste Voraussetzung für eine überzeugende Perfomance vor Gericht war.

Nachdem der Dolmetscher neuerlich unverrichteter Dinge abgezogen war und die Richterin realisiert hatte, dass die restlichen Zeugen in diesem Jahrzehnt wohl nicht mehr zu einer Aussage zu bewegen sein würden, rückte die Urteilsverkündung unaufhaltsam näher. Die Staatsanwältin forderte in ihrem Schlussplädoyer die Richterin auf, dass man sich auch aufgrund der fehlenden Reue am obersten Strafmaß orientieren möge. Kein freundlicher Akt, dabei waren wir doch schon per Du gewesen, hatte sie mir an jenem Nachmittag, an dem ich die SOKO-Leute nach Budapest schickte, in einem der Vernehmungsräume des »Grauen Hauses« ihr Handy geborgt, damit ich endlich mit meiner Frau telefonieren könne. Mein Anwalt hielt wacker dagegen, dann sprach Richterin Spreitzer-Kropiunik das Urteil. »15 Monate!« Eine halbe Ewigkeit verging. Genug Zeit jedenfalls, um in Panik zu geraten. Um sich vor Augen zu führen, dass bei solch hohen Strafen üblicherweise rund ein Drittel unbedingt verhängt wird. »14 davon auf Bewährung! Der restliche Monat gilt durch die Untersuchungshaft als verbüßt." Das Wort Erleichterung würde meinen Gemütszustand nicht ausreichend beschreiben. Die Länge der Bewährungsfrist (3 Jahre) nahm ich gar nicht mehr wahr, sie dürfte für mich auch eher unerheblich sein. Meine letzte Sorge galt einer etwaigen Abschöpfung erzielter Gewinne aus nicht legalen Geschäften. Die Richterin hatte alle Konten akribisch durchforstet, schlicht und ergreifend aber nichts gefunden, was auf größere Geldflüsse aus dieser Ecke hingedeutet hätte. Damit war die Sache für mich gelaufen. Free at last! Der zehnminütigen Urteilsbegründung, die offenbar schon beim Mittagessen formuliert worden war (wozu sind Schlussplädoyers eigentlich nütze?), schenkte ich schon kein Gehör mehr. Nur als es um die Höhe der Gerichtskosten ging, war ich nochmals kurzzeitig voll fokussiert. »Frau Rat, nehmen Sie Rücksicht auf einen Jungunternehmer!« Was sie auch tat – die 400 Euro fallen in die Kategorie Schnäppchen.

Eine gute Nachricht indessen war, dass mir das Gericht die Rückgabe meiner Maschinen zugestanden hatte. Die Alyx hingegen sollte direkt an das Rote Kreuz weitergeleitet werden. Was sich als nicht praktikabel herausstellte, wie mir die Richterin Wochen später mitteilte. Da es bei dieser Maschine drei Besitzer zu geben schien, die der Weitergabe nicht zustimmen konnten, musste ich die Sache selbst in die Hand nehmen. Auch recht, am

12. November wurde ich nochmals im Landesgericht vorstellig – und hatte fast Tränen in den Augen, als ich die Gerätschaften in Empfang nahm. Sie waren durch die erkennungsdienstliche Behandlung völlig verdreckt, nicht einmal ansatzweise funktionstüchtig. Von der fast 50.000 Euro teuren ACP war die Rückwand entfernt, von den Schrauben fehlte jede Spur. Es war ein absolutes Desaster. Nachdem ich die Geräte zuhause einen halben Tag desinfiziert und geputzt hatte, kapitulierte ich: Hier konnte nur mehr ein Komplettservice helfen. Als ich mit Christian Willingstorfer, dem Baxter-Schulungsbeauftragten, Kontakt aufnahm, erklärte mir dieser, den Service nicht durchführen zu können, weil er von der Geschäftsführung seines Unternehmens die Anweisung erhalten habe, keine Geschäfte mehr mit mir zu tätigen. Da platzte mir der Kragen. Ich bekam meine Maschinen massiv beschädigt zurück und dann ermöglichte man mir nicht einmal den Service, um dem Roten Kreuz eine intakte Maschine übergeben zu können. Das schlug dem Fass den Boden aus! Binnen zwei Wochen waren alle Geräte inklusive der Spezial-Kühlschrank nach Deutschland verkauft – aufgrund des beklagenswerten Zustandes zu einem eher symbolhaften Betrag. Welche edlen oder weniger edlen Ziele der Zahlungswillige mit meinem Equipment verfolgt – das war mir in diesem Moment ehrlich gesagt ziemlich egal.

Sonia Neumann-Matschiner
Mein Leben mit Stefan oder: Fünf Jahre Ausnahmezustand

Ich hätte besser auf meinen Vater hören sollen. Als ich im Januar 2005 frisch verliebt an Stefans Seite von unserer Italienreise in Dads damalige Wahlheimat Radstadt zurückkehrte, warnte er mich: »Stefan ist mir sehr ähnlich. Er arbeitet extrem hart, und diese Arbeit ist mit vielen Reisen verbunden. Du weißt, welche Auswirkungen eine solche Kombination auf meine Ehe hatte.« Ich wusste es nur zu gut, meine Eltern waren längst geschieden und die häufigen Abwesenheiten meines Vaters hatten ihren Teil dazu beigetragen. Ich war also ein gebranntes Kind und wusste sehr genau: So stelle ich mir meine Zukunft ganz sicher nicht vor. Stefan tat, darauf angesprochen, alles, um diese Bedenken zu zerstreuen. »So wird es nicht sein. Ein, zwei Reisen pro Jahr, mehr ist es nicht.«

Die Realität sah ein wenig anders aus. Es klingt verrückt, aber für mich fühlte es sich an, als hätte ich meinen Vater geheiratet. Allein in den ersten zwölf Monaten, nachdem ich übersiedelt war, tingelte Stefan zur Tour de France, zur Spanien-Rundfahrt, zur Leichtathletik-WM, zu den Marathons in Nairobi, Mumbai, Singapur und Hongkong, zu den Olympischen Spielen in Turin. Dazu kam das »Tagesgeschäft«: Trips nach Budapest, nach Italien und unzählige Fahrten innerhalb Österreichs. Zur Tour de France und nach Helsinki begleitete ich ihn, auch auf einigen Reisen nach Süditalien. Aber ich gewöhnte es mir bald ab. Er hetzte von Meeting zu Meeting und ich kam mir vor wie das Hündchen, das auf seinen Herrn wartet. Allein konnte ich zuhause auch sein.

Schon in diesem ersten Jahr erreichte Stefans Arbeitspensum schwer erträgliche Ausmaße, aber es sollte sich noch weiter steigern. Er war praktisch immer unterwegs, von A nach B, von B nach C und wieder zurück nach A. Wenn er nach Hause kam, befand er sich auf der Durchreise. Er hatte für nichts anderes Zeit, es herrschte immer Hektik, immer Stress. Galt es etwas zu besprechen oder zu planen, lief ich ihm hinterher, von Zimmer zu Zimmer, wo er eben gerade seine Reiseutensilien zusammensuchte.

Irgendwann hörte ich ihn sagen, er strebe an, der erfolgreichste Sportmanager Europas zu werden. Für mich klang das wie eine gefährliche Drohung. Es konnte ja nur mit noch mehr Arbeit, mit noch mehr Abwesenheiten einhergehen. Auf der anderen Seite wollte ich natürlich, dass Stefan erfolgreich ist, seine Ziele erreicht. Ich war auch unheimlich stolz auf ihn, weil er seinem Beruf, seiner damaligen Berufung mit großer Kompetenz, hoher Präzision und viel Verantwortungsbewusstsein nachging. Er ist ein absoluter Managertyp, einer, der sich Dinge in den Kopf setzt und dann so lange daran arbeitet, bis er sie bekommt. Und wenn ihm keiner dabei hilft, dann eben allein. Kurzum, ich hielt ihn für brillant in dem, was er tat. Ohne im Detail zu wissen, was er da überhaupt tat.

In den ersten Monaten hielt ich ihn für einen Sportmanager. Erst allmählich erschloss sich mir, dass da ein berufliches Paralleluniversum existiert, das womöglich nicht konform geht mit dem landläufigen Rechtsempfinden. Ich fragte nicht viel, war vielmehr froh, dass, wenn Stefan doch einmal physisch und geistig da war, andere Gesprächsthemen im Vordergrund standen. Zumal es ja niemandem, der Stefan kennt, in den Sinn kommt, ihn auch nur ansatzweise als Kriminellen einzustufen. Er hat eine starke Persönlichkeit, starke Werte, ist extrem großzügig und jeder kann von ihm alles haben – zu jeder Tages- und Nachtzeit.

Ein ungutes Gefühl beschlich mich erstmals, als Stefan früher als geplant von den Winterspielen in Turin heimkehrte. Mitten in der Nacht und mit einer Riesentasche im Gepäck, in der sich allerlei Präparate fanden. Es war ziemlich offensichtlich, dass die Abreise eher überstürzt in Angriff genommen worden war. Erstaunlicherweise habe ich aus dieser Zeit vieles, was mit Stefans Business zu tun hatte, vergessen oder zumindest verdrängt. Ich kann mich nicht einmal daran erinnern, während unseres Kurzaufenthaltes bei der Tour de France einen Blutbeutel am Körper getragen zu haben, um ihn als Vorbereitung für die Rückführung zu erwärmen. Obwohl eine derart unappetitliche Erfahrung wohl jedem im Gedächtnis geblieben wäre. Sehr wohl erinnern kann ich mich aber an jene Blutbeutel, die 2006 in unserem Kühlschrank aufbewahrt wurden, die ich zweimal täglich umdrehen musste, damit sich die einzelnen Blutbestandteile aufgrund ihres unterschiedlichen spezifischen Gewichts nicht voneinander trennen und die Nährlösung ihre Wirkung behält, wie mir erklärt wurde. Ich empfand es jedenfalls als ziemlich widerwärtig, dass die Blutbeutel in unmittelbarer Nachbarschaft zu unserem Essen auf ihre Weiterverwendung warteten.

In der Folge lernte ich einige von Stefans Kunden kennen, deren Frauen oder Freundinnen, es entwickelte sich sogar die eine oder andere Freundschaft. Einsam fühlte ich mich in diesen ersten Jahren trotzdem oft genug. Auf der anderen Seite war ich mitunter ganz gern allein. Stefan legte aufgrund des permanenten Drucks, der Sorgen um etwaige positive Tests, nach endlosen Autofahrten und mühseligen Gesprächen mit Athleten eine hochgradige Gereiztheit an den Tag. Die konnte ich ansatzweise sogar nachempfinden, nachdem ich am Rande eines Leichtathletik-Meetings in Linz Zeugin einer Unterredung zwischen einer seiner Athletinnen und ihm geworden war. Auf dem Nachhauseweg konnte ich mir eine Anmerkung nicht verkneifen: »Ich habe selten zuvor jemanden so viel Bullshit reden hören. Ich wünschte, du würdest mir einmal so genau zuhören wie ihr.«

Nichtsdestoweniger war unser Wunsch nach einem Kind sehr ausgeprägt. Und er ging im Spätherbst 2007 in Erfüllung. Wir freuten uns natürlich maßlos und ich verband mit der frohen Botschaft die Hoffnung, dass Stefan in Zukunft mehr Zeit zuhause verbringen wollen würde. Unglücklicherweise traten in der letzten Schwangerschaftsphase Komplikationen auf, ich musste zwischendurch sechs Wochen liegend im Krankenhaus verbringen, auch in den restlichen fünf Wochen bis zur Geburt war absolute Schonung angesagt. Schlechtes Timing, denn zeitgleich strampelte Bernhard Kohl dem gepunkteten Trikot für den besten Bergfahrer und Rang drei bei der Tour de France entgegen. Das und der Hype, der danach ausbrach, forderten Stefan klarerweise voll. Ich hatte einen Kalender, in dem ich seine Abwesenheiten mit einem »X« kennzeichnete. Die weißen Blätter blieben in der Minderzahl. Wenn er mich im Krankenhaus besuchte, folgte das Zusammensein häufig gewissen Gesetzmäßigkeiten: Binnen kürzester Zeit lag er schlafend in meinem Bett, meinem Bauch und mir blieb ein schmaler Streifen am Rand. Eine Erfahrung, die vor allem eines war – grenzwertig.

Die Phase des Hypes wurde nahtlos von dem Wahnsinn abgelöst, der nach Kohls positiver Dopingprobe über uns hereinbrach. Und noch einmal nach Hütthalers und Kohls Geständnissen vor der SOKO Doping. »Ins Gefängnis geh ich schon nicht«, lautete Stefans Standardsatz. Ein durchaus typischer – nur ja keine Emotionen zeigen, die könnten ja als Schwäche ausgelegt werden. Er glaubte wirklich daran, irgendwie davonzukommen – auch noch, als die Polizisten vor der Tür standen. Als mich Stefan weckte, um mir die unangenehmen Neuigkeiten mitzuteilen, grinste er. Er machte sich wohl Sorgen, wie ich reagieren würde. Aber ich befand mich ohnehin in einer Art Schockzustand. Stefan verabschiedete sich mit einem »I'll be back soon!«. Weil er insgeheim hoffte, dass ihn die Beamten ein, zwei Tage vernehmen und ihn dann wieder nach Hause schicken würden. Aus den ein, zwei Tagen wurden fünfeinhalb Wochen – und zuhause geriet das Leben aus den Fugen. Stefan hatte sich stets um alle finanziellen Belange gekümmert. Ich hatte ihn wohl ein paarmal darum gebeten, mich aufzuklären, wann welche Rechnungen zu zahlen, wann welche Einkünfte auf welchem Konto zu erwarten seien und so weiter Aber es war auch dafür nie genug Zeit.

Die Zeit im Gefängnis ging natürlich nicht spurlos an Stefan vorüber. Er schaffte es bei jedem meiner vier Besuche, mich zum Weinen zu bringen. Und auch die ersten Tage in Freiheit hätte ich mir anders vorgestellt. Am ersten fuhr er zu seinem Anwalt nach Salzburg und kam spätnachts heim, am späteren Nachmittag des zweiten Tages hatten wir es uns gerade auf der Terrasse mit einer Flasche Wein gemütlich gemacht, als ein befreundetes Pärchen die Einfahrt herunterspazierte. Wir hatten bis dahin noch keine Gelegenheit gefunden, uns ausführlich zu unterhalten, aber Stefan hatte nichts Besseres zu tun, als die beiden sogleich auf ein paar Gläser Wein einzuladen. Dann geschah das für mich Unglaublichste. Stefan stand, wie so oft, sofort im Mittelpunkt der Party, begann, einem großen Entertainer gleich, in den schillerndsten Farben von seinem Gefängnisaufenthalt zu erzählen, so, als wäre es ein glamouröses Abenteuer gewesen. Ich jedoch hatte wenig Lust in den Applaus und das Gelächter einzustimmen. Hinter mir lagen fünfeinhalb Wochen, in denen ich durch die Hölle gegangen war.

Die 18 folgenden Monate gestalteten sich auch nicht gerade einfach. Einerseits war uns die Existenzgrundlage entzogen, andererseits verhinderte der anstehende Prozess, zügig eine neue aufzubauen. Was immer wir dachten, planten und taten – jedes Mal poppte vor uns die Vergangenheit, die die Zukunft so ungewiss erscheinen ließ, auf. Stefan versuchte mir zwar einzureden, es könne vor Gericht de facto nur eine bedingte Haftstrafe herauskommen, aber was, wenn man an ihm ein Exempel statuieren wollte? Nicht die allerunwahrscheinlichste Variante – bei all dem politischen Druck, bei all dem öffentlichen Interesse. Der erste Verhandlungstag, dem ich auf Stefans Wunsch hin ferngeblieben war, nährte meine Bedenken zusätzlich. Am zweiten, und wie sich herausstellen sollte, letzten, machte ich mir selbst ein Bild. Müsste ich es einer Kunstepoche zuordnen, käme nur der Surrealismus in Frage. Zu meiner Beruhigung trugen das Gesehene und Gehörte jedenfalls nicht bei. Angst und Zuversicht kamen und gingen in Wellen, und als dann das Urteil gesprochen wurde, brauchte ich einige Minuten, bis ich alles verstanden und verarbeitet hatte.

Der Richterspruch gab uns nach eineinhalb Jahren endlich die Gelegenheit, mit der Vergangenheit abzuschließen, uns der Zukunft zuzuwenden. Ob wir diese dauerhaft gemeinsam gestalten können, ob unsere Beziehung die mehrjährige Zerreißprobe unbeschadet überstehen wird? Only time will tell.

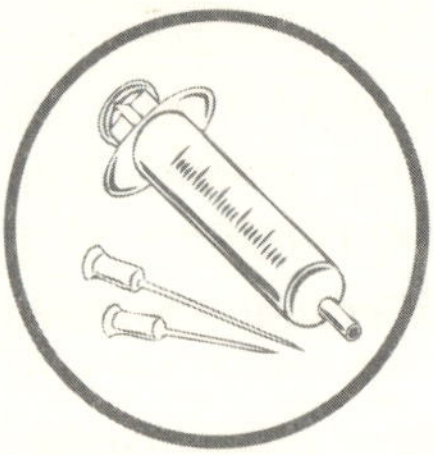

Jäger und Gejagte

Als mich die SportWoche wenige Tage vor meiner Verhaftung telefonisch in Florida erreichte, schnauzte ich in den Hörer: »Und selbst wenn alles stimmen sollte, was mir vorgeworfen wird – bin ich deswegen schuldig? Es sind die Sportler, die die Entscheidung treffen. Und niemand anders.« In nahezu 100 Prozent aller Fälle ist es so. Der Athlet beschließt, sich Unterstützung zu holen – auf eigene Faust, auf Empfehlung seines Trainers, eines Sportkollegen, eines Funktionärs – und er bekommt sie. Der Sportler ist der Letztentscheider, der in jeder Phase dieses Prozesses »Stop« sagen kann. Natürlich ist diese Selbstbestimmtheit immerzu äußeren Einflüssen ausgesetzt. Der Trainer übt Druck aus, der Verband, der Sponsor, die verschiedenen Förderinstitutionen wie Bundesheer oder Sporthilfe. Es gilt Kaderrichtlinien zu erfüllen, Medienpräsenz zu generieren, sportliche Leistungen vorzuweisen, um nicht von den Futtertrögen, den öffentlichen Geldern, abgeschnitten zu werden. Passiert es doch, ist die sportliche Existenz schnell gefährdet, steht die Karriere an der Kippe, drohen Schweiß, Blut und Tränen umsonst vergossen worden zu sein.

Und dann zeigt sich, dass Sportler auch nur Menschen sind. Menschen, die zu kleinen Notlügen neigen, die ausschließlich auf ihren eigenen Vorteil bedacht sind, permanent fürchten, zu kurz zu kommen (weil Konkurrenten effizientere Präparate erhalten) und sich die Wahrheit zurechtbiegen. Letzteres, um nicht ständig von ihrem Unrechtsbewusstsein gepiesackt zu werden. »Ich habe ja keine andere Wahl. Es dopen ja ohnehin alle!« Mit der Zeit treibt diese Realitätsverweigerung bizarre Blüten, wie Lisa Hütthaler in einem Interview beschrieb. »Es gab nicht eine Lisa für die Öffentlichkeit, die nicht dopt, und eine andere fürs Privatleben. Es konnte nur eine geben, wenn man es glaubhaft rüberbringen will. Ich hab zum Teil meinen Freund angeschrien: ‚Ich dope nicht!' Obwohl er es zum Teil war, von dem ich die Präparate bezogen hatte.« In vielen Fällen entsteht eine große psychische Abhängigkeit, die sich so manifestiert, dass der Athlet das Gefühl hat, ohne EPO keinen schnellen Schritt mehr machen zu können – ein Mitgrund dafür, dass ich noch nie erlebt habe, dass ein Sportler von einer Sperre zurückkommt und clean bleibt. Wenn man einmal weiß, welche Leistungen mit Doping erzielt werden können, gibt man sich im Normalfall nicht mehr ohne zufrieden. Zum Teil scheint dieses Phänomen sogar auf die Ärzte überzugreifen. Eine andere Interpretation fiel mir beim besten Willen nicht ein, als ich las, dass Dr. Eufemiano Fuentes am 9. Dezember 2010 wegen des Verdachts, mit Dopingmitteln gehandelt zu haben, festgenommen wurde.

Durch das permanente Belügen der Öffentlichkeit sinkt bei Sportlern offenbar auch die Hemmschwelle, dem eigenen Versorger einen Bären aufzubinden. Es beginnt beim Erstgespräch und den bis dahin verwendeten Mengen und endet, indem man sich eine zweite oder dritte Bezugsquelle sucht, um die immer als zu gering empfundenen Dosierungen aufzupeppen. Erst wenn dann die Dopingfahnder vor der Tür stehen, ist regelmäßig guter Rat teuer. Ich erhielt dann nach der Kontrolle die verzweifelten Anrufe: »Ich habe noch vor vier Tagen Testosteron genommen. Denkst du, dass die Kontrolle trotzdem negativ ist?« Selbst wenn ich wusste, dass der Test mit großer Wahrscheinlichkeit negativ sein würde, schockte ich die Anruferin gerne aus erzieherischen Gründen. »Das wird ganz eng werden!« Genutzt hat die Schocktherapie im Übrigen in den seltensten Fällen etwas. Im Jahr 2008 habe ich dann die Einnahmepläne gänzlich abgeschafft – es hat sich ohnehin kein Mensch daran gehalten.

Mit Betrug war ich seitens meiner Klientel auch noch auf anderer Ebene konfrontiert. Oder nennen wir es eine Form von schwerwiegender Illoyalität. Siegfried, der Mann, der bei seiner ersten Humanplasma-Session kollabiert war, erzählte im Peloton der Österreich-Radrundfahrt herum, was für ein unglaublicher Dilettant ich doch sei. Und das, nachdem ich für ihn die individuelle Zerfallskurve nach Testosteroneinnahme ausgetestet und bestimmte Präparate kühltaschenweiße frei Haus geliefert und in seine Wohnung geschleppt hatte. Warum er anscheinend gar so unzufrieden mit mir war, fand ich sehr bald heraus. Er benutzte mich nicht nur als Bezugs-, sondern auch als Informationsquelle, um sein eigenes Doping-Business zu etablieren. Doch das wollte nicht so recht durchstarten. Offenbar reichte eine positive Dopingkontrolle bei sich nicht aus, um die potenzielle Kundschaft zu überzeugen.

Ich bezweifle auch, dass er den theoretischen Background und die soziale Kompetenz gehabt hätte, alle Kundenwünsche zu befriedigen. Denn dem Athleten reicht es bei weitem nicht, ein paar Schachteln EPO auf den Tisch geknallt zu bekommen. Er sucht Orientierung und Beratung, zum Teil auch weit über das bloße Handwerk des Dopens hinaus. Ich sprach mit meinen Kunden beispielsweise sehr oft ab, wie man mit der Thematik in der Öffentlichkeit umgehen soll. Nie bei Anti-Doping-Maßnahmen und -Aktionen mitmachen! Nie mit dem Finger auf andere zeigen, immer nur über sich sprechen! Und das so kurz wie möglich! Klingt banal, ist es auch. Und doch tappen genügend Sportler in die Kommunikationsfalle. Als sich Stephanie Graf 2008 bereiterklärte, der Sporthilfe als Testimonial im Rahmen einer Anti-Doping-Kampagne zur Verfügung zu stehen, brachte diese provokant zur Schau gestellte Doppelmoral das Fass zum Überlaufen.

Kontrolle ist gut, Misstrauen besser

Nicht, dass ich mich für den Posten des WADA-Chefs ins Spiel bringen möchte, dafür fehlt mir in Sachen Doping wohl doch ein Stück weit das Unrechtsbewusstsein. Aber ein bisschen mehr Praxisbezug und realitätsnahes Wissen brächte ich doch mit als die Juristen und Mediziner, die derzeit die Szene beherrschen. Ich werde nicht müde darauf hinzuweisen: Ein wirklich erfolgreicher Anti-Doping-Experte muss früher Doping-Experte gewesen sein. Ein Mann der Tat also. So wie ich. In Österreich wird mein Rat in Sachen Personalmanagement ja schon seit Jahren befolgt, wenngleich nicht wissentlich, ohne Kalkül und nur von Insidern wahrgenommen.

Der Anti-Doping-Kampf ist ein riesiges Geschäft. Deshalb muss es ihn weiter geben. 35 akkreditierte WADA-Labors leben davon, 19 davon haben übrigens ihre Heimat in Europa, nur je zwei in Südamerika und Afrika, wo sich zwischen Tunis und Johannesburg eine kontrolltechnische Wüste erstreckt. 2009 wurden weltweit 277.928 Dopingproben genommen und analysiert, 5310 A-Proben, also 2,02 Prozent davon wiesen Auffälligkeiten auf, Spuren einer verbotenen Substanz oder lieferten Hinweise auf eine verbotene Methode. Ein ohnehin schon lachhaft niedriger Wert, der aber noch immer nicht gleichbedeutend mit der Zahl und dem Prozentsatz überführter Dopingsünder ist. Von den 5310 müssen noch all jene abgezogen werden, die eine Ausnahmegenehmigung präsentieren können, denen das Mittelchen aus therapeutischen Gründen verschrieben wurde, weiters Verfahrensfehler, negative B-Proben und so weiter Über die Jahre berechnet geht man davon aus, dass der Anteil sanktionierter Sportler bei 0,3 Prozent liegt. Für diesen »Fahndungserfolg« lassen sich die Steuerzahler weltweit jährlich 300 Millionen Dollar aus der Tasche ziehen. Sechs davon weltweit werden in die Erforschung neuer Nachweismethoden investiert, der Rest (abzüglich des Teiles, der irgendwo versickert) in nutzlose Kontrollen fließt. Wie viel die Gesellschaft ein überführter Sportler im

Durchschnitt kostet, lässt sich mit Hilfe eines Taschenrechners jederzeit eruieren.

Im Detail offenbaren die WADA-Ergebnisse interessante Phänomene. So rangieren die Labors in Peking, Tokio und Seoul, gemessen am Prozentsatz auffälliger Kontrollen, abgeschlagen am Ende der Wertung. Die Kollegen in Paris filtern in Relation zur Gesamtmenge der Proben fast 14 Mal so viele atypische Ergebnisse heraus wie die Kontrollstelle in Peking. Auch die Auflistung der am häufigsten vorgefundenen illegalen Substanzen spricht Bände: Testosteron führt mit 2.319 Fällen überlegen vor Stanozolol (Ben Johnsons Sargnagel 1988), Nandrolon und Metandienon. Allesamt Wirkstoffe, die darauf schließen lassen, dass den Jägern nur mehr Steinzeitdoper, Rechenschwache und Dummköpfe ins Netz gehen. Demgegenüber steht ein einziger positiver Test auf Wachstumshormon. Interessant liest sich auch das Ranking der »durchseuchtesten« Sportarten: Casting (Weit- und Zielwurf mit der Angelschnur) vor Polo und Bodybuilding. Die olympischen Sportarten folgen mit Respektabstand. Hier haben Eishockey/Eisschnelllauf vor Reiten und Gewichtheben die Nase vorn. Abgeschlagen: der Radsport, der es in absoluten Zahlen aber immerhin hinter Baseball und Football aufs Podest schafft. Unter ferner dopten: Leichtathletik, Schwimmen und die anderen üblichen Verdächtigen. Das Trio am Ende des Feldes darf man ruhig auch mit Heiterkeit zur Kenntnis nehmen: Rudern, Biathlon und Bob.

Immerhin hat mittlerweile auch die WADA begriffen, dass der Kampf gegen Doping in dieser Form nicht zu gewinnen, nicht einmal offenzuhalten ist. Bei der alljährlich stattfindenden Konferenz mit den nationalen Anti-Doping-Agenturen und den internationalen Fachverbänden im November 2010 in Colorado Springs wurde dieser Umstand offen eingestanden, der tägliche Ein-Stunden-Slot, in dem Athleten für Tests zur Verfügung zu stehen haben, als Einladung zum Dopen in Mikrodosierungen entlarvt. Alle Hoffnung ruht nun auf »Investigations« nach dem Vorbild der österreichischen SOKO Doping. Einerseits soll den Produzenten und Vertreibern zu Leibe gerückt, das Übel also an der Wurzel gepackt werden, andererseits verdächtige Athleten durch Observationen und Verhöre in die Enge getrieben werden. Eine juristisch diffizile Sache, aus Sicht der Dopingjäger aber unabdingbar.

Der Anti-Doping-Kampf scheint mir aber auch auf der herkömmlichen Ebene noch nicht völlig ausgereizt zu sein. Sündteure Bluttests mit Hormonprofilen wären die eine Variante, eine noch viel intensivere Zusammenarbeit zwischen WADA und den Pharmariesen die andere. Marker in jedem Präparat, selbst wenn es sich noch in der Phase der Entwicklung befindet – das wäre ein großer Schritt nach vorn. Oder doch nur der Startschuss für Untergrundlabore, eine nicht nachweisbare Designervariante zu kreieren? Das dritte Zauberwort heiß »Intelligent Testing«, gerne strapaziert, aber selten in die Tat umgesetzt. Es erheiterte mich, als ein NADA-Kontrolleur im März 2009 einen No-Name-Radfahrer im Trainingslager in Kroatien erwischte, indem er den armen Kerl abends und am Morgen darauf zum Dopingtest bat – und NADA-Boss Andreas Schwab das als Paradebeispiel für »Intelligent Testing« feierte. Dabei ist der Kontrolleur nur an einen Dummen geraten. Was liegt näher, als zweimal zu testen, wenn ein Kontrolleur für gutes Kilometer- und Taggeld ins Ausland reist? Auch Österreichs Saubermann-Trainer Nummer 1, Wilhelm Lilge, brüstet sich, beim Wiener Eisbärlauf 2008 mit Susanne Pumper und der Slowenin Helena Javornik bei drei Tests zwei positive Proben verbucht zu haben. Auch dieser Glückstreffer hat nichts mit »Intelligent Testing« zu tun, nur damit, dass kurz vorher Dynepo nachweisbar geworden ist.

»Intelligent Testing« setzt Wissen voraus: Wissen um die Trainingsmethodik der jeweiligen Sportart, Wissen um die Saisonhöhepunkte des zu testenden Athleten. Beispiel Leichtathletik: Handelt es sich um einen Sprinter, einen Langstreckenläufer oder einen Werfer? Wann hat er seine Limitwettkämpfe? Peilt er eine Hallensaison an? Nach diesen und noch viel mehr Kriterien richten sich der Trainingsaufbau und das Timing, wann illegale Wirkstoffe sinnvollerweise begleitend eingesetzt werden.

Auch wenn die Jäger den Gejagten schon einmal dichter auf den Fersen waren – es gibt sie doch, die Erfolge im Anti-Doping-Kampf. Allein die Tatsache, dass mit Mikrodosierungen hantiert werden muss, zeigt, dass es Trickser schon einmal viel leichter hatten. Die Mikrodosierungen sind darüber hinaus der beste Garant, dass gesundheitliche Schädigungen mit an Sicherheit grenzender Wahrscheinlichkeit ausgeschlossen werden können. Und bei aller Kritik am Radsport-Weltverband und seinen Mauscheleien mit Armstrong, Contador & Co: Es gibt praktisch keinen Spitzenfahrer der letzten zehn Jahre, der nicht positiv getestet oder durch Indizien schwer belastet wurde. Klar, ein Top-Fahrer mit professionellem Umfeld wird bei praktisch jeder Dopingkontrolle souverän durchschlüpfen. Doch die große Zahl der Tests erhöht die Chance, zur rechten Zeit am rechten Ort zu sein. Wenn auch dem versiertesten Doper einmal ein Fehler unterläuft, was über eine ganze Karriere gesehen, sicher nicht ausbleibt.

Was könnte man sonst noch tun, um den Anti-Doping-Kampf, wenn schon nicht aussichtsreicher, dann doch praktikabler zu machen? Im Ausdauersport wäre eine fixe Grenze für Hämatokrit und Hämoglobin überlegenswert, bis zu der sich der Athlet, beispielsweise durch Eigenbluttransfusionen, »hindopen« darf. Eine solche Maßnahme würde den Missbrauch synthetischer Produkte zurückdrängen, potenzielle gesundheitliche Beeinträchtigungen nahezu ausschließen, ganz nebenbei die Chancengleichheit erhöhen und wäre sehr einfach zu kontrollieren.

Schließlich sollte man prüfen, ob das in den meisten Ländern Europas gängige Förderungssystem für Sportler der Weisheit letzter Schluss ist. In der Regel entscheidet sich in so gut wie allen Sportarten bis zum Alter von 23, ob die Karriere Aussicht auf internationalen Erfolg hat oder nicht. Bis dahin soll jeder Athlet die Möglichkeit haben, das Maximum aus seinem Talent herauszuholen. Nach amerikanischem Vorbild, wo sich nach dem College die Spreu vom Weizen trennt. Wer dann nicht aufgrund seiner Leistung zu Höherem berufen ist, wird an den Amateursport weitergereicht. Bei uns hingegen liefen und laufen, ich nehme mich da ausdrücklich nicht aus, mitunter noch 28-Jährige als »Talente« durch die Gegend, schaffen es Jahr für Jahr gerade noch, sich durch Sportler-Förderungen ihren Lebensunterhalt zu sichern, ohne jemals auch nur den Funken einer Chance zu haben, in international relevante Sphären vorzudringen. Ärgerlich, denn einerseits fehlt das Geld für die Athleten im jungen Erwachsenenalter, andererseits sind die ewigen Talente versucht, ihr eingeschränktes Leistungsvermögen völlig sinnloserweise durch Dopingmittel zu erweitern.

Wir alle sind gedopt!

»Der Sport als Spiegelbild der Gesellschaft.« Ich kenne niemanden, der die abgedroschene Phrase noch hören kann – dabei ist sie wahrer denn je. Was kein gutes Licht auf die Welt wirft, in der wir leben. Seien wir mal ehrlich: Fairplay, wo gibt's denn das noch? Okay, in den Reden der PR-Strategen, aber sonst? In einer wachstumsgläubigen Gesellschaft geht es um die Optimierung von Lebenschancen, um den optimierten Menschen in einer effizienten Zeit. Leistungssteigerung muss her um jeden Preis und weil sie um jeden Preis her muss, ist der Weg zu ihr freigegeben. Der Mensch hat zu funktionieren – am Arbeitsplatz, beim Sex, in der Freizeit. Da schränkt lästiges Fairplay, ethisches Handeln doch nur ein. Die Leistung muss her; wie sie zustande kommt, ist bestenfalls sekundär. Und deshalb leben wir längst in einer Dopinggesellschaft, in einer verchemisierten Gesellschaft, die der Welt des Spitzensports in nichts nachsteht. Neuro Enhancer für die Prüfung an der Uni, Viagra fürs Bett, Kokain für den überlasteten Manager, Ritalin für die Hausfrau und die Mutter mit drei Jobs, Schlafmittel für die Nachtaktiven, Schmerzmittel für die Empfindlichen, Koffein für die Schläfrigen, Alkohol für die, die das alles nicht mehr ertragen.

Dazu noch Testosteron und Wachstumshormon für die, die nicht in aller Ruhe altern wollen. Die Anti-Aging-Welle, in den USA seit vielen Jahren der große Renner, ist im Begriff, nach Europa überzuschwappen und als »Better-Aging« die Gesellschaft zu erobern. Schon verheißen findige Ärzte ihren »Patienten« für schlappe 2500 Euro pro Kur die ewige Jugend. Und setzen dabei exakt jene Wirkstoffe ein, die im Sport der Ächtung unterliegen. Dr. Dr. Johannes Huber, der am Allgemeinen Krankenhaus in Wien wirkende österreichische »Hormonpapst«, gehört zu den unzähligen Fans des Wachstumshormons. »Schon drei bis vier Wochen nach Beginn einer Wachstumshormonbehandlung sind mehr Antrieb, bessere Konzentrationsfähigkeit, stärkere sexuelle Lust und sexuelle Fähigkeiten sowie ein Energieschub zu bemerken, das Aussehen verändert sich, die Haut wird straffer, Falten gehen zurück, die Haare werden kräftiger und der Körper verliert Fett und baut Muskeln auf. Depressionen und Stimmungsschwankungen verlieren sich und das seelische Gleichgewicht, das mit einer Wiederherstellung der Körperfunktionen einhergeht, wird wiedergewonnen. Die alte Leistungsfähigkeit und geistige Regsamkeit und Kreativität finden sich wieder, die Gedächtnisschwäche wird behoben.« Zweifellos ein großer Schritt in Richtung mehr Lebensqualität, zumal keine Nebenwirkungen feststellbar sind. Auch die krebsfördernde Wirkung, die dem extern zugeführten Wachstumshormon zugeschrieben wurde, hat sich im Zuge der klinischen Studien nicht bewahrheitet – im Gegenteil. Dr. Dr. Huber: »Da das Wachstumshormon das Immunsystem stark aktiviert, wird damit – durch die Stärkung der körpereigenen Abwehr – das Auftreten eines bösartigen Prozesses vermindert.«

Die Athleten werden bis auf weiteres nicht (legal) in den Genuss des Wundermittels kommen. Auch sonst sind wir weit von einer völligen Freigabe leistungssteigernder Substanzen entfernt. Und das ist wohl gut so. Der Sport, der bis zu einem gewissen Grad den utopischen Gegenentwurf zu unserer Gesellschaft darstellt, weil in der Theorie allein die selbst erbrachte Leistung zählt, wäre in gewisser Weise entweiht. Die Freigabe wäre auch das völlig falsche Signal an eine Gesellschaft, in der so viele chemische Keulen wider alle Vernunft eingeworfen werden. Ein Blick in die Fitnessstudios lehrt ohnehin das Fürchten.

Aus diesem Blickwinkel macht die Gründung der SOKO Doping bzw. der Einsatzgruppe Anabolika im Landeskriminalamt Niederösterreich durchaus Sinn. In diesem Milieu haben die Ermittler auch erstaunliche Erfolge vorzuweisen – was erfreulich ist, weil im Breiten- und Freizeitsport von Betrug und Bereicherungsabsicht bis hin zur Gesundheitsgefährdung alle in Verbindung mit Doping relevanten Tatbestände erfüllt sind. »Rund die Hälfte der sichergestellten Produkte sind pure Fälschungen – von der Verpackung über das Etikett bis zum Präparat selbst«, erklärte Josef Riedl, Ermittlungsbereichsleiter für Umweltkriminalität am LKA Niederösterreich gegenüber der SportWoche. Sichergestellt wurden unter anderem Viagra-Fälschungen, die die dreifache Menge des Wirkstoffes aufwiesen. Was, eine entsprechende Vorschädigung des Herzens vorausgesetzt, lebensgefährliche

Auswirkungen haben kann. Man darf gespannt sein, ob die Urteile in einer akzeptablen Relation zu meinen 15 Monaten Haft (14 davon auf Bewährung) stehen werden, die, wie man hört, von der Oberstaatsanwaltschaft Wien als zu milde kritisiert wurden.

Anti-Doping-Puristen argumentieren häufig damit, dass Dopingmanager im Hochleistungssport, Dopingdealer in der Freizeit- und Fitnessszene und Drogenhändler gleichzusetzen sind. Die einzige Parallele, die ich sehe, ist die Art, wie man sein Handeln für sich selbst rechtfertigt: »Wenn ich es nicht mache, macht es eben ein anderer.« Ansonsten halte ich die Gleichsetzung für höchst gefährlich und absolut unzulässig: Die Gefährdung des jeweiligen Letztverbrauchers besteht in höchst unterschiedlichem Grad. Der Dopingmanager und -Dealer hat mit mündigen, erwachsenen Menschen zu tun, die in so gut wie allen Fällen der aktive Part in dieser Geschäftsbeziehung sind. Im Hochleistungssport operiert man mit nachgerade »homöopathischen« Dosen, in vielen Fällen sind die Konsumenten durch Sportmediziner erstklassig betreut, eine Gesundheitsgefährdung liegt, bei allem Verständnis für die notwendige abschreckende Wirkung, die Anti-Doping-Verfechter in ihrer Argumentation benötigen, nicht vor und eine drohende physiologische Abhängigkeit schon gar nicht. Der wirtschaftliche Nutzen erschöpft sich, wie auch in meinem Fall, im Partizipieren an dem Vorteil, den der Sportler erzielen kann. Ich wurde an Einnahmen beteiligt, die zum Teil erst durch den Konsum der leistungssteigernden Mittel verdient wurden, habe also, wenn man so will, nur im Erfolgsfall einen Nutzen daraus gehabt.

Aus all diesen Gründen muss es eine strafrechtliche Trennung geben – zwischen Dopingdealern und all jenen, die im Wissen um die Gefährlichkeit ihrer Produkte Jugendliche in die Abhängigkeit führen und somit Leben zerstören.

Die lieben Kollegen

Es ist schwierig, eine Einschätzung über mein Ranking in der Liste der »global doping player« zu geben. Zumal ich nicht für mich in Anspruch nehmen kann, jeden meiner Kollegen persönlich zu kennen. Oder auch nur dem Namen nach. Ans Licht der Öffentlichkeit kommt nur die Spitze des Eisbergs, die Namen derer, die die Zeichen der Zeit nicht erkannt haben, zu gierig waren oder einfach nur ein bisschen Pech hatten. Ich habe mich stets als kleines Rad im großen internationalen Geschäft gesehen, mich jedenfalls nie überschätzt. Würde die vollständige Kundenliste von Doktor Fuentes publik werden, könnte man als ehrgeiziger Dopingmanager ohnehin leicht einen Minderwertigkeitskomplex bekommen. Der spanische Gynäkologe wiederum wäre erblasst, wenn ihm die Bilanz seines Kollegen Dr. Robert Kerr vorgelegt worden wäre. Der 2001 verstorbene Amerikaner hatte 20 US-Medaillengewinner der Olympischen Sommerspiele 1984 mit anabolen Steroiden versorgt.

Einen ersten Vorgeschmack, wie flächendeckendes Doping ohne staatliche Hilfe strukturiert sein kann, lieferte der Festina-Skandal von 1998. Die Sache kam ins Rollen, nachdem ein Betreuer des Teams mit seinem PKW in eine nicht ganz zufällige Polizeikontrolle geraten war und den Beamten große Mengen an verbotenen Substanzen (EPO, Testosteron, Stimulanzien) in die Hände fielen, die für Top-Fahrer wie beispielsweise Richard Virenque, Alex Zülle, Christophe Moreau bestimmt waren. Woher die Behörden den Tipp bekamen, wurde nie bekannt. Die Tour 1998 stand am Rande des Abbruchs, doch dann beschränkte man sich darauf, den Rennstall Festina auszuschließen. Nutznießer war Sieger Marco Pantani, der wiederum beim darauf folgenden Giro 1999 wegen eines zu hohen Hämatokritwertes vorübergehend aus dem Verkehr gezogen wurde. Der Auslöser der Dopinglawine, Festina-Betreuer Willy Voet, lieferte in seinem Enthüllungswerk »Breaking the Chain« alle Details zum ersten öffentlich gewordenen Fall von organisiertem Doping in einem Profi-Radrennstall.

Der Schock war da. Und er war gekommen, um zu bleiben. Wofür einige Herren maßgeblich verantwortlich zeichnen.

Victor Conte

Der Mann mit dem Clark-Gable-Schnurrbart war und ist ein pfiffiger Geschäftsmann. Über Jahre versorgte Victor Conte 27 Spitzensportler mit Dopingmitteln, danach brachte er ein Buch heraus. Dessen Untertitel: »What We Can Do To Save Sports«. Contes große Errungenschaft besteht in der Gründung von BALCO (Bay Area Laboratory Co-Operative), in dessen Rahmen er die Produktion des Designersteroids THG (Tetrahydrogestrinon), später besser bekannt als »The Clear«, veranlasste. Unter seinen Kunden befanden sich Marion Jones, Tim Montgomery, Kelli White, Michelle Collins, Regina Jacobs, Dwain Chambers, Alvin und Calvin Harrison, Schanna Block und Baseball-Superstar Barry Bonds. Neben THG hatte Conte alle anderen nicht nachweisbaren Mittel in der Hinterhand – Adrenalin, Schilddrüsen- und Wachstumshormon, Insulin, in der Anfangszeit auch noch EPO. Als Quelle diente ihm eine Apotheke. Aufgeflogen ist der konspirative Zirkel durch einen Rivalen – Leichtathletik-Trainer Trevor Graham, mit acht gesperrten SportlerInnen auch kein Kind von Traurigkeit. Der Mann von der Ostküste verpfiff Conte zunächst per Telefon, reichte dann eine Spritze mit Spuren des Steroids nach, die im Olympic Analytical Laboratory in Los Angeles ausgewertet wurden. Der größte Dopingskandal in der amerikanischen Sportgeschichte endete für Victor Conte mit einem Schuldspruch – 700.000 Dollar Strafzahlung und vier Monate Gefängnis.

Conte und sein Team versorgten Sportler aus verschiedensten Sportarten. Im Gegensatz zu mir hatte er intensiven Kontakt zu Chemikern. Ich hatte zwar auch Designersteroide in meinem Repertoire, konnte aber deren Entwicklung nicht beeinflussen. THG war in seinem Fall wohl der »Competitive Advantage«. Meiner war Eigenblutdoping auf höchstem Niveau. Dieses generierte vermutlich in etwa den Wettbewerbsvorteil, den das eklusive Designersteroid THG für Contes Kundschaft brachte.

Angel Heredia

Der ehemalige mexikanische Leichtathlet und Chemiker ist nach zehn Jahren im »Amt« 2005 enttarnt worden. Trotz seiner erbitterten Feindschaft zu Victor Conte betreute er auch einige Athleten aus dessen Clan. Insgesamt brachte es »Memo«, wie Heredia von seinen Freunden genannt wird, auf einen Kundenstock von 45 Personen, 32 davon Weltklasse, wie er in Hajo Seppelts Dokumentation »Geheimsache Doping« stolz verkündete. Marion Jones, Tim Montgomery, Dennis Mitchell, Antonio Pettigrew und Jerome Young zählten zu seiner Klientel, die er unter anderem mit selbst gebastelten Testosteron-Cremes belieferte. Bei diesem anabolen Steroid kämpfte er in Bezug auf das männliche Geschlechtshormon geloffensichtlich mit ähnlichen Problemen wie ich. Mehr als eine homöopathische Dosierung dürfte auch er am Ende nicht mehr in die Körper der Sportler gebracht haben. Aufgrund der gesetzlichen Rahmenbedingungen in Mexiko und der Durchlässigkeit der Grenze zu den USA dürfte es ihm aber ein Leichtes gewesen sein, an alle nur erdenklichen Arzneimittel heranzukommen, um diese im Handumdrehen Richtung Norden zu exportieren.

Eufemiano Fuentes

Der spanische Gynäkologe war mit ziemlicher Sicherheit die Nummer eins im internationalen Dopinghandel im Spitzensport. Bei seiner Verhaftung im Jahr 2006 wurden in drei Wohnungen, die ihm zugeschrieben wurden, 292 verschiedene Dopingmittel (zum Teil auch Mittel, die schon in der DDR Usus waren) und 224 eingefrorene Blutbeutel sichergestellt. Er hatte in allen großen Ländern Verbindungsärzte sitzen, die jederzeit die Arbeitsschritte der Abnahme oder Rückführung übernehmen konnten. Das System Fuentes flog auf, als der spanische Radprofi Jesús Manzano auszupacken begann. Der Profi des Radstalles Kelme, bei dem Fuentes als Teamarzt jobbte, war am 12. Juli 2003 bewusstlos vom Rad gefallen, nachdem er mit Hämoglobin von Hunden behandelt worden war. Manzano erzählte von einer erstaunlichen Vielzahl von Mitteln, die im Laufe der Zeit zur Anwendung gekommen waren. Bei der Guardia Civil fiel das Geständnis auf fruchtbaren Boden, die Beamten begannen mit der Observierung, die in der »Operación Puerta« gipfelte. Nach seiner Verhaftung machten sich die Ermittler daran, die Festplatten des Computers von Fuentes, seiner rechten Hand und des ebenfalls verhafteten Radsport-Paten Manolo Saiz zu durchforsten, wurden aber von Ermittlungsrichter Antonio Serrano zurückgepfiffen.

Der Fall artete in einen spanischen Justizskandal aus und hinterließ einen schalen Nachgeschmack: Am Ende wurden lediglich die Namen von rund 50 verwickelten Radfahrern preisgegeben, der Rest wurde unter den Teppich gekehrt. Zu den Kunden dürften aber die Nationalheiligtümer des spanischen Sports gezählt haben. Fußball und Tennis inklusive. Doch die Staatsräson war wichtiger als die Wahrheitsliebe.

Fuentes, der sein Know-how in der Anfangszeit auch aus »Studienreisen« in die DDR bezogen hat, verlangte für seine Dienste ansehnliche Summen: 30.000 Euro für das Normalprogramm, bis zu 80.000 Euro für Sonderwünsche. Medienberichten zufolge fand man auch Beutel, in denen Spuren von synthetischem Erythropoetin nachgewiesen werden konnten. Dies wäre bei einem reinen Konzentrat aus roten Blutkörperchen aber nicht möglich, da diese Eiweiße ausschließlich an den weißen Blutkörperchen haften. Es scheint, als wäre ein unvorsichtiger Athlet gedopt zur Abnahme erschienen. Jörg Jaksche hat mir am Rande eines runden Tisches zum Thema Doping geflüstert, dass Fuentes aber noch mehr auf Lager hatte. Anscheinend konnte er auch Teile des Blutplasmas konservieren, um es bei der Rückgabe wieder zu verwenden. Eine Materie, mit der ich mich nie im Detail beschäftigt habe. Einzig logischer Schluss ist aber, dass er so versuchte, die Sauerstofftransportfähigkeit des Blutes zu erhöhen, ohne die Hämatokrit- und Hämoglobinwerte zu beeinflussen.

Was medizinisches Wissen anlangt, ist Fuentes weit über mich zu stellen, obwohl die angewendeten Methoden ähnlich waren. Allerdings dürfte der Spanier doch wesentlich experimentierfreudiger, sein Hang zur Unbelehrbarkeit ausgeprägter gewesen sein als bei mir. Anders kann ich mir die neuerliche Festnahme im Dezember 2010 beim besten Willen nicht erklären. Dass er die Öffentlichkeit zu täuschen versuchte, kann man der Dopingkoryphäe aber nicht unterstellen. Bei seinen Vorträgen, die die Gefahren des Leistungssports zum Inhalt hatten, wies Fuentes unermüdlich darauf hin, dass nicht Doping, sondern der Spitzensport als solcher der Gesundheit schadet.

Lothar Heinrich und Andreas Schmid

Im Zuge der Fuentes-Affäre und der erhobenen Vorwürfe gegen Jan Ullrich traten auch die Machenschaften der Ärzte Lothar Heinrich und Andreas Schmid an der Freiburger Universitätsklinik zutage. Laut geltender Meinung von Insidern kamen nur ausgewählte T-Mobile Fahrer in den Genuss einer umfangreichen Betreuung. Bernhard Kohl gehörte nicht dazu und musste sich somit 2005 mit mir zufriedengeben. Der wesentliche Unterschied zu Dr. Fuentes bestand darin, dass die Freiburger nicht das Know-how hatten, um Konzentrate von roten Blutkörperchen einzufrieren. Es blieb ihnen also nur der Weg des Durchtauschens, wenn sie effektiv arbeiten wollten. Blutdoping Version 1.5 also. Der gleichzeitige Einsatz von EPO, Kortikoiden und Wachstumshormon, das laut Kommissions-Abschlussbericht schon seit Mitte der neunziger Jahre aus einer 25 Kilometer von Freiburg entfernten Apotheke bezogen wurde, komplettierte das Programm. Laut Insiderinformationen war aus Belgien importiertes Geref (ein Releasing-Hormon, das zur Ausschüttung von Wachstumshormon führt) das Steckenpferd eines der Ärzte. Aufgearbeitet wurde auch in diesem Skandal nicht alles. Sonst würde die Öffentlichkeit ein früheres Mitglied der deutschen Bundesregierung mit ganz anderen Augen sehen. Der Promi-Politiker soll doch tatsächlich seine diplomatische Immunität genutzt haben, um Dopingmittel zu den Olympischen Spielen zu schaffen.

Michele Ferrari

Natürlich gibt es eine Vielzahl von Ärzten, denen nachgesagt wird, dass sie sich mit der Thematik intensiv beschäftigen oder beschäftigt haben: Francesco Conconi, Francois Bellocq, Daniel Blanc, Luigi Cecchini, Georges Mouton, Roland Marlier, Patrick Nédelec, Eric Ryckaert, Carlo Santuccione, Nicolas Torrados-Cepeda. Und natürlich der Italiener Michele Ferrari, der unter dem Künstlernamen »Dottore Epo« zu zweifelhafter Berühmtheit gelangt ist. Die ihm zugeschriebene Klientel, darunter Lance Armstrong, Abraham Olano, Tony Rominger, Laurent Jalabert, Axel Merckx und viele mehr lässt auf einen, zumindest für diese Art von Patienten, hervorragenden Ruf in der Szene schließen. Einige Teams distanzierten sich von dem Mediziner, verboten ihren Fahrern eine Zusammenarbeit – zumindest auf dem Papier. Ferrari arbeitete in Francesco Conconis Institut, das von der Gazetta dello Sport einmal als »Epizentrum des italienischen Dopings« bezeichnet wurde. Ferrari und Conconi galten bis vor wenigen Jahren als die treibenden (sportmedizinischen) Kräfte hinter den italienischen Ausdauererfolgen im Langlauf-, Lauf- und eben Radsport. 2004 wurde Dottore Epo zu einem Jahr Haft auf

Bewährung verurteilt, außerdem war ihm die Berufsausübung für elf Monate untersagt.

In all den genannten Beispielen spielen wenige Protagonisten die Hauptrollen. Einige kämpften allein auf weiter Flur, andere konnten sich jahrelang in einem funktionierenden System bewegen, ohne aufzufliegen. Eines ist ihnen allen gemein: Von Ehrenamtlichkeit waren alle weit entfernt. Im Nachhinein betrachtet habe ich mich ökonomisch gesehen, sagen wir es deutlich, ziemlich idiotisch angestellt!

Der Krug, der Brunnen und das Kartenhaus

Ich hätte in diesem Buch Dutzende geglückte Übergaben von Dopingmitteln, wunschgemäß verlaufene Applikationen, signifikante Leistungssteigerungen infolge ausgeklügelter Einnahmepläne skizzieren können. Aber wen interessiert schon die Normalität? Es mag vielleicht der Eindruck entstanden sein, in meinen fünf Jahren als Dopingmanager seien die Pannen in der Mehrzahl gewesen. Keineswegs. Meine Schützlinge zeichneten für drei Olympiasiege, vier WM-Titel und einen Europarekord verantwortlich und kurvten bei der Tour de France an 18 Tagen mit gelben, grünen oder gepunkteten Trikots durch die Gegend. Ich kooperierte mit Athleten aus 13 Nationen, darunter Spanien, Deutschland, Italien, Schweiz und Österreich. Sie repräsentierten 11 Sportarten, von Rad bis Biathlon, von der Leichtathletik bis zum Bobsport, vom Fußball bis zum Langlauf. Ich lieferte immer und überallhin – auch an die ungewöhnlichsten Orte. Unüberboten an der Spitze: die Bibliothek eines prachtvollen mitteleuropäischen Parlamentsgebäudes. Die Kopie der Zutrittsberechtigung habe ich sicherheitshalber aufbewahrt.

Die fünf Jahre waren aber auch reich an Abenteuern – viele mag ich nicht missen, das eine oder andere war entbehrlich. Zum Beispiel die kurze Episode in italienischem Polizeigewahrsam. An einem Tag des Jahres 2005 spazierte ich mal wieder mit einer Ladung Wachstumshormon aus dem Fitnesscenter meines Vertrauens, als die Carabinieri zugriffen. Der Besitzer des Freizeittempels war offenbar unter Beobachtung gestanden. Er machte den Beamten deutlich, dass ich mit seinen Geschäften nichts zu tun habe, völlig harmlos sei. Im Polizeibericht schien ich dann nicht einmal mit Namen auf, es war lediglich von einem »austriaco« die Rede. Ich konnte also weiterhin völlig unbesorgt italienischen Boden betreten und nützte das auch weidlich aus – für alle erdenklichen Zwecke.

Ein anderes Mal wurde ich im Rahmen eines sommersportlichen Großereignisses Opfer der anderen Sitten in anderen Ländern. Ich hatte in der Apotheke eine Kochsalzlösung erstanden, die ich einem meiner Athleten nach der Rückführung eines Erykonzentrates verabreichte. Nach einer Stunde, als wir alle gerade beim Abendessen saßen, setzten bei dem Sportler Fieber und Schüttelfrost ein. Die wahrscheinlich einzige Situation in diesen fünf Jahren, in der ich medizinisch gesehen nicht Herr der Lage war. Als der Athlet in guten Händen und wieder auf dem Weg der Besserung war, machte ich mich auf die Suche nach dem Grund für das Desaster. Und fand heraus, dass NaCl-Lösungen für Injektionszwecke zweimal destilliert werden müssen, um allen Bakterien den Garaus zu machen. Ich hatte dem Sportler eine Flüssigkeit injiziert, die üblicherweise zum Ausspülen der Ohren verwendet wird. Zwar keineswegs lebensbedrohlich, aber die Abwehrreaktion des Körpers in Form eines Fiebers fiel dann doch ziemlich massiv aus.

Es waren die Momente, in denen ausnahmsweise auch ich mir die Frage gestellt habe, warum ich mir all das antue. Warum jemand mit einer durchaus gediegenen Ausbildung und einem zumindest nicht unterdurchschnittlichen Intellekt Blutbeutel durch die Gegend schleppt, damit andere eine halbes, zwei oder drei Prozent schneller laufen oder Rad fahren konnten. Dummerweise fielen mir immer eine Menge Gründe ein – es war nach dem Ende meiner Karriere der Weg des geringsten Widerstandes, hier kannte ich mich bereits aus. Und der Job machte mir Spaß. Verdammt viel Spaß. Ich hatte mich immer intensiv mit allen möglichen Leistungskomponenten auseinandergesetzt, deshalb leistete ich auch für die Athleten viel mehr, als in dieser Branche Standard war. Ich zeichnete Diagramme und Verfallskurven, brütete über den Einnahmeplänen, recherchierte alle relevanten Daten bei mir bekannten Ärzten. In diesem Beruf war man sein eigener Herr, ich konnte mir die Zeit in vielen Fällen völlig frei einteilen. Mit dem Erfolg kamen noch andere Effekte hinzu. Es war einfach ein erhebendes Gefühl, wenn der von mir betreute Radprofi seinen letzten Konkurrenten einen Kilometer vor der Bergankunft stehen ließ, davonzog. Denn ich wusste: Das kann er, weil ich ihm vor zwei Tagen einen Blutbeutel gebracht hatte. Diese Unentbehrlichkeit übte einen starken Reiz aus, speziell, nachdem ich in der Lage war, Erythrozytenkonzentrate selbst herzustellen und einzufrieren. Ich schrammte haarscharf an Anflügen von Allmachtsfantasie vorbei. Die magische Anziehungskraft des Scheinwerferlichtes verspürte ich jedoch nicht. Es reichte mir, im Hintergrund die Fäden zu ziehen und zu diesem elitären Kreis zu gehören. Es machte Spaß, im Stadion neben den Großen der Leichtathletik zu sitzen und sich an der Seite von Bernhard Kohl bei diversen Promi-Events mit österreichischen Top-Sportlern auszutauschen.

Die Arbeit machte selbst dann noch Spaß, als es galt, die Kohl-Krise zu managen. Mit einer solchen Herausforderung umgehen zu lernen, stählt für künftige Aufgaben. Auch wenn man beim Debüt mehr Passagier als Lenker ist, eher den Master of Disaster als den souveränen Troubleshooter mimt. Der Spaßfaktor war womöglich auch deswegen so hoch, weil ich mich eines reinen Gewissens erfreuen konnte. Ich habe alles andere als irgendwelche Dopingjunkies produziert, im Gegenteil viele von ihrem Trip runtergeholt und zu Vitalogic geschickt, wo Dr. Jürgen Spona seit 15 Jahren das Zepter schwingt. Mit Hilfe der von ihm entwickelten Aminosäureprofile lässt sich die Dosierung leistungssteigernder Substanzen auf ein Minimum reduzieren. Einem nordischen Athleten habe ich übrigens einmal den Chemie-Turbo zur Gänze abgedreht, nachdem der trotz ansehnlicher Unterstützung noch immer nicht über den 30. Platz im Weltcup hinausgekommen war. »Freund der Berge«, sagte ich zu ihm, »trainere erst einmal vernünftig, schaffe dir eine Grundlage, auf der wir aufbauen können.« Wie so oft im Leben hat sich die Sache bald darauf von selbst erledigt. Faktum ist: Mit Ausnahme des einen oder anderen Kenianers habe ich nicht einen Athleten zum Doping verleitet oder ihm die Sache in welcher Form auch immer schmackhaft gemacht. Ganze drei der von mir sportmedizinisch-pharmakologisch betreuten SportlerInnen kamen ohne einschlägige Erfahrung zu mir.

Und dennoch: In stillen Momenten habe ich mir mitunter sehr wohl eingestanden, dass dieses Kartenhaus über kurz oder lang zusammenbrechen wird, zusammenbrechen muss. Dass es nicht funktionieren kann, eine ganze Existenz darauf aufzubauen. Auch an Zurufen von außen mangelte es nicht. Humanplasma-Geschäftsführer Rudolf Meixner, den ich im Herbst 2008 noch einmal traf, um mich zu bedanken, meinte zu mir: »Warum machst du das? Ihr werdet alle im Gefängnis landen!« Was soll ich sagen? Der Krug geht so lang zum Brunnen, bis er bricht.

Nun, da all das schon lange hinter mir liegt, kann ich eine Schlussbilanz ziehen: Ich bereue nichts, aber ich habe die Konsequenzen gezogen. Ich bin froh, nicht mehr Teil all dessen zu sein. Und nichts davon geht mir ab. Am allerwenigsten die SMS meiner kenianischen Freunde, die ich auch noch ein Jahr nach meinem Abgang erhielt: »Hi, Sir! How is you? I have great shape. Can I come? Please send me money.«

Was bedeutet nun meine Abwesenheit für den österreichischen Sport? Nicht die Welt, logischerweise. Eine Menge meiner Sportler sind auch gar nicht mehr aktiv. Mehr Auswirkungen hat da schon die Novelle des Anti-Doping-Gesetzes. Einige ehemalige Kollegen – ob Manager, Trainer oder einfach nur Dealer – haben sich durch die erfolgte Kriminalisierung abschrecken lassen, Athleten auf österreichischem Staatsgebiet weiter mit illegalen Substanzen zu versorgen. Andere lassen sich das gestiegene Risiko einfach teuer bezahlen, wie man hört. Die Folge wird sein, dass das Leistungsniveau zurückgeht, die Sportpolitik die Hände über dem Kopf zusammenschlägt und in einigen Jahren nicht mehr so heiß gegessen wird, wie seit 2008 gekocht wurde. Die Alternative könnte sein, dass sich Athleten im Ausland nach Versorgern umsehen, ihr pharmakologisches Arsenal bei Leuten beziehen, für die sie der siebente Zwerg von links sind. Keine maßgeschneiderten Pläne, keine Beratung – und daraus resultierend womöglich eine größere Anzahl von positiven Dopingtests. Auch qualifizierte österreichische Mediziner haben sich bereits von diesem Teilbereich des Hochleistungssports zurückgezogen. Doch auch dieses Vakuum ist im Begriff sich zu füllen, in der Mehrzahl freilich durch unqualifizierte Scharlatane, die ihr Geschäft eher auf Profit ausrichten, als dass sie es sich zur Aufgabe machten, die Gesundheit des Athleten bestmöglich zu schützen.

Das Gesetz hat die Wettbewerbssituation österreichischer Athleten zweifellos verschlechtert. Solange nicht einmal Sport-Europa in der Frage der Verfolgung von Dopingmissbrauch geeint ist, stellt es nichts anderes als einen eklatanten Wettbewerbsnachteil dar. Aber wir wollten es ja nicht anders.

Der Weg über das Strafrecht kann nicht die optimale Lösung nicht sein, ebenso wenig wie die Freigabe. Es wäre dem Steuerzahler nicht zuzumuten, die Zeche für all jene zu zahlen, die sich, von Ehrgeiz zerfressen, zu Krüppeln dopen. Das Geld aus dem Sport abziehen? Greift auch zu kurz. Die Freizeitsportler, die sich beim Radmarathon mit EPO präparieren, um vor dem Nachbarn im Ziel zu sein, sind damit wohl nicht zu überzeugen. Meiner Meinung müsste die Revolution von innen kommen. Durch eine grundlegende Veränderung des Unrechtsbewusstseins ließe sich Doping vielleicht in den Griff bekommen. Wir träumen von einer Welt, wie sie uns Hollywood in »Demolitian Man« präsentiert hat.

INTERVIEW MIT SKANDALTRAINER WALTER MAYER

»Wie blöd ist die Menschheit?«

Was verbindet Sie mit Stefan Matschiner?

Ich habe ihn 2004 kennengelernt. Er hat die Tochter von Bill, der mein Haus gemietet hat, geheiratet. Wir haben da ein bisschen philosophiert, da hab ich gemerkt, dass der im Sport mehr Know-how hat als ein Normalbürger. Ich sehe ihn als Freund. Eine Freundschaft, von der ich hoffe, dass sie bestehen bleibt. Dass wir uns immer wieder treffen und über unsere Zeiten im Hochleistungssport schmunzeln können. Auf keinen Fall sehe ich ihn als Verbrecher oder schlechten Menschen, wenn er mit sportmedizinischen Maßnahmen ein bisschen Geld verdient hat. Er hat keinen gezwungen. Wenn ich in der Beziehung Matschiner-Kohl einen als schlecht beurteilen würde, wäre das zu 100 Prozent Kohl. Der hat gesehen: Ich kann ja auch ein Ullrich sein, fleht Matschiner an, der macht seine Kanäle auf, diese äußerst primitiven Kanäle in Österreich, dann hält Kohl die Anweisungen nicht ein und haut ihn auch noch in die Pfanne.

Stefan Matschiner hat zugegeben, Athleten unerlaubte leistungssteigernde Präparate verschafft zu haben, an ihnen unerlaubte Methoden angewendet zu haben. Empfinden Sie sein Vorgehen als kriminell?

Nein. Wenn mir der Dr. Riebenbauer, Vorsitzender der Untersuchungskommission des ÖSV, die nach Turin eingerichtet wurde, gratuliert hat, dass ich Chancengleichheit erreicht habe, dann muss ich sagen, dass Stefan mit seinen Methoden näher dran war. In der Welt des Höchstleistungssports ist auch Matschiner eine kleine Nummer. Es hat ihn ja nur gegeben, weil es bei uns keine sportmedizinischen Strukturen gibt. Weil es keinen interessiert. Sollte die eine oder andere Medaille mit Stefan in Verbindung stehen, müsste man ihm heimlich danken. Öffentlich eigentlich.

Wann sind Sie erstmals mit Doping in Berührung gekommen?

Das war während meiner aktiven Zeit unter Trainer Juri Tscharkowski, der heute das russische Nationalteam betreut. Ich vermute jedenfalls, dass ich in Berührung gekommen bin, gefragt haben wir nicht. Das war eine andere Zeit. Da durftest du nicht in der Mittagspause deine Uhr von der Reparatur holen. Als ich Vater wurde, hat man mir verboten, zu meiner Frau zu fahren. Ich bin dann abgehauen und habe nach meiner Rückkehr ein Straftraining aufgebrummt bekommen. Da hab ich ihm dann schon klargemacht: »Du wirst mir sicher nicht sagen, ob ich heimfahre oder nicht.« Jedenfalls gab's diese blauen Pillen, von denen man später auch aus dem DDR-Sport gehört hat. Die älteren Athleten haben darüber diskutiert, der Herbert Wachter hat sie immer in den Blumentopf gesteckt. Bis ich ihm eines Tages gesagt hab: »Gib's mir!« Da hab ich dann die doppelte Ration genommen. Wovon auch immer.

Wissentlich klassisch gedopt habe ich nie, ich hätte das Know-how auch gar nicht gehabt. Worin ich sehr viel investiert habe, war Alternativmedizin, Homöopathie. Ich war ja ein Gesundheitsfreak. Im Zuge dessen hab ich auch 1983 die Ozontherapie bei meinem Hausarzt Dr. Walter kennengelernt, weil ich immer an chronischer Bronchitis gelitten habe. Das war dann meine stärkste Saison, da habe ich den Marcialonga gewonnen vor einem Maurilio de Zolt, der angeblich mit anderen Mitteln gearbeitet hat.

1980 gab es dann diese Sportfestspiele in Kufstein, wo quer durch die Sportarten alles vertreten war. Ich habe den Langlaufbewerb gewonnen. Danach sind wir nett zusammengesessen und Österreichs bester Gewichtheber hat mir zu verstehen gegeben, dass er mir Anabolika organisieren könne. Mich hat das nur einen Lacher gekostet. Ich hab ihm gesagt: »Ich bin Ausdauer-, nicht Kraftsportler. Was soll ich mit Anabolika? Die Muskeln sind mir in meinem Sport doch nur im Weg!« Aber er hat etwas von einem finnischen Leichtathleten erzählt, der Vierter bei den Olympischen Spielen wurde, der das auch nimmt. Weil du dadurch besser regenerierst und eine bessere Muskelstruktur bekommst. Ich habe mich blöderweise nicht überzeugen lassen. Mit dem heutigen Wissen ärgere ich mich, dass ich es nicht genommen habe. Ich hätte ein Schweinegeld verdient, so bin ich halt um des Kaisers Bart gefahren.

Sie haben immerhin den Wasa-Lauf, im Volkslanglauf das Nonplusultra, gewonnen …

Am liebsten wär mir, die würden mich da aus dem Stein, auf dem die Sieger verewigt werden, rausmeißeln, weil mich das anstinkt. Es wäre mir eine Freude, mit Sicherheit sagen zu können: Ich war gedopt, ihr müsst mich rausnehmen. Das wäre angesichts dieser Verlogenheit, gerade in Skandinavien, eine große Genugtuung.

Wie oft wurden Sie während Ihrer aktiven Karriere getestet?

Kein einziges Mal, deshalb ärgert es mich ja noch mehr. Man wusste, dass es so etwas wie Kontrollen gab. Gefürchtet hat sich keiner. Die waren eher pro forma. Aber auch noch viel später. Es ist ja bekannt, dass es in Österreich Fälle gab, in denen Verbandspräsidenten oder Dopingfahnder selbst Athleten vorab von einer anstehenden Kontrolle informierten. Bestimmte, besonders relevante Sportarten wussten ein ganzes Jahr im Vorhinein, wann ihre drei Tests stattfinden würden.

Was hat man von anderen Nationen mitbekommen?

Dr. Arnold Riebenbauer hatte einmal ein amouröses Abenteuer mit einer russischen Ärztin. Die dürfte seine Dienste dermaßen goutiert haben, dass sie ihm erzählt hat, dass die Sowjetunion bei den Winterspielen 1980 in Lake Placid flächendeckend Blutdoping betrieben hat. Für mich waren die Russen die Götter – und wir Blinde. Gewundert habe ich mich trotzdem, dass der Bulgare Lebanov, der vorher bei uns mittrainiert hatte und keinesfalls besser war als wir, Bronze in Lake Placid holte, nachdem er zu den Russen gewechselt war. Über Juha Mieto, einen zwei Meter großen und 130 Kilo schweren Koloss, wird gemunkelt, er habe 1984 in Sarajevo vier Säcke mit Eigenblut drinnen gehabt. Gehört hat man viel: über einen Dopingring in Schweden – in Stockholm hat man ja schon 1968 getestet, wie viel Leistungssteigerung durch Blutmanipulation möglich wäre. Man hörte von den Italienern, dass die seit 1985 mit Blutdoping gearbeitet haben sollen.

Welche Einblicke hatten Sie in den Staatssport des ehemaligen Ostblocks?

Nur den: Hätte es kein Doping gegeben, wäre die DDR noch überlegener gewesen. Sogar die Russen haben viel von der Wissenschaft des DDR-Sports übernommen. Gedopt wurde in beiden Systemen: Der Westen hatte die besseren Mittel, der Osten die besseren Trainingsmethoden. Als der Osten dann auch beim Doping nachzog, war die DDR unschlagbar.

Für wie hoch halten Sie heute den Durchseuchungsgrad im Spitzensport?

Es ist die Frage: Was sieht man als Doping? Würde man alle Sportler so behandeln wie die Österreicher in Turin, dann läge der Durchseuchungsgrad bei weit über 90 Prozent. Davon bin ich felsenfest überzeugt. Nicht nur im Ausdauersport. Jeder Sportler kann sich ja selbst die Frage stellen: »Habe ich schon mal eine Infusion zur Regeneration, die nicht von einem Arzt verabreicht wurde, bekommen?» Na also.

Sind die Dopingkontrolleure den Dopern nähergekommen? Ist die Zahl der nicht nachweisbaren Substanzen und Methoden zumindest rückläufig?

Das glaube ich nicht, sonst hätte ja die Leistung zurückgehen müssen. Sie nehmen neue Maskierungsmittel. Die Dopingjäger sagen, Gendoping kommt, dabei ist es schon seit fünf Jahren da. So wie CERA, das hat es auch schon 2003 gegeben, bevor es 2008 ins Gerede kam. Und sie geben immer vor, alles sei leicht nachweisbar. 1992 ist schon ein großer Leichtathlet nicht zu den Sommerspielen gefahren, weil man ihm sagte, Wachstumshormon sei dort nachweisbar. Bis heute warten wir darauf. Sie nehmen heute Clenbuterol mit einem veränderten Genprofil, da sieht man in der Auswertung eben fünf statt drei Türmchen und keiner weiß, was es ist. Die Kaiser sind die Pathologen, die die Halbwertszeiten erforscht haben, und die Institute, die die Medizin entwickeln. Die Frage ist, wie groß der Anreiz für nationale Anti-Doping-Agenturen ist, die eigenen Sportler ans Messer zu liefern. Berechnungen haben ergeben, dass eine Olympiamedaille drei Millionen Dollar kostet, mit dem ganzen Drumherum, das ein Sportler braucht: Ausbildung, Strukturen, Sportmedizin, Materialentwicklung.

Halten Sie es für möglich, dass bestimmte Sportarten auch heute noch weitgehend »clean« sind? Ballsportarten, Segeln, alpiner Skisport …

Die weltbeste Badmintonspielerin ist 2010 positiv getestet worden, der deutsche Tischtennisspieler, der dann freigesprochen wurde, auch. Wobei der eigentliche Skandal war, dass herausgekommen ist, dass es bei der Europameisterschaft nicht einmal Kontrollen gab. Im Schach gibt's positive Tests. Der Agassi gibt Doping in seinem Buch selbst zu. Der alpine Skisport ist bei weitem nicht so weiß, wie man glaubt. Das sagt selbst FIS-Präsident Gianfranco Kasper. Bei den Olympischen Jugendspielen gab es zwei positive Fälle. Und weil man zufällig auch einmal wieder bei den Afrikanern nachschaut, gibt's halt auch gleich einmal drei Positive – wie bei den Commonwealth Games. Fakt ist, es gibt keine Sportarten, in denen Doping eine untergeordnete Rolle spielt.

Selbst im alpinen Skilauf, im Tischtennis, wo die Bewegungsabläufe

wesentlich komplexer sind, wo die Technik eine entscheidende Rolle spielt?

Na klar, Technik geht immer mit Kraft und Kondition einher. Es ist kein effizientes Techniktraining mit einem schwachen Muskel denkbar, weil du den Punch ja auch reinbringen musst. Ein stärkerer Muskel verträgt mehr Training, ist reaktionsschneller. Und zum Skifahren: Haltende Muskulatur produziert mehr Laktat als bewegende. Es ist schon entscheidend, wie schnell du wieder auf deine 3 Laktat (3 Millimol Milchsäure pro Liter Blut) herunterkommst. Je besser du das Training verkraftest, desto mehr kannst du im trainingswirksamen Bereich arbeiten. Hermann Maier war der Erste, der das verstanden hat. Andere, die athletisch nicht so gut beisammen waren, mussten vielleicht medizinisch nachhelfen.

Sie führen die Tatsache, dass Langläufer und Biathleten für das Gros der positiven Dopingkontrollen im Schneesport verantwortlich sind, auf die Anzahl der Kontrollen zurück?

Ich habe ja einmal die Auswertung eines Jahres in Händen gehalten: Langlauf 1200 Blutkontrollen, nordische Kombination 25, Ski alpin 5, Skispringen 1. Da habe ich lachen müssen. Logisch, dass sie nur alle 100 Jahre einen erwischen. Sollen sie doch einmal 1200 Kontrollen auf Somatotropin machen. Ich bin überzeugt, dass Leichtathleten, Skifahrer, Gewichtheber in der Relation mehr Wachstumshormon nehmen als Ausdauersportler EPO. Mit dem Langlauf pflegt die FIS ihr Saubermannimage, die Alpinen werden beschützt.

Wie erklären Sie sich den schwindelerregend hohen Anteil an negativen Dopingproben?

Ich habe den Eindruck, da wird mächtig zurückgerudert, um das Scheinbild des Sports ein bisschen zu wahren. Die derzeitigen Sanktionen, die Äußerungen Rogges, keine Kontrolle bei der Tischtennis-EM. Keine Bluttests bei Schwimmern. Im Marathon wird faktisch null kontrolliert. Wachstumshormon kann immer noch nicht nachgewiesen werden. Keine Bluttests bei den Alpinen. Der Freispruch für den Tischtennisspieler, vielleicht kommt Contador auch raus. Nur in Österreich ist man so blöd, dass man den Sport auf Jahrzehnte zugrunde richtet.

International hat es ihnen gereicht, Turin zu konstruieren, den Mayer zu vernichten, es in die Welt hinauszuposaunen. Zu dem Prozess will ich sowieso nach Italien. Ich bestehe darauf, geladen zu werden. Die ganze Turin-Sache muss vor den Europäischen Gerichtshof. Ich will da noch mehr wissen, will da umrühren.

Österreich wurde lange Zeit als Paradies für Dopingsünder dargestellt. Wie liegen wir tatsächlich im internationalen Vergleich?

Diese Idioten reden so einen Unsinn, diese Nichtswisser. Ich hab ja nach Olympia 2002 einschlägige Angebote bekommen, die ich nie wahrgenommen habe. Es ist wirklich zum Kotzen. Die Staatsanwältin Weinberger hat mir vorgehalten, Eva-Maria Gradwohl habe sich unter dem Trainer Walter Mayer um so viel gesteigert. Dann habe ich ihr die Prozente ausgerechnet und gesagt: »Und das ist Hausfrauenniveau.« Um die gleichen zwei Prozent an Endleistung hat sich Usain Bolt bei seinem Weltrekord gesteigert, wo man weiß, dass von Carl Lewis über Tim Montgomery, von Ben Johnson bis Linford Christie nahezu alle vor ihm gedopt waren. Da muss ich mich fragen: »Wie blöd ist die Menschheit?«

Wo liegt Österreich bei der Leistungsdiagnostik und sportmedizinischen Betreuung?

Vom Toplevel gesehen sind wir bei null Komma null. Wir haben keine sportmedizinisch relevante Betreuung, das würde ja im täglichen Trainingsbetrieb passieren. Da müssten ein Arzt, ein Biochemiker, ein Mentaltrainer im Trainingslager dabei sein. Wir haben ein bis drei sportmedizinische Untersuchungen im Jahr, damit man dem Kind einen Namen gibt und ein paar Hobby-Sportärzten einen Arbeitsplatz. Der Trainingssteuerung ist das eher hinderlich als förderlich.

Deutschlands Medien und Sportfunktionäre gingen mit Österreich und seinen Wintersportathleten 2006 und danach sehr hart ins Gericht. Warum steht Deutschland trotz Mühlegg, Baumann, Ullrich um so viel untadeliger da? Findet man dort sauberere Sportler, verantwortungsbewusstere Trainer oder einfach mehr deutsche Gründlichkeit auch bei diesem Thema?

Österreich musste ausgeliefert werden, mit Österreich und Mayer wollte man ein Exempel statuieren. Die Olympiabewerbung ist dazugekommen. Der Fall Turin spiegelt das Sportrecht wider, dass gewisse Funktionäre ihre Positionen machtpolitisch nützen, um sich so zu positionieren, dass es für sie von Vorteil ist. In der Sportrechtssprechung ist die Gewaltentrennung praktisch nicht vorhanden – wie in einer Diktatur. Es ist mir unerklärlich, wie ein IOC-Vizepräsident die deutsche Nation in Turin als Chef des Olympischen Sportbundes führen, die Untersuchungen gegen Österreich leiten und dann als Richter am Sportgerichtshof den Fall behandeln kann. Hier ist Manipulationen Tür und Tor geöffnet.

Was wissen Sie über sportmedizinische Einrichtungen in Deutschland?

Ich habe mir in Thüringen das Leistungszentrum angeschaut, das ist ärztlich und strategisch verankert – unglaublich. Zu dem einen oder anderen Betreuer hatte ich Kontakt. Der sagt dir dann bei einem Glas Bier oder mehreren, sie verstehen nicht, warum unsere Leute bei Humanplasma selbst dazuzahlen mussten. Das sind Leute, die ich nicht belasten will. Aber es kommt der Realität sehr nahe.

Sehen Sie leistungsbezogene Entwicklungsparallelen bei den Leistungen deutscher Athleten, die mit dem Schließen der »Quelle Freiburg« einhergehen?

Es gab ja nicht nur Freiburg. Die Leistungskurve ist nach meinem Empfinden eher durch die Nachweisbarkeit von Dynepo um etwa ein halbes Prozent zurückgegangen. So wie in Russland, als die Biosimilar nicht mehr hatten, in Italien, als CERA nachweisbar wurde. Es ist ja paradox: Immer wenn die Kontrollen am schärfsten wurden, hat Österreich leistungsmäßig profitiert. Das lässt sich auch am Aufstieg unserer Biathleten nachverfolgen.

Wie beurteilen Sie die Vorreiterrolle Österreichs im Anti-Doping-Kampf?

Das ist eine hundertprozentige Wettbewerbsverzerrung. Was Österreich in Sachen Doping an Selbstzerstörung betreibt, spottet jeder Beschreibung. Mit so einem Sportminister brauchst du keine Gegner mehr, brauchst du gar nicht mehr über die Grenzen zu Wettkämpfen fahren. Wir züchten derzeit eine Losernation. Sportler, die man zu verlieren lehrt. Es spiegelt die Unfähigkeit des österreichischen Sportsystems wider. Die Schwäche und Interesselosigkeit unserer Trainer und Funktionäre wird auf die Sportler übertragen. In der Jugend ist Potenzial vorhanden, in der allgemeinen Klasse dürfen sie nur mehr applaudieren gehen. Aber das ist auch unsere Mentalität, unsere Einstellung: Die anderen sind eh besser, wir sind fauler.

Wie sollte der optimale Anti-Doping-Kampf aussehen?

Vorneweg: Es gäbe nichts Schöneres als den sauberen Sport.

Aber daran zu denken ist vollkommen unrealistisch. Der Sport braucht Regeln, die lebbar sind, wo Verstöße weltweit gleich zu sanktionieren sind. Aber wer kontrolliert die Afrikaner im Busch? Wo haben die ihr Adams-System (Anti-Doping Administration & Management System)?
Ich war 2001 beim FIS-Kongress in London im Expertenkomitee. Dort hat FIS-Generalsekretärin Sarah Lewis bekannt gegeben, dass die Hämoglobingrenze, ab der eine Schutzsperre in Kraft tritt, zum mittlerweile vierten Mal runtergesetzt wird – auf 17,0, weil laut ihren Aussagen von einer Million Menschen nur einer einen höheren Wert aufweist. Da hab ich mich zu Wort gemeldet: »Lustig, bei mir im Team sind's zwei.« Kein anderer hat Einspruch erhoben. Und bei Olympia in Turin haben sie zu Dutzenden die Schutzsperren aufgebrummt bekommen. Unter anderem auch Deutschlands Evi Sachenbacher – ein tränenreiche Tragödie. Da stellt sich die Frage: Waren die Trainer zu dumm, um die Werte ihrer Athleten zu kennen, oder die Sportler einfach nur gedopt?

Wie könnte man im Kampf gegen Doping zumindest Teilerfolge erzielen?

Indem man klare Regeln einführt – bis zu diesem Hämoglobinwert kannst du starten, sonst nicht, drei Verwarnungen, dann die Sperre. Bis zu dieser Grenze aber kannst du tun, was du willst. Das wäre auch gesünder, dann bräuchte man nicht zu dubiosen Sportärzten zu gehen. Die jedem das gleiche Medikament geben. Und die Geschäftemacherei mit der Dealerei würde auch aufhören.

Ist es überhaupt erwünscht, diesen Kampf zu gewinnen? Politisch, medial, von Seiten der Sponsoren?

Der Kampf gegen Doping ist nicht zu gewinnen. Die Aussage von Stefan, »Doping ist wie Frühstück«, greift zu kurz, weil die entscheidenden Mittel am Abend genommen werden. In einer Dosis, die nicht nachweisbar ist. Oder sie sind es von vornherein nicht. Erwünscht ist es nur dort, wo es den großen Nationen nützt. Toni Innauer und Dr. Baumgartl haben schon 1999 ein Nachweisverfahren für EPO eingereicht. Es wurde nicht einmal behandelt, die Schweden haben es abgewürgt.

Wie stehen Sie zu einer etwaigen Freigabe von Doping? Welche Vor- und Nachteile hätte dieser Schritt?

Es hätte den Vorteil, dass es gerechter ist. Der Nachteil wäre:

Man könnte Sport nicht mehr als das verkaufen, was er eh nie war. Es gehört ganz klar getrennt zwischen dem perversen Höchstleistungssport mit seinen Gladiatoren, wo sich ein paar Depperte treffen und ihr Leben riskieren, und Gesundheitssport. Der ist Kulturgut, für den Menschen sehr wichtig. Der Hochleistungssport wird im Prinzip nicht mehr gebraucht. Gladiatorenkämpfe im alten Rom wurden 70 nach Christus verboten. Dann ist leider die Kirche ans Ruder gekommen und der Mensch ist wieder primitiver geworden. Nehmen wir Boxen: Da dreschen zwei aufeinander ein, bis einer umfällt. Gib es irgendetwas Primitiveres als das?

Wie hoch schätzen Sie die Gefahr von durch Dopingmissbrauch verursachten gesundheitlichen Folge- und Langzeitschäden ein?

Der Körper ist ja ein Phänomen, der verzeiht dir kurzfristig alles. Fakt ist, Ausdauersportler werden ziemlich alt. Ich bin jetzt 54 und trotz der Trainingsbelastung auch gesund. Bis auf die Bronchien und Belastungsasthmaschäden. Dieses Training, dieser große Umfang von Training ist ohne sportmedizinische Betreuung, ohne systematische Auffüllung deiner Defizite durch Infusionen, ohne Doping schädlicher als mit. Zu sagen, Hochleistungssport sei nicht gesundheitsgefährdend, ist Schwachsinn. Weil du an deinen absoluten Grenzbereich heran-, ab und zu drübergehst. Jedes Kniegelenk, Sprunggelenk, und die Wirbelsäule eines Alpinsportlers wird ja sowieso zerstört. Eine Annemarie Moser-Pröll muss, wenn sie auf die Jagd geht, mit dem Jeep zum Hochsitz fahren. Zu Fuß schafft sie es nicht mehr. Jetzt gehe ich davon aus, dass sie nicht gedopt hat. Aber die ist wesentlich mehr Wrack als ich als Ausdauersportler. Hochleistungssport ist an sich schon langzeitschädigend. Da gab es dieses eine Wochenende mit vier toten Motorsportlern, da brauchen wir gar nicht zu diskutieren, was schädlicher ist.

Sie haben mehrfach kundgetan, der Sport sei der vielleicht verlogenste Teilbereich des gesellschaftlichen Lebens. Können Sie diese Meinung präzisieren?

Im Sport geht's ganz oben nicht nur um Geld, er wird von der Politik benützt, er wird als Aushängeschild benützt, es geht um Ruhm und Ehre. Sagen Sie mir einen Grund, warum es dort ehrlich zugehen sollte. Die größte Lüge nach außen ist das Fairplay des Sports. Das hat es nie gegeben und wird es nie geben.

Die größten Gauner sitzen in den höchsten Positionen. Die größten Doper-Nationen sind in den führenden Positionen. Österreich ist da nicht dabei, also gehe ich davon aus, dass bei uns tendenziell weniger gedopt wird als weltweit. Wenn man vom Dopingland Österreich spricht, muss ich schon fragen: Wie viele positive Fälle hatte Österreich 2009? 139 hatten offiziell die Russen. Wenn Rogge sagt, Österreich liege im Verhältnis zur Einwohnerzahl im Schnitt, dann ist das der nächste Unsinn, denn Österreich und Russland haben so ziemlich die gleichen Startkontingente. Und nur die sind entscheidend. Bei den Russen ist es so weit gegangen, dass die nicht einmal mehr zu ihren russischen Meisterschaften in der Weihnachtspause gefahren sind. Jelena Wälbe erklärte mir einmal: »Dort dopen sie sich so sehr an diese Meisterschaft heran, dass du als Weltcupstarterin nicht einmal in die Top Ten kommst.« Und dass dann die Weltcuprennen mit völlig anderen Leuten beschickt werden müssten, die dann dort in rauen Mengen auffliegen würden.

Wo sehen Sie in der Gesellschaft Parallelen zu den unlauteren Machenschaften im Sport?

Es ist extremer als in der Gesellschaft. Es wird gekämpft bis zum letzten Tropfen. In kaum einem Bereich des täglichen Lebens gibt es so viele Tote. Dazu diese Unmengen an Geld, die investiert werden. Wir haben in meiner Anfangszeit als Trainer damals fünf, sechs Millonen Schilling in die Langlaufmannschaft gepumpt, also eine knappe halbe Million Euro, damit wir 20. statt 30. werden und irgendwann 10. statt 20. Es fehlt jede Verhältnismäßigkeit. Wofür buttert man so viel Geld in den Spitzensport? Warum nicht in den Schulsport? Das würde die Volksgesundheit stärken. Die Förderung eines Spitzensportlers stärkt keine Nation, keine Volksgesundheit. Es ist auch ein Märchen, dass erfolgreiche Spitzensportler die Leute dazu bringen, Sport zu betreiben. Man bringt sie zum Fernsehen, aber nicht zum Sport. Der Spitzensport ist ja eigentlich unwichtig, aber es wird so ein Trara gemacht. Es übersteigt eigentlich mein Vorstellungspotenzial, dass der Mayer auf die Titelseiten von Zeitungen kommt, was zur gleichen Zeit Afghanistan mit tausenden Toten nicht geschafft hat.

Sehen Sie einen strafrechtlichen Unterschied zwischen Dopingdealern und -konsumenten? Der Dealer hat ja wie im Drogenmilieu das Image eines Verführers.

Der größte Fehler dieser SOKO Doping ist, Suchtgiftermittler herzunehmen und sie ohne Fachkenntnis und ohne Hintergrundwissen in der Dopingfahndung einzusetzen. Die hat's natürlich geschleudert, die haben sich gefragt: Warum deckt den Mayer jeder?

Wenn Dealen mit Doping verboten ist, ist es zu bestrafen. Die Perversität ist, dass es in Österreich so ist. Dieses Nichts im Weltgeschehen des Sports trifft diese einsame Entscheidung. Fakt ist, die Sportler betteln darum, die müssen nicht verführt werden. Ich glaube nicht, dass der Stefan dem Kohl gesagt hat: »Gib mir Geld, damit ich eine Maschine kaufen kann.« Mit den 10 Prozent aus dem 3-Millionen-Vertrag wäre er ohnehin weit unterbezahlt gewesen. Da stünde ihm mindestens ein Drittel zu.

Warum kam aus Ihrer Sicht bei den umfassenden Ermittlungen der SOKO Doping gegen AthletInnen so gar nichts heraus?

Sie wollten nur die haben, die sie haben wollten. Dass Christian Hoffmann suspendiert wird, hat mir SOKO-Chef Holzer schon im Gefängnis gesagt: »Der Hoffmann ist fällig!« Die ganze Sache war zielorientiert, um die Razzien von Turin als gerechtfertigt erscheinen zu lassen.

Sie haben IOC-Präsident Rogge wegen seiner Aussage »Walter Mayer ist der Mann, der Doping organisiert!« 2006 verklagt und die Klage im Frühjahr 2007 zurückgezogen. Was waren die Gründe für diesen Sinneswandel?

Ausschlaggebender Faktor waren die Interventionen des Militärs, ich solle die Klage »im Interesse der Republik« wegen der damals bestehenden Salzburger Olympiabewerbung zurückziehen. Und weil man mir sagte, ich werde ohnehin kein Geld sehen, weil das IOC ein Jahrzehnt prozessieren, mich vernichten wird. Mich ärgert es bis heute. Wäre ich finanziell unabhängig gewesen, hätte ich die Klage durchgezogen. Aber ich war durch Prozess- und Rechtsanwaltskosten gegen die FIS ausgeblutet, musste sicherstellen, dass meine Frau und mein Sohn das Haus behalten können. Es war letztlich unheimlich unterhaltsam: Ich lag mit meiner Lebensgefährtin in der Sonne auf den Kanaren und zuhause ist einer wie Al Capone von Bank zu Bank gegangen und hat meine Schulden beglichen. Ich habe also übers Doping geschafft, was mir mit meiner Arbeit als Trainer nie gelungen ist. Weil ich ein Wahnsinniger war und immer wieder mein eigenes Geld investiert habe.

Im Gegenzug habe ich meine Buchrechte Olympiaberater Erwin Roth abgetreten. Der hat aber eh nie an dem Buch gearbeitet, nur meine Unterlagen mitgenommen. Der wollte nur belastendes Material gegen ÖSV-Präsident Schröcksnadel.

Sie leben, auf das Existenzminimum gepfändet, bei Ihrer Lebensgefährtin in der Steiermark. Fühlen Sie sich nach all den Verdiensten um den österreichischen Langlauf- und Biathlonsport unfair behandelt?

Unfair im Sinne des Rechtsstaates und eines fairen Verfahrens. Aber ich bin eigentlich ein glücklicher Mensch. Was das Leben lebenswert macht, sind nicht Geld und Erfolg, sondern das Erlebte. Ich habe mir schon im Gefängnis gedacht: Ich bin hier glücklicher als die, dich mich da reingebracht haben. Neid schädigt Menschen am meisten.

Bei allem, was mir passiert ist, muss ich sagen: Die Tatsache, dass es letztlich dadurch einen Wallner, einen Jungwirth (der frühere Präsident und Generalsekretär des ÖOC) erwischt hat, gibt mir eine brutale Genugtuung. Das war es wert. Weil die dem Sport große Summen einfach gestohlen haben. Der Jungwirth ist mir mit seiner Arroganz den Sportlern gegenüber immer auf den Wecker gegangen. Ich war ja Zeit meines Lebens Funktionärshasser, bin 1980 aus dem ÖSV ausgetreten. Weil ich ein Gerechtigkeitsfanatiker bin. In der Schule waren mir die strengsten Lehrer immer die Liebsten. Weil man bei denen wusste, dass sie den Sohn vom reichsten Bauern auch nicht anders behandeln.

Wer hat Sie seit Turin 2006 am meisten enttäuscht?

Das Bundesheer. Sogar jetzt wollen sie mir noch ein Disziplinarverfahren anhängen. Weil ich noch im Dezember 2008 den ÖSV mit Dopingmitteln beliefert haben soll. Dabei hatte ich zu meinen früheren Athleten in den letzten Jahren praktisch keinen Kontakt mehr. Ein Telefonat mit Christian Hoffmann, die Hochzeit von Michail Botwinow, auf der ich war. Ich war ja überhaupt von 2002 bis heute nur zwei Monate beim ÖSV angestellt. Ich wurde nach Turin entlassen. Weswegen ich niemandem böse bin. Ich hätte einen wie mich auch nicht behalten. Als ich in der Psychiatrie von meiner Entlassung hörte, war ich regelrecht erleichtert. Ich war immer ein totaler Hardliner, hab von jedem verlangt, dass er voll mitzieht. Und dann wär ich gekommen, nach allem, was passiert ist, und hätte ein Budget für meine Leute verlangt. Das hätte ich nicht zusammengebracht.

Ihre Lebensgefährtin, Marathonläuferin Eva-Maria Gradwohl, hat im Frühjahr 2010 eine Dopingkontrolle verweigert. Wie kam es zu dem Vorfall?

Es hat eine längere private Vorgeschichte, Beziehungsprobleme, auf die ich nicht näher eingehen will. Ich bin dann am 26. im Streit zur Dopinganhörung nach Wien gefahren, Eva war dagegen. Mir wurde da die lächerliche Frage gestellt, ob ich Christian Hoffman 2002 eine Glukoseinfusion gegeben habe. Mit strafrechtlichem Hintergrund, sportrechtlich überhaupt kein Problem. Wofür ich dann eine Anzeige bekommen habe, weil das Protokoll, das ich weder gegengelesen noch unterschrieben habe, der Staatsanwaltschaft übergeben wurde. Das ist der Dank für mein Kommen gewesen. Und weil ich nicht so ausgesagt habe, wie die es wollten, hat Eva zwei Tage später eine Dopingkontrolle in Kroatien gehabt. Unterschrieben von NADA-Chef Andreas Schwab. Da muss man einmal »Stop« sagen. Eva-Maria wurde als nicht förderungswürdig eingestuft und hat ihre 21. Dopingkontrolle. Von den Hausdurchsuchungen rede ich gar nicht. Es kann nicht sein, dass immerzu Leute vorverurteilt werden, die Kontakt zu mir haben.

Wie schwer ist es Ihnen gefallen, gar nichts mehr mit Sport, Trainingslehre und so weiter zu tun zu haben? Hatten Sie »Entzugserscheinungen«?

Wenn ich will, kann ich viel machen im Sport. Ich hätte genug internationale Angebote und einzelne Sporter, mit denen ich arbeiten kann. Geheim natürlich, weil sonst jeder Sportler einen Nachteil daraus hätte, indem er permanent kontrolliert werden würde. Es ist ja nicht richtig, dass ich ein lebenslang gesperrter Trainer bin, rein rechtlich kann ich auf der ganzen Welt als Trainer arbeiten. Nur die Österreicher sind zu blöd dafür.

Hat der Ruhm, den Sie nach der WM 1999 mit Staffel-Gold geerntet haben, seine Wirkung komplett verfehlt?

Jeder Hobbyläufer freut sich mehr als ich damals, wenn er es schafft, einen Marathon unter drei Stunden zu laufen. Okay, es hat einen Grund gegeben, sich ordentlich niederzugießen, aber sonst? Mich haben diese Ehrungen ja nie interessiert. Da musste ich mit Politikern reden, bei denen du binnen kürzester Zeit gemerkt hast, dass die der Sport überhaupt nicht interessiert. Ich hätte 1999 aufhören sollen, hatte alle Möglichkeiten – als Coach in der Wirtschaft oder so. Aber für eine solche Entscheidung hat mir der intellektuelle Weitblick gefehlt.

Sie haben öfter gesagt, mit dem Abstand von einigen Jahren sehr froh zu sein, mit Sport nichts mehr zu tun zu haben. Warum?

Die wichtigste Funktion, die Sport für mich persönlich hatte, war, dass ich dort meine Komplexe abarbeiten, mich bestätigen konnte. Er hat mich davon abgehalten, in die Fußstapfen meines Vaters zu treten und Alkoholiker zu werden. Als Trainer war ich der Typ, der den Hochleistungssport mit der Leichtigkeit des Seins betrieben hat. Wir haben nur gewinnen können, nichts verlieren. Wir waren ja eh Blinde. Da habe ich nie den Stress gehabt von Trainern großer Nationen. Am Schluss ist das doch ein wenig mehr geworden. Ich bin froh, diesen Erfolgsdruck los zu sein. Ich betrachte den Hochleistungssport sehr interessiert. Für mich sind diese Sportler keine schlechten Menschen, für mich sind das Gladiatoren, die unter verlogenen Bedingungen versuchen, ihre Hochleistungen zu erbringen. Man könnte es ihnen einfacher machen. Indem man den Spitzensport als das verkauft, was er ist – pervers.

Was an Ihrem sportlichen Wirken würden Sie gerne rückgängig machen?

Ich würde nicht mehr bei so kalten Temperaturen laufen, weil mir Belastungsasthma und eine chronische Bronchitis geblieben sind. Ich würde meinem Sohn Marc vom Spitzensport abraten. Aber das Einzige, was ich wirklich bereue in meinem Leben, ist der Autounfall in Paternion nach meiner Flucht aus Turin.

Die prominentesten Dopingfälle

NAME (NATION) / JAHR	PRODUKT	SANKTION/SPERRE
RAD		
Joop Zoetemelk (NED) / 1983	Nandrolon	1 Monat Bewährung
Gianni Bugno (ITA) / 1994/99	Koffein/Amphetamine	3 Monate / 6 Monate auf Bewährung
Dschamolidin Abduschaparow (UZB) / 1997	Clenbuterol	1 Jahr
Richard Virenque (FRA) / 1998	EPO	9 Monate, später reduziert auf 7 Monate
Alex Zülle (SUI) / 1998	EPO	7 Monate
Laurent Dufaux (SUI) / 1998	EPO	7 Monate
Marco Pantani (ITA/Rad) / 2001	Fund einer Insulinspritze	6 Monate
Dario Frigo (ITA) / 2001/05	EPO/Dopingfunde	1 Jahr/6 Monate Gefängnis
Jan Ullrich (GER) / 2002	Amphetamine	6 Monate
Gilberto Simoni (ITA) / 2002	Kokain	von Giro ausgeschlossen
Stefano Garzelli (ITA) / 2003	Probenicid	2 Jahre
Tyler Hamilton (USA) / 2004	Blutdoping	2 Jahre
Oscar Camenzind (SUI) / 2004	EPO	2 Jahre
Roberto Heras (ESP) / 2005	EPO	2 Jahre
Joseba Beloki (ESP) / 2006	Kontakt zu Dopingarzt Fuentes	Ausschluss von der Tour d. France
Oscar Sevilla (ESP) / 2006	Kontakt zu Dopingarzt Fuentes	Ausschluss von der Tour d. France
Francisco Mancebo (ESP) / 2006	Kontakt zu Dopingarzt Fuentes	Ausschluss von der Tour d. France
Floyd Landis (USA) / 2007	Testosteron	2 Jahre
Alexander Winokurow (KAZ) / 2007	Fremdblutdoping	2 Jahre
Michael Rasmussen (DEN) / 2007	falsche Angaben über Aufenthaltsort	2 Jahre
Alessandro Petacchi (ITA) / 2007	Salbutamol	1 Jahr
Danilo di Luca (ITA) / 2007/10	Kontakt zu Dopingarzt/EPO (CERA)	3 Monate/2 Jahre
Riccardo Riccò (ITA) / 2008	EPO (CERA)	2 Jahre
Tom Boonen (BEL) / 2008/09	Kokain	Freispruch
Davide Rebellin (ITA) / 2008	EPO (CERA)	2 Jahre
Leonardo Piepoli (ITA) / 2008	EPO (CERA)	2 Jahre
Bernhard Kohl (Rad) / 2008	EPO (CERA)	2 Jahre
Manuel Beltran (ESP) / 2008	Kortikoide/EPO	2 Jahre
Alejandro Valverde (ESP) / 2010	Kontakt zu Dopingarzt Fuentes	2 Jahre
Alberto Contador (ESP) / 2010	Clenbuterol	noch offen
SCHWIMMEN		
Michelle Smith de Bruin (IRL) / 1998	Test manipuliert	4 Jahre
Nina Schiwanewskaja (RUS/ESP) / 1998	Bromantan	2 Jahre
David Meca (ESP) / 1999	Nandrolon	1 Jahr
Claudia Poll (CRC) / 2002	Nandrolon	2 Jahre
Oussama Mellouli (TUN) / 2006	Amphetamine	18 Monate
Jessica Hardy (USA) / 2008	Clenbuterol	1 Jahr
Ioannis Drymonakos (GRE) / 2008	Trenbolon	2 Jahre
Michael Phelps (USA) / 2009	Cannabismissbrauch	3 Monate

FUSSBALL

Diego Maradona (ARG) / 1991/94	Kokain/Ephedrin	15 Monate/15 Monate
Fabien Barthez (FRA) / 1995	Cannabis	4 Monate
Claudio Caniggia (ARG) / 1997	Kokain	2 Jahre
Christophe Dugarry (FRA) / 1999	Nandrolon	Freispruch
Edgar Davids (NED) / 2001	Nandrolon	5 Monate
Frank de Boer (NED) / 2001	Nandrolon	1 Jahr, aber nur für internationale Spiele
Jaap Stam (NED) / 2001	Nandrolon	3 Monate
RFernando Couto (POR) / 2001	Nandrolon	5 Monate
Josep Guardiola (ESP) / 2001	Nandrolon	4 Monate
Rene Higuita (COL) / 2002	Kokain	2 Jahre
Mark Bosnich (AUS) / 2002	Kokain	9 Monate
Rio Ferdinand (ENG) / 2003	Test verpasst	8 Monate
Adrian Mutu (RUM) / 2003/09	Kokain/Sibutramin	7 Monate/9 Monate
Al-Saadi Gaddafi (LBA) / 2004	Norandrostendion	3 Monate
Marco Borriello (ITA) / 2006	Cortison	3 Monate
Marco Boriello (ITA) / 2006	Prednisone	Freispruch
Romario (BRA) / 2007	Finasteride	Freispruch

TENNIS

Mats Wilander (SWE) / 1995	Kokain	3 Monate
Karel Novacek (TCH) / 1995	Kokain	3 Monate
Petr Korda (CZE) / 1998	Nandrolon	1 Jahr
Guillermo Coria (ARG) / 2001	Nandrolon	7 Monate
Juan-Ignacio Chela (ARG) / 2001	Anabolika	3 Monate
Mariano Puerta (ARG) / 2003/05	Clenbuterol/Etilefrin	9 Monate/2 Jahre
Greg Rusedski (GBR) / 2004	Nandrolon	Freispruch
Stefan Koubek (AUT) / 2004	Triamcinolon	3 Monate
Guillermo Canas (ARG) / 2005	Verschleierungsmedikamente	15 Monate
Swetlana Kusnetzowa (RUS) / 2005	Ephedrin	Freispruch
Martina Hingis (SUI) / 2007	Kokain	2 Jahre
Richard Gasquet (FRA) / 2009	Kokain	2,5 Monate

LANGLAUF/BIATHLON

Jari Isometsä (FIN) / 2001	HES	2 Jahre
Virpi Kuitunen (FIN) / 2001	HES	2 Jahre
Mika Myllylä (FIN) / 2001	HES	2 Jahre
Larissa Lasutina (RUS) / 2002	EPO	2 Jahre
Olga Danilowa (RUS) / 2002	EPO	2 Jahre
Johann Mühlegg (ESP) / 2002	Blutdoping	2 Jahre
Justina Kowalczyk (POL) / 2005	Dexamethaston	6 Monate
Julia Tschepalowa (RUS) / 2009	EPO	2 Jahre
Albina Achatowa (RUS) / 2009	Nikethamide, EPO	2 Jahre
Olga Pylewa (RUS) / 2009	Carphedon	2 Jahre
Jekaterina Jurjewa (RUS) / 2009	EPO	2 Jahre
Dimitri Jaroschenko (RUS) / 2009	EPO	2 Jahre

LEICHTATHLETIK

Martti Vainio (FIN) / 1984	Steroide	18 Monate
Ben Johnson (CAN) / 1988/1993	Stanozolol/Testosteron	2 Jahre/lebenslang
Randy Barnes (USA) / 1991/1998	Androstendion	2 Jahre/lebenslang
Grit Breuer (GER) / 1992	Clenbuterol	1 Jahr
Katrin Krabbe (GER) / 1992	Clenbuterol	2 Jahre
Ludmila Engquist (RUS/SWE) / 1993/2001	Nandrolon	2 Jahre/lebenslang
Dennis Mitchell (USA) / 1998	Testosteron	2 Jahre
Jerome Young (USA) / 1999/2004	Nandrolon/EPO	2 Jahre/lebenslang
Linford Christie (GBR) / 1999	Nandrolon	2 Jahre
Dieter Baumann (GER) / 1999	Nandrolon	2 Jahre
Irina Korschanenko (RUS) / 1999/2004	Stanozolol	2 Jahre/lebenslang
CJ Hunter (USA) / 2000	Nandrolon	2 Jahre
Justin Gatlin (USA) / 2001/2006	Amphetamine/Testosteron	1 Jahr/4 Jahre
Tony Dees (USA) / 2001	Nandrolon	lebenslang
Mihaela Melinte (ROM) / 2001	Nandrolon	2 Jahre
Brahim Boulami (MAR) / 2002	EPO	2 Jahre
Dwain Chambers (USA) / 2003	THG	2 Jahre
Kelli White (USA) / 2003	THG, EPO, Modafinil	2 Jahre
Ekatarina Thanou (GRE) / 2004	Test verweigert	2 Jahre
Kostas Kenteris (GRE) / 2004	Test verweigert	2 Jahre
John Capel (USA) / 2004/2006	Cannabis	Freispruch/2 Jahre
Torri Edwards (USA) / 2004	Nikethamide	1 Jahr
Robert Fazekas (HUN) / 2004	Test manipuliert	2 Jahre
Adrian Annus (HUN) / 2004	Test verweigert	2 Jahre
Tim Montgomery (USA) / 2005	THG	2 Jahre
Alvin Harrison (USA) / 2006	Steroide, EPO	4 Jahre
Jolanda Ceplak (SLO) / 2007	EPO	2 Jahre
Fani Chalkia (GRE) / 2008	Methyltrienon	2 Jahre
Ludmila Blonska (UKR) / 2008	Methyltestosteron	2 Jahre
Rashid Ramzi (BAH) / 2009	EPO (CERA)	2 Jahre
LaShawn Merritt (USA) / 2010	Testosteron	21 Monate

GEWICHTHEBEN (Auswahl von Olympia-Medaillengewinnern)

Zbigniew Kaczmarek (POL) / 1976	Anabolika	6 Monate
Valentin Christov (BUL) / 1976	Anabolika	6 Monate
Blagoj Blagojev (BUL) / 1976	Anabolika	6 Monate
Andor Szanyi (HUN) / 1984	Stanozolol	2 Jahre
Mitko Grablev (BUL) / 1988	Furosemid	1 Jahr
Angel Gunschev (BUL) / 1988	Furosemid	1 Jahr
Galabin Bojevski (BUL) / 1995/2003	Steroide/Test manipuliert	2 Jahre/lebenslang
Isabella Dragneva (BUL) / 2000	Ephedrin	2 Jahre
Ivan Ivanov (BUL) / 2000	Diuretika	2 Jahre
Zlatan Wanev (BUL) / 2003	Manipulation	2 Jahre
Georgi Markov (BUL) / 2003	Manipulation	2 Jahre
Leonidas Sampanis (GRE) / 2004	Testosteron	2 Jahre + 6 Monate Gefängnis
Ferenc Gyurkovics (HUN) / 2004	Oxandrolon	2 Jahre
Walentina Popowa (RUS) / 2006/08	Steroide	2 Jahre/lebenslang

RESTLICHE SPORTARTEN

Hans Gunnar Liljenvall (SWE/Mod. Fünfkampf) / 1968	Alkohol	Disqualifikation von Olympia
Ulf Nilsson (SWE/Eishockey) / 1976	Ephedrin	18 Monate
Corey Millen (USA/Eishockey) / 1989	Testosteron	18 Monate
Eric Lamaze (CAN/Springreiten) / 1996/2000	Kokain/Ephedrin, Kokain	7 Monate/2 Jahre
Djamel Bouras (FRA/Judo) / 1997	Nandrolon	2 Jahre
Mark Tout (GBR/Bob) / 1997	Stanozolol	4 Jahre
Ronnie O'Sullivan (ENG/Snooker) / 1998	Cannabis	Freispruch
Ross Rebagliati (CAN/Snowboard) / 1998	Cannabis	Freispruch
Andrea Raducan (ROM/Turnen) / 2000	Ephedrin	2 Jahre
Alina Kabajewa (RUS/Turnen) / 2001	Furosemid	1 Jahr
Dimitrij Wassiljew (RUS/Skispringen) / 2001	Furosemid	2 Jahre
Alain Baxter (GBR/Ski alpin) / 2002	Methamphetamin	3 Monate
Olena Olefirenko (UKR/Rudern) / 2004	Etamivan	von Olympia suspendiert
Hans Knauß (AUT/Ski Alpin) / 2004	Nandrolon	18 Monate
Rainer Schönfelder (AUT/Ski Alpin) / 2004	Etilefrin	Freispruch
Sean Hill (USA/Eishockey) / 2007	Steroide	20 Spiele
Kim Jong-Su (PRK/Schießen) / 2008	Propranolol	2 Jahre
Andrea Baldini (ITA/Fechten) / 2008	Furosemid	6 Monate
Martin Galliker (SUI/Bob) / 2008	Testosteron	2 Jahre
Raphael Fuchs (SUI/Bob) / 2009	Testosteron	2 Jahre
Claudia Pechstein (GER/Eisschnelllauf) / 2009	Auffälligkeiten im Blutbild	2 Jahre

WEITERE ÖSTERREICHISCHE DOPINGSÜNDER

Walter Legel (Gewichtheben) / 1972	Amphetamine	keine
Stefan Laggner (Gewichtheben) / 1984/88	Nandrolon	2 Jahre
Christoph Ziermann (Rad) / 1988	Testosteron	6 Monate
Sigi Haberl (Eishockey) / 1989	Testosteron	18 Monate
Jürgen Matzku (Gewichtheben) / 1992	Anabolika	aus Olympiateam entlassen
Andreas Berger (Leichtathletik) / 1993	Metandienon	2 Jahre
Franz Ratzenberger (Leichtathletik) / 1993	Metandienon	2 Jahre
Thomas Renner (Leichtathletik) / 1993	Metandienon	2 Jahre
Gernot Kellermayr (Leichtathletik) / 1993	Metandienon	2 Jahre
Thomas Etlinger (Judo) / 1993	Spiropent	2 Jahre
Gerhard Rainer (Bob) / 1994	Steroide	2 Jahre
Hubert Schösser (Bob) / 1998	Steroide	2 Jahre
Stjepan Stazic (Basketball) / 1999	Clostebol	2 Jahre / nur in Italien
Werner Höller (Gewichtheben) / 1999	Phentermin	2 Jahre
Florian Wiesinger (Rad) / 1999	Pseudoephedrin	3 Monate
Clemens Wallishauser (Squash) / 2000/04	Cannabis	2 Jahre/lebenslang
Markus Kleinheinz (Rodeln) / 2000	Cannabis	2 Jahre
Jochen Summer (Rad) / 2000	Phentermin	3 Monate
Achim Walcher (Langlauf) / 2002	Anwendung einer verbotenen Methode	2 Jahre
Marc Mayer (Langlauf) / 2002	Anwendung einer verbotenen Methode	2 Jahre
Arno Kaspret (Rad) / 2002/08	Ephedrin/Norandrosteron	2 Jahre/lebenslang
Matthias Buxhofer (Rad) / 2002	Norandrosteron	2 Jahre
Elmar Lichtenegger (Leichtathletik) / 2003/07	Norandrosteron	15 Monate/lebenslang
Andreas Vlasny (Leichtathletik) / 2003	Metandienon	2 Jahre
Christian Schäflinger (Leichtathletik) / 2003	Norandrosteron	2 Jahre
Stefan Rucker (Rad) / 2003	Ephedrin	6 Monate

Jürgen Pauritsch (Rad) / 2003	EPO	2 Jahre
Christian Pfannberger (Rad) / 2004/2009	Testosteron/EPO	2 Jahre/lebenslang
Wolfgang Rottmann (Biathlon) / 2006 Wolfgang Perner (Biathlon) / 2006	Verstoß gegen die Anti-Doping-Bestimmungen Verstoß gegen die Anti-Doping-Bestimmungen	jeweils lebenslang für Olympia
Martin Tauber (Langlauf) / 2006 Johannes Eder (Langlauf) / 2006 Roland Diethart (Langlauf) / 2006	Verstoß gegen die Anti-Doping-Bestimmungen Verstoß gegen die Anti-Doping-Bestimmungen Verstoß gegen die Anti-Doping-Bestimmungen	jeweils 2 Jahre/lebenslang für Olympia
Jürgen Pinter (Langlauf) / 2006	Verstoß gegen die Anti-Doping-Bestimmungen	4 Jahre/lebenslang für Olympia
Christian Ebner (Rad) / 2006	Test verweigert	2 Jahre
Marco Oreggia (Rad) / 2006	Test verweigert, EPO	2 Jahre
Lisa Hütthaler (Triathlon) / 2008	Dynepo	18 Monate
Susanne Pumper (Leichtathletik) / 2008	Dynepo	2 Jahre

WEITERE DEUTSCHE DOPINGSÜNDER

Alois Scholder (GER/Eishockey) / 1972	Ephedrin	keine
Detlef Hofmann (GER/Kanu) / 1992	Testosteron	2 Jahre
Roland Wohlfarth (GER/Fußball) / 1995	Norephedrin	2 Monate
Andreas Kappes (GER/Rad) / 1997/2000	Appetitzügler	6 Monate
Uwe Ampler (GER/Rad) / 1999	Testosteron	9 Monate
Alexander Leipold (GER/Ringen) / 2000	Nandrolon	1 Jahr
Ibrahim Tanko (GER/Fußball) / 2000	Cannabis	4 Monate
Falk Balzer (Leichtathletik) / 2001	Nandrolon	2 Jahre
Christian Schmid (GER/Fußball) / 2003	Pseudoephedrin	5 Monate
Marko Rehmer (GER/Fußball) / 2004	Betamethason	9 Spiele
Nina Kraft (GER/Triathlon) / 2004	EPO	1 Jahr
Ludger Beerbaum (GER/Springreiten) / 2004	Betamethaston (Pferd)	Goldmedaille aberkannt
Danilo Hondo (GER/Rad) / 2005	Carphedon	1 Jahr
Patrik Sinkewitz (GER/Rad) / 2007	Testosteron	1 Jahr
Matthias Kessler (GER/Rad) / 2007	Testosteron	2 Jahre
Ivonne Kraft (GER/Moutainbike) / 2007	Fenoterol	Verwarnung
Stefan Schumacher (GER/Rad) / 2008	EPO (CERA)	2 Jahre

GESTÄNDNISSE

Bernard Thévenet (FRA/Rad) / 1977	gestand, seine 2 Toursiege mit Cortison errungen zu haben
Joop Zoetemelk (NED/Rad) / 1983	gestand, seine Toursiege mit Nandrolon geholt zu haben
Toni Schumacher (GER/Fußball) / 1987	verriet in seinem Buch »Anpfiff« Dopingpraktiken im deutschen Fußball
Andreas Goldberger (AUT/Skispringen) / 1997	gestand im TV Kokainkonsum, 6 Monate Sperre
Mark McGwire (USA/Baseball) / 1998/2010	gestand, zweimal mit Steroiden gedopt zu haben, keine Konsequenzen
Carl Lewis (USA/Leichtathletik) / 2003	2003 gestand das Olympische Komitee der USA (USOC), dass Lewis 1988 während der US-Trials positiv auf drei verbotene Substanzen (Epedrin, Pseudoephedrin und Novephedrin) getestet wurde. Dennoch verschwieg USOC den Fall dem IOC, sah von einer Sperre wegen einer »unabsichtlich« erfolgten Einnahme ab, sodass Lewis in Seoul antreten konnte..

John McEnroe (USA/Tennis) / 2004	gestand, 6 Jahre lang (unbewusst) Anabolika genommen zu haben
Johan Museeuw (BEL/Rad) / 2004	Aufgrund von Telefon- und SMS-Abhörprotokollen, die Dopingkontakte zu dem Tierarzt José Landuyt nahelegten (u. a. Aranesp und EPO), wurde der inzwischen Zurückgetretene für zwei Jahre gesperrt. Anfang 2007 gab er offiziell zu, auf Doping zur Leistungssteigerung zurückgegriffen zu haben.
Witali Klitschko (UKR/Boxen) / 2004	gestand, 1996 Steroide genommen zu haben und deshalb aus dem ukrainischen Olympiakader geworfen worden zu sein
David Millar (SCO/Rad) / 2004	gestand EPO-Doping, 2 Jahre Sperre
Bjarne Riis (DEN/Rad) / 2006	gestand, während der Tour 1996 gedopt zu haben
Ivan Basso (ITA/Rad) / 2007	gestand, bei Fuentes gewesen zu sein, aber nicht gedopt zu haben, 2 Jahre Sperre
Erik Zabel (GER/Rad) / 2007	gestand, in den 90ern einmal mit EPO gedopt zu haben
Rolf Aldag (GER/Rad) / 2007	gestand EPO-Doping, keine Konsequenzen
Christian Henn (GER/Rad) / 2007	gestand EPO-Doping, keine Konsequenzen
Udo Bölts (GER/Rad) / 2007	gestand EPO-Doping, keine Konsequenzen
Bert Dietz (GER/Rad) / 2007	gestand EPO-Doping, keine Konsequenzen
Marion Jones (USA/Leichtathletik) / 2007	Nach jahrelangem Leugnen räumte sie 2007 ein, von 1999 an gedopt zu haben. Alle olympischen Goldmedaillen wurden ihr nachträglich aberkannt, 2 Jahre Sperre (dazu 6 Monate Gefängnis und 800 Stunden Sozialarbeit wegen falscher Zeugenaussage)
Jörg Jaksche (GER/Rad) / 2007	gestand EPO-Doping und sein Nahverhältnis zu Dr. Fuentes, 1 Jahr Sperre
Frank Vandenbroucke (BEL/Rad) / 2007	In seiner Autobiografie »Ik ben God niet« (»Ich bin nicht Gott«), gibt der Ex-Radprofi zu, mit EPO gedopt zu haben.
Michele Scarponi (ITA/Rad) / 2006	gestand, dass er sich bei Doping-Doc Fuentes Blut hat abnehmen lassen, 21 Monate Sperre
Antonio Pettigrew / 2008	Im Rahmen des Prozesses gegen seinen früheren Trainer Trevor Graham räumte er ein, während seiner aktiven Zeit Doping mit Hilfe von Wachstumshormon und EPO betrieben zu haben. Er akzeptierte eine Sperre von zwei Jahren und gab die Goldmedaillen zurück, die er seit 1997 gewonnen hatte. Am 2. August 2008 wurde er nachträglich für die Olympischen Spiele 2000 disqualifiziert, im August 2010 beging er Selbstmord.
Andre Agassi (USA/Tennis) / 2009	gestand, dass er 1997 positiv auf Crystal Meth getestet wurde, belog die ATP, worauf sich diese damals gegen eine Sperre entschied und den Fall nicht öffentlich machte
Frank Luck (GER/Langlauf) / 2009	räumte in einem Fernsehinterview ein, zu DDR-Zeiten von seinem Trainer unwissentlich die Doping-Substanz Oral-Turinabol verabreicht bekommen zu haben
Alex Rodríguez (USA/Baseball) / 2009	Im Februar 2009 gab Rodríguez in einem ESPN-Interview zu, in den Jahren 2001 bis 2003 mit Steroiden gedopt haben

Die fantasievollsten Doping-Ausreden der Welt

Ivonne Kraft: Die Mountainbikerin erklärte 2007 ihren erhöhten Fenoterolwert so: »Der Asthma-Inhalator meiner Mama ist in meinem Beisein explodiert. Vor Schreck hab ich ‚huch!' gesagt und wohl versehentlich etwas inhaliert.«

LaShawn Merrit: Bei einer Dopingkontrolle wurde bei ihm die verbotene Substanz Dehydroepiandrosterion (DHEA) festgestellt. Merrit, der sich selbst als »dämlich und unreif« bezeichnet, will durch Einnahme des angeblichen Penisverlängerungsmittels ExtenZe zu seinen Werten gekommen sein.

Christian Henn: Beim ihm war ein Hausmittel der Schwiegermutter schuld an dem erhöhten Testosteronwert. Sie empfahl ihm Kräutertee, um seine Zeugungskraft zu stärken.

Leny Paul: Der Bobfahrer aß vor einem Rennen eine Portion Spaghetti Bolognese. Das dafür verwendete Hackfleisch wähnte er durch hormonverseuchte Rinder kontaminiert. Er wurde tatsächlich freigesprochen.

Floyd Landis: Eine durchzechte Nacht machte der US-Radstar für seinen Testosteronbefund verantwortlich. »Ich habe nach einem Leistungseinbruch zu viel Whiskey getrunken.«

Johann Mühlegg: Der Allgäuer erklärte die EPO-ähnliche Substanz in seinem Blut mit einer Diät.

Jan Ullrich: »Irgendwer hat mir in der Disko zwei Pillen angedreht. Keine Ahnung, was da drin war, aber ich habe sie halt in meiner Dummheit geschluckt!« So will der angebliche Kunde von Dopingarzt Fuentes zu seinen Amphetaminwerten gekommen sein.

Andreas Kappes: Er will 1997 versehentlich Appetitzügler seiner schwangeren Frau eingenommen haben.

Linford Christie: Der 100-m-Olympiasieger und Weltmeister Linford Christie wurde im Alter von 39 (!) Jahren positiv auf Nandrolon getestet. »Ich habe nur Avocados gegessen!« rechtfertigte sich der Engländer.

Tyler Hamilton: Unschuldig fühlte sich auch der US-Radfahrer, nachdem man ihm Doping mit Fremdblut attestiert hatte: »Ich bin ein Mischwesen, die fremden Zellen in meinem Körper werden von den Stammzellen meines vor der Geburt gestorbenen Zwillingsbruders produziert.«

Martina Hingis: Wurde mit Kokain erwischt und meinte: »Jemand hat es mir in den Fruchtsaft getan.«

Djamel Bouras: Der französische Judoka fiel mit einem erhöhten Nandrolonwert auf und erklärte, schon aus religiösen Gründen unschuldig sein zu müssen. »Ich bin Moslem und halte mich strikt an die Regeln, die Drogen als Todsünde ansehen – also auch Doping.«

Justin Gatlin: Sein Trainer warf einem Masseur vor, dem US-Sprinter ohne dessen Wissen verbotene Substanzen verabreicht zu haben, indem er ihm aus Rache für einen Streit die Beine mit einer testosteronhaltigen Salbe »positiv massiert« haben soll. Der Beschuldigte wies die Vorwürfe zurück, Gatlin wurde gesperrt.

Alexander Winokurow: Seine Ausrede für die Fremdbluttransfusion, die man ihm nachwies: »Meine Sturzverletzungen haben die Blutembolie ausgelöst.«

Matthias Kessler: Der deutsche Radprofi wurde mit einem Testosteron-Epitestosteronverhältnis von 84:1 erwischt – erlaubt sind 4:1. Seine Erklärung: Er habe vier mit chinesischen Schriftzeichen versehene Präparate eingenommen, die er für Nahrungsergänzungsmittel hielt.

Dennis Mitchell: Der US-Sprinter erklärte seinen zu hohen Testosteronwert mit einer wilden Nacht. »Die Lady hatte Geburtstag, sie verdiente was Besonderes«, sagte der Amerikaner, der in jener Nacht viermal Sex und fünfmal Bier gehabt haben will.

Adrian Mutu: Der rumänische Starfußballer verteidigte seine Kokaineinnahme mit dem Hinweis auf erhoffte Potenzsteigerungen: »Ich wollte nur meine sexuelle Leistung verbessern.«

Raimondas Rumsas: Der litauische Radprofi bekam Schützenhilfe von seiner Ehefrau. Als diese an der Grenze mit verbotenen Substanzen gestoppt wurde, erklärte sie kurzerhand, diese seien für die kranke Schwiegermutter bestimmt.

Dieter Baumann: Die Mutter aller Ausreden – Deutschlands Top-Langstreckenläufer Dieter Baumann gab nach positiven

Tests an, unbekannte Täter hätten ihm die Substanzen in seine Zahnpasta gemischt.

Frank Vandenbroucke: Der belgische Radprofi ließ verlauten, die in seinem Haus sichergestellten Anabolika und EPO-Mittel seien für seinen Hund bestimmt gewesen: »Der hat nämlich Asthma!«

Gilberto Simoni: Spuren von Kokain habe man bei dem Italiener gefunden, weil er Bonbons naschte, welche in Kokablätter eingepackt waren. Diese habe ihm übrigens seine Mutter aus Peru geschickt. Beim zweiten positiven Fall 2002 war es der Tee, welchen er von seiner Tante erhalten hatte.

Carmelo Anthony: Der Basketballer meinte, die in seinem Rucksack gefundenen Substanzen gehörten nicht ihm, sondern einem Freund.

Lance Armstrong: 1999 wurden in seinem Blut Kortikoide nachgewiesen. Der US-Amerikaner führte diese Werte auf eine Salbe zurück, mit der er sich seinen Allerwertesten eingerieben habe.

Dario Frigo: Der Italiener, Zweiter des Giro d'Italia 2001, gab im Anschluss an eine Razzia beim Polizeiverhör zu, immer verbotene Medikamente bei sich gehabt, aber nie benutzt zu haben. Die Verhaltensauffälligkeit sei eine Schwäche von ihm. Zum Fund eines synthetischen Blutpräparates (Hemassist) verließ ihn dann die Erinnerung gänzlich. »Ich kann nicht sagen, welche Substanz in meinen Koffer war.«

Richard Gasquet: Der französische Tennisprofi wurde im März 2009 positiv auf Kokain getestet. Doch nicht er, sondern eine neue Bekanntschaft habe gekokst. Dieser habe er sich zu den Klängen von Bob Sinclair am Vorabend in Miami genähert – im Klub sei es zu sieben Küssen gekommen. Zwischendurch sei die Dame allerdings immer wieder auf der Toilette verschwunden – offenbar um »nachzupudern«.